GRAMMAIRE

DE LA

LANGUE GRECQUE.

IMPRIMERIE DE J. GRATIOT,
rue du Foin Saint-Jacques, maison de la Reine Blanche.

GRAMMAIRE

DE LA LANGUE GRECQUE

ET DE SES DIFFÉRENS DIALECTES,

PRÉSENTÉE

DANS UN ORDRE ANALYTIQUE ET SYNOPTIQUE,

PAR A. GERFAUX.

PARIS,

CHEZ KILIAN, LIBRAIRE, RUE DE CHOISEUL, N° 3.

1828.

INTRODUCTION.

La langue grecque semble avoir procédé par les mêmes voies d'analogie à la formation de ses terminaisons de de mots et à ses constructions grammaticales, comme il est certain qu'elle l'a fait pour les mots considérés dans leur radical. Aussi l'étude de l'analogie devient-elle d'une grande importance, et comme principe fondamental de la langue, et comme donnant lieu à une grande multiplicité et à une variété immense de formes qui s'expliquent et se retiennent d'autant mieux qu'elles sont groupées d'après leurs rapports les plus naturels. Rien ne nous a paru plus propre à exercer à la fois le jugement et la mémoire que cette application des règles de la logique à la langue la plus logique qui ait peut-être existé.

En même temps qu'il a été donné une extension considérable aux différentes règles de cette Grammaire, l'on a eu soin de présenter d'une manière détachée les parties sur lesquelles l'attention doit se fixer d'abord, pour ne pas distraire les étudians par un trop grand nombre d'objets; ceux-ci ne devant entrer que successivement dans la mémoire. Ainsi, dans les déclinaisons et la conjugaison, en face de la règle développée l'on a placé comme exercice la forme la plus générale. Pour la conjugaison, l'on n'a mis que la première personne de tous les modes d'un temps. Du reste les règles les plus importantes ont été imprimées en caractères plus forts; de sorte que cette Grammaire réunit les conditions d'un livre élémentaire et celles d'un ouvrage destiné à une étude plus approfondie de la langue.

C'est en effet seulement par la manière de présenter les objets, qu'un livre peut être élémentaire sans être incomplet. Un livre incomplet donne nécessairement une fausse idée de la matière qu'il traite, et n'offre pas d'un autre côté assez de ressources pour aplanir des difficultés sans cesse renaissantes. Ce n'est donc pas aux dépens de la science elle-même que nous avons cherché à faciliter l'étude de la langue grecque, mais seulement par une forme propre à aider la mémoire et le raisonnement.

Cette forme nous a semblé tout à fait indispensable pour une langue morte, qui ne s'apprend plus que par les yeux et le raisonnement; l'exercice à la fois oral et auriculaire, si important dans les langues vivantes, n'étant que très accessoire dans l'étude des langues anciennes. Ces considérations ont déterminé à donner à cette Grammaire une disposition synoptique qui facilitât les recherches et engageât les maîtres à avoir recours à un moyen de plus de graver les objets dans la mémoire de leurs élèves, en s'aidant de la mémoire locale, certainement une des plus durables. Ainsi des exercices qui amèneraient l'étudiant à faire un usage fréquent de cet ouvrage, lui rendraient familiers les nombreux exemples de mots et de phrases, et graveraient ceux-ci peu à peu dans la mémoire; d'après cette remarque toute physiologique qu'il y a certaines choses qu'il faut oublier souvent avant de les savoir réellement. L'on pourrait, par exemple, après l'étude des déclinaisons, faire reprendre aux élèves toutes les formes de nominatifs dans toutes les déclinaisons, puis les génitifs, etc. Après l'étude de la conjugaison, l'on donnerait à comparer les diverses personnes de temps. Une fois la syntaxe étudiée dans sa marche et dans ses détails, l'on aurait à mettre à côté de la locution grecque que l'on traduit celle qui lui correspond dans la syntaxe de cette Grammaire, où la multiplicité des exemples s'élevant à près de huit cents permet ce genre d'exercice, en même temps que l'ordre et la classification adoptés ne laissent aucun moyen de s'égarer dans les recherches.

Il ne reste plus qu'à justifier quelques dispositions, prises tout à fait dans l'intérêt même de la science, et après avoir cherché vainement tout autre moyen de mieux présenter les objets.

Prononciation. L'on n'a adopté ici que la prononciation nécessaire pour faire distinguer les différentes lettres les unes des autres. Le grec moderne (langue eolo-dorienne) n'a pas plus conservé la prononciation attique que les formes et le génie particulier de cette dernière langue. Ainsi le grec moderne ne pourrait rendre le bêlement des brebis, que l'ancien poëte Cratinos exprimait très bien par βῆ, βῆ, comme nous le dirions nous-mêmes.

(Voyez Volney, Alphabet européen appliqué aux langues asiatiques; Akerblad, Dissertation sur une inscription grecque, et la préface de la Grammaire grecque de Port-Royal.)

Dialectes, accens, contraction de syllabes. Ce sont réellement les élémens des mots : aussi les avons-nous placés avant ceux-ci. Toutefois l'on pourra d'abord se borner aux notions les plus générales de ces dispositions de lettres, sauf à y revenir plus tard.

3e *déclinaison.* Cette déclinaison offre des séries nombreuses de noms ayant des différences assez essentielles pour avoir mérité d'être distinguées sous les titres divers de 3e déclinaison *simple*, *contracte*, *mixte* et *incomplète*, titres très appropriés, comme on pourra s'en convaincre, à la nature de ces noms.

Adjectifs. L'on a rapproché le masculin du neutre, leur formation étant toujours la même.

Verbe. Avant de parler de la formation des diverses parties du verbe grec, il a semblé utile de bien établir la signification de ses temps et modes, en renvoyant à la syntaxe pour les circonstances où la construction *semble* altérer cette signification.

Exceptions au radical. Ces exceptions ont été mises après leurs règles générales et avant la terminaison. En donnant plus d'étendue aux règles générales du radical, les exceptions y ont été moins nombreuses et n'ont pas eu besoin de la fiction du primitif (θέμα). Nous ferons remarquer, à cette occasion, que nous avons mis de côté, autant qu'il a été possible, toute explication non fondée sur la pratique de la langue elle-même.

Terminaison du verbe (*conjugaison*). Comme il n'existe pas dans la langue grecque de règle plus générale que celle qui forme le duel sur le pluriel, l'on a donné, une fois pour toutes, la théorie du duel, sans la développer à chaque temps; l'élève pourra suppléer le duel dans les divers temps, en le formant d'après la règle générale. C'est une de ces choses qui s'apprennent bien mieux par le jugement que par la mémoire.

Conjugaison des temps. Les diverses formes de présens ont été placées à la suite les unes des autres, ainsi que les différentes sortes de futurs, etc., comme étant le meilleur moyen d'éviter la confusion.

Particules indéclinables. L'on a dû insister beaucoup sur ces espèces de mots, les plus usités, sans contredit, dans la langue grecque, en même temps qu'ils sont très multipliés et d'un usage difficile. La signification à donner à dix-huit prépositions, tenant beaucoup à leur emploi avec certains mots, l'on en a donné plutôt l'esprit que la lettre, en renvoyant à la syntaxe pour leur signification en français.

Divisions de la syntaxe. La syntaxe, comme son nom l'indique, ne peut envisager que des mots réunis; tout autre état des mots appartient aux élémens mêmes de la grammaire ou au dictionnaire. D'après cela, c'est sur la construction des mots seulement que l'on peut établir des divisions dans la syntaxe. Telle a été la base de cette partie de notre grammaire.

En s'occupant beaucoup de la forme à donner à cet ouvrage, l'on a pu négliger en quelque sorte le fond lui-même; mais les erreurs inséparables d'un pareil travail ne sont ni assez nombreuses ni assez importantes pour exiger d'être relevées particulièrement. D'ailleurs les maîtres sauront bien rectifier, développer et expliquer ce qui aurait besoin de ces divers secours.

LISTE DES PRINCIPAUX TERMES DE GRAMMAIRE

EMPLOYÉS PAR LES GRAMMAIRIENS ET LES COMMENTATEURS GRECS.

Αἰτιατική, cas accusatif.
Ἀλλοπαθές, μεταβατικόν, verbe actif.
Ἀμετάβατον, αὐτοπαθές, verbe neutre.
Ἀνθωνυμία, pronom.
Ἀξίωμα, proposition.
Ἀόριστος, aoriste (voy. p. 34).
Ἀπαρέμφατος, infinitif.
Ἁπλοῦν, adjectif positif,
ou ἀπόλυτον, θετικόν.
Ἀποθετικόν, verbe déponent.
Ἀπόφασις, négation.
Ἄρθρον, article.
Ἀριθμός, nombre.
Ἀῤῥενικόν, genre masculin.
Αὔξησις, augment des verbes.
Ἄφωνα, consonnes muettes (v. p. 2).
Βαρεῖα, accent grave.
Γένος, genre.
Γενική, génitif.
Δάσεαι, lettres aspirées.
Δασύ, esprit rude (voy. p. 3).
Διάθεσις, voix des verbes.
Δοτική, datif.
Δυϊκός, duel.
Ἔγκλισις, mode.
Ἔκθλιψις, élision.
Ἐνεργητικόν, voix active.
Ἐνεστώς, présent.
Ἑνικός, singulier (de ἕν).
Ἐπίθετον, adjectif (épithète).
Ἐπίῤῥημα, adverbe.
Εὐθεῖα, ὀρθή, nominatif.
Εὐκτική, optatif.
Θέμα, primitif du verbe.
Θηλυκόν, féminin.
Κατάφασις, affirmation.
Κατηγόρημα, attribut.
Κλητική, vocatif.
Κλίσις, déclinaison.
Κράσις, contraction.
Κύριον, nom propre.
Μέλλων, futur.
Μέσα, consonnes labiales.
Μέσον, voix moyenne.
Μετοχή, participe.
Ὄνομα, nom (voy. κύριον).
Ὀνομαστική, nominatif (v. εὐθεῖα).
Ὀξεῖα, accent aigu.
Ὁριστική, indicatif.
Οὐδέτερον, genre neutre.
Παθητικόν, voix passive.
Παρακείμενος, parfait.
Παρατατικός, imparfait.
Παρῳχημένος, temps passé.
Περισπωμένη, accent circonflexe.
Πλάγιαι (πτώσεις), cas indirects ou obliques (autres que le nominatif).
Πληθυντικός, pluriel.
Πνεῦμα, esprit (v. p. 3).
Πρόθεσις, préposition.
Πρόσωπον, personne.
Προστακτική, impératif.
Πτώσις, cas.
Ῥῆμα, verbe.
Στιγμή, point.
Μέση στιγμή, point en haut.
Στοιχεῖα, lettres.
(Τά) σύμφωνα, les consonnes.
(Τά) φωνήεντα, les voyelles.
Συγκριτικόν, comparatif.
Συζυγία, conjugaison.
Συλλαβὴ δίχρονος, syllabe composée d'une consonne et d'une voyelle.
Συλλαβική, augment syllabique.
Συναλοιφή, élision de deux mots sans l'apostrophe.
Σύνδεσμος, conjonction.
Συνίζησις, réunion, dans la prosodie, de deux voyelles en une.
Τόνος, προσῳδία, accent.
Ὑγρά, ἀμετάβολα, consonnes liquides.
Ὑπερθετικόν, superlatif.
Ὑπερσυντελικός, plusque-parfait.
Ὑποκείμενον, sujet.
Ὑποστιγμή, virgule.
Ὑποτακτική, subjonctif.
Χρόνος, temps (mesure).
Χρόνοι, temps des verbes.
Χρονική, augment temporel.
Ψιλά, consonnes fortes : π, κ, τ.
Ψιλόν, esprit doux.

Dénominations données aux mots d'après l'accentuation.

Βαρύτονον, dernière voyelle sans accent, s'applique aux verbes non contractes. Exemple .... Τύπτω, τέτυφα.
Ὀξύτονον, dernière voyelle avec l'accent aigu. Exemple........ Θεός, ποταμός.
Παροξύτονον, pénultième voyelle avec l'accent aigu. Exemple........ Λόγος, τετυμμένος.
Περισπώμενον, dernière syllabe avec l'accent circonflexe. Exemple........ Τιμῶ, φιλῶ.
Προπαροξύτονον, antépénultième voyelle avec l'accent aigu. Exemple........ Ἄνθρωπος.
Προπερισπώμενον, pénultième syllabe avec l'accent circonflexe. Exemple.. Σῶμα, φιλοῦσα.

Table des liaisons et abréviations les plus difficiles, employées dans les anciennes éditions d'Auteurs Grecs

αλλ,	ἀλλ, ἀλλ.	καὶ,	ϗ, [illegible].	σσ,	[illegible].
αν,	[illegible]	κατὰ,	[illegible].	στ,	ϛ.
απο,	ἀπο.	μαρ,	[illegible].	συν,	[illegible].
αρ,	αρ; [illegible].	μεθ,	[illegible].	σχ,	[illegible].
γὰρ,	γὰρ, [illegible].	μεν,	[illegible].	σχρ,	[illegible].
γει,	[illegible].	μὲν,	[illegible].	ται,	[illegible].
γελ,	[illegible].	μένος,	[illegible].	ταῖς,	[illegible].
γεν,	[illegible].	μετὰ,	[illegible].	τὴν,	[illegible].
γο,	[illegible]	μῶν,	[illegible].	τῆν,	[illegible].
γρ,	[illegible].	οἱ,	[illegible].	τῆς,	[illegible].
γυν,	[illegible].	οἷον,	[illegible].	τό,	[illegible].
δὲ,	[illegible].	ος,	[illegible]	τὸ,	[illegible].
δευ,	[illegible].	ου,	ȣ.	τὸν,	[illegible].
δια,	[illegible].	οὗ,	[illegible]	τοῦ,	[illegible].
διο,	[illegible].	οὐκ,	[illegible].	τρ,	[illegible].
ἐκ,	ἐκ.	οὖν,	[illegible].	τῷ,	[illegible].
ἐι initial,	[illegible]..	οὗτος,	[illegible].	τῶν,	[illegible].
ει,	[illegible]	ουτω,	[illegible].	ῦ,	[illegible].
εἶναι,	[illegible].	παρ,	[illegible]	υι,	[illegible].
ελ,	[illegible].	περ,	[illegible].	υν,	[illegible].
ἐν	ἐν.	ρω,	[illegible].	ὑπ,	[illegible].
ἐξ,	[illegible].	σα,	[illegible].	υς,	[illegible].
ἐπι,	[illegible].	σαν,	[illegible].	χα,	[illegible]
ἐστι,	[illegible].	σθ,	[illegible]	χθαι,	[illegible].
ευ,	[illegible]	σθαι,	[illegible].	χθην,	[illegible].
ην,	[illegible]	σθην,	[illegible].	ῷ,	[illegible].
ηυ,	[illegible].	σπ,	[illegible]		

On trouve les initiales pour les noms propres et les formules : Σωχρ. γρ : *pour* Σωχράτης, γράφε.

GRAMMAIRE
DE LA LANGUE GRECQUE-CLASSIQUE.

PREMIÈRE PARTIE.

LETTRES ET SIGNES.

CHAPITRE I. — LETTRES.

Figure, *Nom*, *Valeur* et *Prononciation* des vingt-quatre lettres de l'alphabet.

Α,	α,	ἄλφα,	alpha,	a,	a.	
Β,	β, ϐ,	βῆτα,	bêta,	b,	be.	
Γ,	Γ, γ,	γάμμα,	gamma,	g,	gue.	se prononce comme *n* devant γ, κ, χ. Exemple : ἄγγελος, ange, — *Anguelos.*
Δ,	δ, ∂,	δέλτα,	delta,	d,	de.	
Ε,	ε,	ἐψιλόν,	epsilon,	e *bref*,	é.	
Ζ,	ζ,	ζῆτα,	zêta,	z,	dze.	
Η,	η,	ἦτα,	êta,	e *long*,	ê.	
Θ,	θ, ϑ,	ϑῆτα,	thêta,	th,	ze.	ϑ se prononce comme *d* après σ et χ. Ex. : ϑέασθαι, — *Zeasdai*; ἐπράχθην, — *Epraktden.*
Ι,	ι,	ἰῶτα,	iôta,	i,	i.	αι, ει, οι, prononcez *aye, eye, oye.*
Κ,	κ,	κάππα,	cappa,	c,	que.	
Λ,	λ,	λάμβδα,	lambda,	l,	le.	
Μ,	μ,	μῦ,	mu,	m,	me.	
Ν,	ν,	νῦ,	nu,	n,	ne.	αν, εν, etc., prononcez *ann, enn*, etc.
Ξ,	ξ,	ξῖ,	xi,	x,	kse.	
Ο,	ο,	ὀμικρόν,	omicron,	o *bref*,	o.	
Π,	ϖ, π,	πῖ,	pi,	p,	pe.	
Ρ,	ϱ, ρ,	ῥῶ,	rho,	rh,	re.	
Σ,	σ, ς final,	σῖγμα,	sigma,	s,	se	
Τ,	τ, ┐,	ταῦ,	tau,	t,	te.	
Υ,	υ,	ὑψιλόν,	upsilon,	u,	u.	αυ, prononcez légèrement ăŏ.
Φ,	φ,	φῖ,	phi,	ph,	fe.	
Χ,	χ,	χῖ,	chi,	ch,	que.	en poussant le souffle avec force.
Ψ,	ψ,	ψῖ,	psi,	ps,	pse.	
Ω,	ω,	ὠμέγα,	ômega,	o *long*,	ô.	

DISPOSITIONS DES LETTRES (a).

Voyelles.

Les sept voyelles se changent dans la composition des mots, savoir ..... α et ε en η, ο en ω: (ι et υ invariables).

Et forment les *diphthongues* par leur réunion. (Voy. terminaison contracte, p. 7.) ..... αι, ει, οι, αυ, ευ, et même ηυ, ωυ, υι.

Consonnes.

Les dix-sept consonnes sont divisées, d'après leur prononciation, en *liquides* (ou mouillées) ..... λ, ρ, μ, ν.

Sifflantes ..... σ, ψ, ξ, ζ.

Muettes (consonnes d'une prononciation sourde) ..... β, π, φ, γ, κ, χ, δ, τ, θ.

Consonnes commutives (pouvant se changer les unes dans les autres).

Ces changemens ont lieu dans les noms (Voy. 3e déclin., p. 14) ..... Φλέψ-φλεβός, σφὴξ-σφηκός.

Dans les temps des verbes (Voy. figurative des verbes, p. 38) ..... Τύπτω, τύψω, τύφθην, etc.

Dans divers dérivés ..... Πράσσω, πρᾶξις, πρᾶγμα, πρακτέον.

Alors on distingue ces consonnes en ..... *douces*, *fortes*, *aspirées*, *doubles*.

1re Série, *labiales*, se transformant	β (μ)	en	π	φ	ψ ..
2e *Id.* *gutturales*	γ	en	κ	χ	ξ ..
3e *Id.* *dentales*	δ	en	τ	θ	ζ (σ).

De la syllabe (voyelle seule ou unie à une consonne).

Exemples de coupes de syllabes dans divers *mots simples* ..... Ἐ-χύ-θην, ἕβ-δομοσ, ἠκούσ-θην.

Dans divers mots *composés* d'après les mots composants ..... Ἔξ-ειμι, ἐκ-φεύγω, προ-στατέω.

Certaines consonnes ne se trouvent jamais devant d'autres, ainsi ν n'est jamais devant γ, où on le remplace pour γ; ni devant π où l'on met μ ..... Ἄγγελος, *ange*; Πέμπειν *envoyer*.

Les consonnes doubles sont toujours isolées d'autres consonnes ..... Συζέω (de σύν et ζέω).

Deux consonnes *muettes accolées* sont *douces*, ou *fortes*, ou *aspirées*. Ἕβδομος, ἑπτά, τυφθείς.

Exception: γ (pour ν) douce se met devant les gutturales fortes ou aspirées. Ἀγκαί, ἐγκέλλω, ἄγχι.

La même aspirée ne peut se redoubler ..... Σαπφώ, Βάκχος.

Deux syllabes de suite ne commencent pas par des aspirations ..... Θάπτω, τρέχω, ἔχω.

Exceptions: si la deuxième syllabe a deux aspirées ..... Θαφθείς.

S'il y a suppression de voyelle (apostrophe) devant une aspirée ..... Ἔθηχ' ὁ ἀνήρ (pour ἔθηκα ὁ ἀνήρ).

Dans les mots composés ..... Ὀρνιθοθήρας (ὄρνιθος, θήρα).

Dans les adverbes de lieu en θεν ..... Παντaχόθεν.

Dans les aoristes premiers passifs qui ont une aspirée au radical ..... Ἐχύθην, ὀρθωθείς.

Dans quelques verbes qui ont une aspiration à la figurative, on la supprime pour la reporter au radical ..... Θάπτω-ἐτάφην-τέταφα. Τρέχω-θρέξομαι. Ἔχω-ἕξω.

(a) *Dialectes (changemens de lettres chez les divers peuples de la Grèce).*

Ces changemens de lettres n'ont lieu que dans quelques mots et devant certaines lettres.

Les principaux *dialectes* sont l'*éolien*, le *dorien*, l'*ionien*, et l'*attique*. Nous n'indiquerons que des changemens au radical, les notes suivantes donneront ceux qu'éprouve la terminaison.

Dialecte attique (il est le plus usité).

Il a une tendance très grande à la *contraction* des voyelles, aussi retranche-t-il dans certains mots ι à la diphthongue αι ou ει devant une voyelle ..... Κλάω (pour κλαίω), πλέον (πλεῖον). Ἐμουπόδύνει (pour ἐμοὶ ὑποδύνει).

Il met ττ pour σσ ..... Γλῶττα (γλῶσσα).

—— ρρ pour ρσ ..... Θάῤῥειν (θάρσειν).

Dialecte ionien.

L'ionien évite la contraction, recherchant le concours des voyelles ..... Θώϋμα (θαῦμα), μνημήιον (μνημεῖον).

Il divise les mots composés ..... Κατὰ δ' ἔκτανεν (κατ έκτανεν δέ).

Il rétablit l'iota souscrit ..... Ἀοιδή (ᾠδή), ῥηΐδιος (ῥᾴδιος).

Mais il abrège la diphtongue ει devant ξ et la longue devant σσ ..... Ἀπόδεξις (ἀπόδειξις), ἕσσων (ἥσσων).

Il met ι entre les initiales αε, et ε entre αι ..... Αἰετὸς (ἀετὸς), ἀείδειν (ᾄδειν).

(Les *poëtes* ont fait, d'après ce dialecte, des additions de voyelles) ..... Ἀϋσις (ἀὴς), ἐΰα (ἰὰ), ἠέλιος (ἥλιος). Θόωκος (θῶκος), ἠείρα (εἶρα).

(Et des redoublemens des mêmes voyelles) ..... Ἀάσχετος, θέειος, κρήηνον, ὁμοίιος.

(Les *poëtes* ajoutent aussi ι et ε à des voyelles suivies de liquides) ..... Εἵνεκα (ἕνεκα), ἄεθλος (ἆθλος).

L'ionien retranche l'ε de voyelles non diphthongues devant ρ ..... Ὁρτή (ἑορτή), ἱρός (ἱερός).

Il change ε et α en η devant certaines consonnes ou voyelles ..... Μνημήιον (μνημεῖον), πρηξαμένη (πραξαμένη).

F.

CHAPITRE II. — DES SIGNES.

Esprits (signes des voyelles initiales).

L'esprit *doux* (᾿) indique absence d'aspiration........................ Ἐx.
L'esprit *rude* (῾) au contraire répond à notre *h* aspirée................ Ὡς.
Toutes les voyelles *initiales* reçoivent l'un ou l'autre de ces esprits.

Excepté ὑ qui ne reçoit que l'esprit rude.......................... Ὑπὲρ.
Ajoutez la consonne ῥ initiale qui reçoit aussi le rude................. Ῥήτωρ. Rhéteur, orateur.
De plus si deux ῤῥ sont dans le même mot le premier a l'esprit doux et l'autre le rude. *Ex.* Ἔῤῥω.

Accents (fixation du rhythme sur la voyelle).

Ils correspondent aux accens français (V. les règles p. 4 et suivantes).
L'accent *aigu* (´) donne un son fort à la voyelle...................... Τυπτομένη, frappée.
L'accent *grave* (`) rend le son de la voyelle clair..................... Ἀκριβὴς, austère.
L'accent *circonflexe* (῀) fait prononcer lentement la voyelle............ Ὦ ô!
Le *tréma* (¨) fait deux voyelles distinctes d'une diphthongue............. Θεϊκὸς, d'où vient théisme.
L'apostrophe (') indique une élision entre deux mots dont les voyelles se rencontrent.. Βούλομ' ἐγὼ (βούλομαι ἐγώ).
Ποῦ 'στιν (ποῦ ἐστιν);

On néglige souvent l'apostrophe sur tout avec καὶ et l'article ἡ, ὁ, etc......... Τἀνδρὸς (τοῦ ἀνδρὸς.) κἀγὼ (καὶ ἐγώ).

Ponctuation.

Ponctuation grecque : *Un point* (.). *Point en haut* (·). *Point et virgule* (;). *Virgule* (,).
Ponct. française correspondante : *id...* (.). *Deux points* (:). *Point d'interrogation* (?). *id....* (,).
Une virgule sépare ὅ, τι neutre d'ὅστις pour le distinguer d'ὅτι conjonction.

Dialecte dorien.

Il met dans certaines circonstances α *long* pour ε, ει, αυ, ου, οι.............. Μέγαθος (μέγεθος), κλὰξ (κλέις), ὦλαξ (αὖλαξ), μῶσας (μοῦσας), ποιμενικὸς (ποιμενικῶς).
Il met δ pour ζ, θ et σ................................ Δεὶς (Ζεὶς), μάδδα (μᾶζα), ἀνδηρὸς (ἀνθηρός).
Il met σδ pour ζ................................... Ἔσδεσε (ἔζεσε), μυθίσδοισα (μυθίσδουσα), ὀδμή (ὀσμή).
Il met ν pour λ devant θ et τ........................... Φίντατος (φίλτατος), ἦνθον (ἦλθον).
On trouve encore les changemens suivans.................... Σεός (θεός), δᾶ (γῆ), γλέφαρα (βλέφαρα), φαῦρος (φαῦλος), σκᾶπτον (σκῆπτρον).

Dialecte éolien.

Il redouble λ, ρ précédés de ει : l'ι est suprimé................. Ὠτελλή (ὠτειλή), φθέῤῥω (φθείρω).
Il redouble aussi ν, et d'autres lettres (V. les pronoms, p. 31, et l'augment, p. 36.).. Ἔννεπε (ἔνεπε).
(Ce que les *poëtes* ont adopté pour toutes sortes de mots.......... Ἄμμορος (ἄμορος), ποσσὶν (ποσίν).
Il syncope avec redoublement de consonnes.................... Κάππεσον (κατέπεσον).
(Ce que les *poëtes* ont imité.............................. Κύντερος (κυνεώτερος), ἔξαιτος (ἐξαίρετος).
Il met ϐ pour μ : π pour μ et φ.......................... Βέλλω (μέλλω), ὄππατα (ὄμματα), ἀμπὶ (ἀμφί).
Il met α *bref* pour η : ε pour ει.......................... Ἄμμες (ἡμεῖς).
Il suscrit l'*esprit* doux pour le rude....................... Ἠμέρα (ἡμέρα).
Dautrefois il met le ϝ (*digamma éolien*) pour l'esprit rude......... Ϝελένα (Ἑλένη), Ϝοῖνος (οἶνος).
Il place quelquefois le ϝ au milieu des mots................... Ἀίϝων (αἰών), ναϝὸς (ναῦς).
(Les *Crétois* se servent de ϐ au lieu du ϝ..................... Ὠβεόν (pour ᾠόν).
L'éolien emploie ϐ pour l'*esprit* rude devant le ῥ initial........... Βρόδον (ῥόδον).

A ces dialectes se rapportent plusieurs autres, tels que le *crétois*, le *béotien*, le *lacédémonien*, le *thessalien* et le *macédonien*, qu'on aura l'occasion de citer dans les notes suivantes.

Poëtes.

Outre les dialectes et les imitations de formes dialectiques, les poëtes ont les licences suivantes :

1° Transposition de consonnes liquides....................... Ἔκπαγλος (ἔκπλαγος), βάρδιστος (βράδιστος).
2° Insertion d'une consonne hétérogène....................... Ἐριγδοῦπος (ἐρίδουπος), ἕσπομαι (ἕπομαι), πτόλις (πόλις).
3° Suppression de l'α, η finales, après les liquides ν, ρ............ Ἂν (ἀνά), γλὴν (γλήνη), πὰρ Ζηνὶ (παρὰ Ζηνί).
4° Suppression des syllabes finales να, μνον, etc................ Ἀπόλλω (Ἀπόλλωνα), κρῖ (κρῖμνον).

RÈGLES DES ACCENTS.

Outre leurs usages dans la prononciation les accents servent quelquefois à distinguer des mots homonymes. . . . . Φίλησαι sois aimé, φιλήσαι il aimerait, φιλῆσαι avoir aimé.

La position de l'accent à la pénultième syllabe dépend souvent de la quantité de la *terminaison.*

Parmi les diphthongues, αι, οι finales sont seules brèves. (Except. αι, οι du temps optatif.)

Ε, ο sont toujours *brefs* à la fin des mots, et η, ω toujours *longs.*

Α, ι, υ ne sont *longs* que dans les circonstances suivantes, *savoir :*

Α, ι, υ contractés.

Α—1re décl. des noms en αια, υα, δα, θα, et en ρα non précédé d'une diphthongue, dans la plupart des noms en ια,—les vocatifs, 1re décl. en εια et 3e décl. en α.—Duels en α (V. note page 10).

Αν — 1re décl. acc. en αν, — 3e décl. nom. neut. en αν gén. αντος, — Adverbes en αν.

Ας — 1re décl. nomin en ας, — 3e décl. nom. masc. en ας, gén. αντος, — 1re décl. acc. Id. en ας.

Ιν et ις — 3e décl. nomin. à la fois en ις et ιν gén. ινος, — pronoms ἡμῖν, ὑμῖν.

Ις — 3e décl. nom. en ις gén. ιδος, ιθος.

Υ — 3e pers. sing. imparfait en υν (V. présent en υμι, p. 50).

Υν — 3e décl. mixte, acc. en υν, — 1re pers. imparf. en υν.

Υς — 3e décl. mixte, nom. en υς, — 2e pers. imparf. — υς.

Υρ — 3e décl.

Il n'y a qu'un *seul accent* sur le même mot. . . . . Ἄνθρωπος, ἐστί.

Excepté lorsqu'un mot reçoit l'accent d'un enclitique. . . . . Ἄνθρωποί εἰσι.

Quelques mots n'ont *point d'accent* dans certaines circonstances.

1° Les *proclitiques*, dont la prononciation se lie avec le mot suivant. . Ὡς θεός, ἐν πόλι.

2° Les *enclitiques*, dont la prononciation se lie avec le mot précédent. . . Ἄνθρωποί εἰσι.

Mais il suffit de déranger ce rapport pour rétablir l'accent. . . . . Θεὸς ὥς. Εἰσὶ ἄνθρωποι.

Proclitiques (ou mots sans accents ordinairement).

Ce sont les *monosyllabes* suivans : 1° l'article. . . . . au nomin. fém. ἡ, αἱ, masc. ὁ, οἱ.

2° Les prépositions ci contre. . . . . Ἐν, εἰς ou ἐς, ἐκ ou ἐξ.

3° Les conjonctions ci contre. . . . . Εἰ, ὡς, οὐ, οὐκ, οὐχ.

Mais plusieurs auteurs rendent l'accent à l'article signifiant *il elle*. . . . . Ἤ γὰρ ἦλθε, car elle vint.

En outre, tous les proclitiques prennent l'accent de l'enclitique suivant : . . . . Ἔκ τινος, εἴ τις, ὥσ ἐστι.

Excepté οὐκ, εἰ, qui n'empruntent jamais l'accent des enclit. εἰμὶ, ἐστὶ . . . . Οὐκ εἰμὶ, εἰ ἔστι.

Lorsque les enclitiques terminent la phrase, ils prennent l'accent aigu . . . . Πῶς γὰρ οὔ; Θεὸς ὥς.

Enclitiques (ou mots perdant leur accent).

Les enclitiques sont les *monosyllabes* et *dissyllabes* suivans :

1° Les pronoms personnels, monosyll. singul. (excepté le nominatif). . Μοῦ, μοί, μέ, σοῦ, σοί, σέ, οὗ, οἷ, ἕ (a).

Le pronom réfléchi, 3e personne, aux cas ci contre. . . . . Pluriel σφίσι (b), duel σφώε-σφῶ.

Le pronom indéfini τὶς à tous les genres, nombres et cas. . . . . Τὶς, τὶ, τινὸς, etc. (c).

2° Les verbes εἰμὶ et φημὶ à l'indicat. (excepté 2e personne sing., εἶ et φής). Εἰμί, εἰς, ἐστί, etc. φημί, φησί, etc.

3° Les adverbes indéfinis. . . . . Πω, πως, πη, ποι, ποθι, ποθεν, που, ποτε.

Et les particules souvent explétives. . . . . Γέ, τέ, τοί, θήν, πέρ, νύν, (d).

Et les inséparables δε, θε.

Les enclitiques *gardent leur accent : Après* un signe de ponctuation . . . . Εἰμὶ ὄλβιος. Δῆλον, φημί.

Après les prépositions qui les gouvernent, et la conjonct. ἤ, *que*. . . . . Περὶ σοῦ, ἕνεκα μοῦ, ἢ μοί.

Ἐστὶ *après* les conjonct. monosyll, εἰ, καὶ, ἀλλ'. Οὐκ transpose l'accent . . . . Εἰ ἔστι, καὶ ἔστι, ἀλλ' ἔστι, οὐκ ἔστι.

Et lorsqu'il forme le complément de la phrase. . . . . Ἄνθρωπος ἔστι. C'est un homme.

Les enclit. dissyl. gardent leur accent *après* les mots qui ont un accent aigu à la pénultième . . . . Λέγεις τινά, λόγος ἐστί.

Lorsqu'il y a plusieurs enclit. de suite le dernier perd son accent. . . . . Εἴ τίς τινά φησί μοι παρεῖναι.

L'accentuation supprimée sur l'enclitique ne se reporte sur la finale du mot précédent que lorsque ce mot a un accent *grave* à l'antépénult. ou un *circonflexe* à la pénultième . Ἄνθρωποί εἰσι, σῶμά σου.

Autrement l'accent de l'enclitique disparaît entièrement . . . . Ὁρῶ σε, Θεός μου.

Ajoutez les enclitiques suivants : — (a) dor. μίν, νίν. — (b) ion. gén. pl. σφέων, acc. σφέας, et poét. σφέ. — (c) Dor. gén. sing. τεῦ, dat. τῷ. — (d) Poët. ajoutent κέ, κέν, θέν, νύ, ῥά.

De l'accent aigu.

L'accent aigu se place indistinctement sur une voyelle brève ou longue, ou sur une diphthongue des *trois dernières syllabes* … Σοφώτατος, ἄνθρωπος, δουλεύειν.

Il ne peut se mettre sur l'*antépénultième* que lorsque la dernière est brève. Σοφώτατος, ἄνθρωπος, τύπτομαι.

Excepté 2e décl. att. en εως et composés des noms en ως, et 3e décl. contracte et mixte, gén. en εως (V. p. 18) … Μενέλεως, φιλόγελως, ἡδύκρεως, ἄστεως, πράξεως.

Si l'accent se trouve primitivement sur l'*antépénultième*, et que la dernière syllabe devienne longue, on le reportera sur la *pénultième* … Σοφωτάτη, ἀνθρώπου, τυπτόμην.

S'il est primitivement sur la pénultième ou la dernière, il ne *changera plus* de place (excepté gén. plur., 1re décl. V. ci après ὀξειῶν, μουσῶν) … Ξέναι, ξένων. Ἁγία, ἁγίων.

Mais il pourrait se changer en accent *grave* ou en *circonflexe*, si le cas l'exigeait (Voy. les règles de ces accens, page suivante).

Dans la 3e décl. simple (imparisyllabique), dans les participes actifs, l'accent *reste sur sa même voyelle*, malgré l'addition d'une syllabe … Ποιμήν, ποιμένος, ποιμένι, φιλέουσα, φιλέων, φιλέον.

Excepté les monosyllabes qui prennent l'accent sur la finale des génitifs et datifs des trois nombres (ainsi que κύων et γυνή) … Θήρ, θηρός, θηρί, θηρῶν, θηρσί, θηροῖν. Κύων, κυνός, etc. Γυνή, γυναικός, etc.

Mais παῖς, δᾷς, οὖς, φῶς, φῴς, δμώς, θώς, τρώς suivent la règle, ainsi que πᾶς *au gén. plur.* Παῖς, παίδων. Πᾶς, πάντων.

Par suite de l'élision de l'ε dans divers cas de ἀνήρ, πατήρ, γαστήρ, l'accent aigu se porte sur la terminaison (V. p. 14) … Ἀνήρ, ἀνδρός (ἀνδράσι).

Dans μήτηρ, Δημήτηρ, θυγάτηρ, l'accent, d'abord à la pénult., après l'élision de l'ε se met à l'antépénultième … Θυγάτηρ, θυγατέρος — θύγατρος.

Relativement à la *position primitive de l'accent* sur diverses syllabes, l'on n'a pu établir que les règles suivantes :

1° *Mots qui ont l'accent sur la dernière syllabe.*

En général les noms en ης dérivés de verbes polysyllables (plus de deux syll.) et les adj. composés en ης, 3e décl. contracte … Δικαστής, ποιητής. Εὐσεβής, περικαλλής.

Les nominatifs en τήρ, 3e décl. simple; en εύς, 3e contracte … Σωτήρ. Βασιλεύς.

Les adjectifs en ικός et τός venant des verbes … Δεικτικός, ῥητός.

Les participes en ώς εις masc. et neutre, et ceux des présents en μι … Τετυφώς, τυφθείς, ἱστάς, δεικνύς.

Les participes des aoristes seconds en ον … Λαβών, τυχών.

Trois impératifs, 2e personne singulier (et d'après les attiques ἰδέ, λαβέ) … Εἰπέ, ἐλθέ, εὑρέ.

Les prépositions placées devant leurs régimes (et même ἀνά et διά placées après leur régime) … Περὶ νηᾶς.

Les autres prép., *placées après*, reportent l'accent sur la 1re syllabes. . Νῆας πέρι.

2° *Mots qui ont l'accent sur la pénultième syllabe.*

En général les noms en ης dérivés de verbes disyllabes, les noms en ια, 1re déclinaison … Δότης, θύτης, σοφία.

Les nominatifs en τωρ, 3e déclinaison simple … Δώτωρ, ἀντιλήπτωρ.

Les participes en τέα τέος, τέον … Δοτέος, ἀντιληπτέος.

En général les noms composés de verbes pris activement … Θεοτόκος, *parens dei.*

L'infinitif et le participe régulier passifs … Τετύφθαι, τετυμμένος, etc.

Les infinitifs en ναι des présents en μι … Ἱστάναι, τιθέναι, διδόναι.

L'infinitif de l'aoriste second moyen … Γενέσθαι, λαβέσθαι.

3° *Mots qui reculent l'accent jusqu'à l'antépénultième.*

Les noms polysyllabes en εως, 2e déclinaison attique … Μενέλεως.

Les noms neutres, 3e déclinaison simple … Φρέαρ-φρέατος, σώματος.

Les noms neutres en ος et ης, 3e déclinaison contracte … Πέλαγος, πελάγεος.

Les noms en υς, υ, ις, 3e déclinaison contracte et mixte … Πέλεκυς, φύσεως.

Tous les comparatifs et superlatifs … Σοφώτερος, μείζων, μείζονος.

En général les noms composés de verbes pris passivement … Θεότοκος, *Deo natus.*

Et les composés d'une préposition ou d'une particule … Κατάλογος, δίψυχος.

Les temps des verbes (sauf ceux énoncés plus haut) … Φιλέομαι, ἐφίλεον, πρόσειπε.

De l'accent grave.

L'accent grave *remplace* l'*aigu* à la fin du mot, lorsque ce mot se lie par le sens au suivant .... Ποιμὴν καλός.

(Excepté devant les enclitiques où l'on *conserve l'aigu*, si l'enclitique perd son accent. Ποιμήν σου. Καλός ἐστι ἀνήρ.
Τίς, qui interrogatif, *conserve toujours l'aigu*. . . . . Καὶ τίς ἄλλος).

De l'accent circonflexe.

L'accent circonflexe ne se place jamais que sur des voyelles *longues* ou *diphthongues*, et sur l'une des *deux dernières syllabes*. .... Σῶμα, ὁρῶ.

On le met sur la pénultième longue, lorsque la dernière est brève de sa nature.. Σῶτερ, σωτῆρος, ὀξεῖα, μοῦσα.

(Autrement on met l'accent *aigu* .... Πίδαξ, σωτήρων, μούσης).

(Et ne prend pas le circonflexe dans trois adj. féminins . . . . Ἐλάχεια, ἡμίσεια, λίγεια).

L'accent circonflexe ne se place sur les *terminaisons simples* que dans les cas et dans les temps suivans :

Le génitif pluriel de la 1re déclinaison a toujours le circonflexe...... Ὀξειῶν, μουσῶν.

Except. ceux des adj. fémin. dont la pénultième brève a l'accent *aigu* . . . . Ξένων, ἁγίων (de ξένη, ἁγία).

Les substantifs de la 1re et 2e décl. qui ont l'*aigu* sur la terminaison le changent en circonflexe au génitif et au datif des trois genres........

(Φων ή, αί, ά. Ὀδός, οί, ώ).
(Gén.) ῆς, ῶν, αῖν. Ὀδοῦ, ῶν, οῖν.
(Dat.) ῇ, αῖς. Ὀδῷ, οῖς.

Vocatifs de la 3e déclinaison terminés par une *diphthongue*.......... Παῖ, βασιλεῦ, βοῦ, ναῦ.

Α, ι, υ *pénultièmes longues* des datifs pluriel de la 3e déclinaison simple ont toujours le circonflexe, si le nominatif singulier a l'*aigu*........... (Τιτάν, δελφίν, δεικνύς). Τιτᾶσι, δελφῖσι, δεικνῦσι.

Subjonctif des présents en ημι, ωμι et des aoristes passifs............ Πιπλῶ, πιπλῶμαι, διδῶ, τυφθῶ.

Tous les temps des futurs en ῶ.................................... Κρινῶ, εῖς, etc.

La *pénultième longue* par nature des infinitifs aoristes en σαι, ναι .... Φιλῆσαι, λυθῆναι, θεῖναι.

Εῖν, *terminaison* de l'aoriste second en ον........................ Λαβεῖν, ἀμβροτεῖν.

Οῦ deuxième personne de l'impérat. des aoristes seconds moyens..... Γενοῦ, λαθοῦ.

Adverbes formés de noms ayant accent *aigu* sur la terminaison...... Σοφῶς (de σοφός).

L'accent circonflexe existe sur toutes les *terminaisons contractes* des 1re et 2e décl., et sur les contractes en ης, gén. εος-ους, 3e décl. d'adjectif.

(Excepté les nomin. et accus. duels de la 2e décl . . . . Τὼ νώ. Τὼ χρυσώ.
Les adj. composés, 2e décl. contracte. . . . . Εὔνους, περίπλους, καλλίῤῥους).

Les 3es déclinaisons contracte et mixte, la 4e décl., mettent le circonflexe sur les cas seulement dont les exemples sont ci contre................ Βασιλεῖ, βασιλῆ, βασιλεῖς-ῆς. Γενῶν, γενοῖν. Κρεῶν, κρεῷν. Αἰδοῦς, αἰδοῖ.

L'accent circonflexe, dans les *temps contractes* des verbes, ne se place sur les voyelles contractées que lorsque l'accent aigu est primitivement sur la voyelle α, ε, ou ο, qui précède la terminaison simple .... (Τιμάομεν)-τιμοῦμεν, (φιλέομεν)-φιλοῦμεν, (δηλόομεν)-δηλοῦμεν.

(Autrement on ne met pas le circonflexe........................ Ἐτίμαον-ἐτίμων, γεγαώς-γεγώς).

Des accents avec l'apostrophe.

Quand une syllabe accentuée est enlevée par l'apostrophe, l'accent *se recule* sur celle qui précède .... (Τὰ δεινὰ ἔπη)-τὰ δεῖν' ἔπη.

Excepté les prépositions et la conjonction ἀλλά, qui perdent tout à fait l'accent (a) . . (Ἀλλὰ ἐγώ)-ἀλλ' ἐγώ. (Ἀπὸ αὐτοῦ)-ἀπ' αὐτοῦ.

(a) Les poëtes omettent quelquefois l'apostrophe et conservent l'accent des prépositions. (Παρὰ Ζηνί)-πὰρ Ζηνί. (Ἅμα φόνον)-ἅμφονον.

DEUXIÈME PARTIE.

DES MOTS.

Il est nécessaire de considérer *trois parties* distinctes dans un mot, surtout à la 3e déclinaison et à la conjugaison. Ex. λεί-π-ω.

1° La *pénultième* voyelle ou diphthongue, dans l'exemple cité, ce sera ει. Elle précède la figurative.

2° La *figurative* dans le même exemple est π. Celle-ci manque quelquefois (4e section de la 3e décl. et 4e section de la conjugaison). Ex. λύ-ω.

3° La *terminaison* suit la figurative. Elle est ou *simple*, ος, έος, etc., ou bien *contracte*. Ex. οῦς.

La terminaison *contracte* est une élision de la terminaison simple lorsque celle-ci est précédée des voyelles α, ε, ο. Ex. εος-οῦς.

L'on a réuni dans le tableau suivant toutes les combinaisons possibles de *contractions*.

(Les exemples entre parenthèses doivent être considérés comme des exceptions).

Déclinaison, exemples :			*Conjugaison, exemples :*		
Μν άα — ᾶ,	συκ έας — ᾶς,	άπλ όα — ᾶ.	Τίμ αε — α,	τιμ άη — α,	
Κρέ αε — α,	κρέ αι — ᾳ,		Τιμ άει — ᾷ,	τιμ άῃ — ᾳ,	
Μν άαι — αῖ,	συκ έαι — αῖ,	άπλ όαι — αῖ.			
Γέν εη — η,	συκ έη — ῆ,	άπλ όη — ῆ.	(Ζάε — ῆ),	φιλ έη — ῆ,	
(Τριήρ εε — η) ει,	συκ έῃ — ῇ,	άπλ όῃ — ῇ.		φιλ έῃ — ῇ,	
(Δρομ έας — εῖς),			Φίλ εε — ει,	φιλ έει — εῖ,	
Κρέ αως — ως,	χρυς έω — ῶ,	άπλ όω — ῶ.	Ἐτίμ αον — ων,	τιμ άω — ῶ,	ἐτιμ άου — ῶ.
Μείζ ο α — ω,	(Δρομ έος — έως),		Φιλ έω — ῶ,	δηλ όω — ῶ,	(δηλ όητε — ῶτε).
Κρε άοιν — ῷν,	χρυσ έῳ — ῷ,	άπλ όῳ — ῷ.	Τιμ άοι — ῷ,		
(Φυς έοιν — εῷν),	χρύσ εοι — οῖ,	άπλ όοι — οῖ.	Φιλ έοι — οῖ,	δηλ όει — οῖ,	δηλ όοι — οῖ.
		αἰδ οί — οῖ.			δηλ όῃ — οῖ.
μείζ ο ος — ους,	χρύσ εος — οῦς,	άπλ όος — οῦς.	Ἐφίλ εον — ουν,	ἐδήλ οον — ουν,	δηλ όου — οῦ.
Μείζο ες — ους,	χρυσ έου — οῦ,	άπλ όου — οῦ.		δήλ οε — ου,	(δηλ όειν — οῦν).
(Φύσ ιι — ι — εῖ — ει,	σινήπ ια — ι, εα).				

Toutes les terminaisons précédés de α, ε ou ο, ne sont pas susceptibles de contractions.

Tels sont les noms attiques en εως.	Μενέλεως.
Le nom Θεός Dieu : les adjectifs verbaux en τέα, τέος, τέον.	Τυπτέα, τυπτέος, τυπτέον.
Les pluriels nominatifs neutres des composés de νοῦς, πλοῦς.	Ἁπλέα, εὐνόα.
Ceux des adjectifs en εα.	Ἡδέα.
Beaucoup de cas de la 3e déclinaison contracte	Βασιλέων, έε, έοιν.
Les génitifs et accusat. sing., 3e décl. contr. des noms en εύς, υς, υ	Βασιλέος-έως, βασιλέα.
Les génitifs des irréguliers γραῦς, ναῦς, βοῦς	Γραός, νεός-νεώς, βοός.
La contraction a lieu dans certains adjectifs et participes à la pénultième. Ex . .	Φιλέουσα-φιλοῦσα.
Et même devant la pénultième, dans des mots composés. Ex	Προέχουσι-προύχουσι.

N euphonique.

Pour éviter le *hiatus* de deux voyelles dont l'une finale est ι ou ε, on met ν à la terminaison de verbes, d'adverbes et de datifs pluriels. . . . . . . (Ἔστι ἀνήρ) - ἔστιν ἀνήρ.
(Ἔτυπτε αὐτον) - ἔτυπτεν αὐτόν.

DÉCLINAISON

De l'article, du substantif, de l'adjectif et du pronom.

Ces mots sont de *trois genres: féminin, masculin*, ou *neutre*.
Ex. ἡ σοφία la sagesse, ὁ Θεός le dieu, τὸ δῶρον le don.

Ils présentent *trois nombres, singulier, pluriel*, ou *duel* s'il ne s'agit que de deux personnes ou objets.
Ex. ὁ Θεός le dieu, οἱ Θεοί les dieux, τὼ Θεὼ les deux dieux.

On divise chaque nombre en *cas* (circonstances où l'objet se trouve) que l'on peut grouper comme suit, en raison de la ressemblance de quelques-uns.

Cas du singulier.			*Cas du pluriel.*			*Cas du duel.*	
Nominatif....	ὁ λόγος	le discours.	*Nom. voc.*	οἱ λόγοι	les discours.	*Nom. voc. acc.*	τὼ λόγω.
Génitif.......	τοῦ λόγου	du discours.	......	τῶν λόγων	des discours.	*Génitif, datif.*	τοῖν λόγοιν.
Datif........	τῷ λόγῳ	au discours.	......	τοῖς λόγοις	aux discours.		
Accusatif.....	τὸν λόγον	le discours.	......	τοὺς λόγους	les discours.		
Vocatif......	λόγε	discours.					

Dans beaucoup de noms le vocatif est semblable au nominatif:

Ex.......... σοφία sagesse, dans la 1re déclinaison des noms féminins et dans celle 2e attique (*a*).

L'on peut encore réduire cette quantité de cas à *trois* au genre *neutre*.

Nom. voc. acc.	τὸ δῶρον	....	τὰ δῶρα	....		τὼ δώρω.
Génitif......	τοῦ δώρου	....	τῶν δώρων	....	*Génitif, datif.*	τοῖν δώροιν.
Datif........	τῷ δώρῳ	....	τοῖς δώροις.			

Le *génitif* est toujours terminé dans le *pluriel* en ων, et dans le duel en αιν, οιν.
Le *nominatif pluriel neutre* est toujours en α.

(*a*) Attique: fait le *vocatif* souvent semblable au nominatif dans tous les noms. Ex. Λόγος (pour Λόγε).

CHAPITRE I. — DE L'ARTICLE.

	SINGULIER.				PLURIEL.								DUEL.			
	Nominatif.	*Génit.*	*Dat.*	*Accus.*	*Nom.*		*Gen.*		*Dat.*		*Acc.*		*Nom. et Acc.*		*Gén. et Dat.*	
Fém.	ἡ la.	τῆς de la.	τῇ à la.	τήν la.	αἱ	les.	τῶν	des.	ταῖς	aux.	τάς	les.	τὰ	les deux.	ταῖν	des aux (deux).
Masc.	ὁ le.	τοῦ du.	τῷ au.	τόν le.	οἱ		τῶν		τοῖς		τούς		τώ		τοῖν	
Neut.	τὸ le.	τοῦ du.	τῷ au.	τὸ le.	τά		τῶν		τοῖς		τά		τώ		τοῖν	

DE L'ARTICLE.

Fém.	Dor. ἁ	τᾶς	τᾷ	τάν.	ταί	τάων. τᾶν.	Ion. ταῖσι-τῇσι.	«	Att. τὼ très usité. «
Mas.	Ion. τεῦ, τοῖο,	τέω	«		τοί	«	Ion. τοῖσι et Poët. τοῖσδεσι et τοῖςδεσσι.]	Dor. τώς. «	«
Neut.	Dor. τώ	«	«		«	«		«	«

Attique. Il élide le neutre τό, τά avec αὐτό, αὐτά. *Ex.* ταὐτὸ, ταὐτὰ.

Dorien. Il contracte l'article τὸ, τοῦ, avec la voyelle initiale d'un substantif. *Ex.* τἄλγεος (pour τοῦ ἄλγεος), τὤντρῳ (τῷ ἄντρῳ), τὤστέα (τὰ ὀστέα).

Il élide ainsi ὁ et οἱ devant αρ, ερ. *Ex.* ὤ῾ργειος (ὁ ἄργειος), ᾧ῾ριφοι (οἱ ἔριφοι),

CHAPITRE II. — DU NOM OU SUBSTANTIF.

Ire *Déclinaison.*

Elle ne contient que des noms *féminins et masculins.*
Le *pluriel* et le *duel* ne présentent aucune exception, ils sont toujours les mêmes.

SINGULIER.					PLURIEL.				DUEL.	
Nom.	*Voc.*	*Gén.*	*Dat.*	*Acc.*	*Nom. Voc.*	*Gén.*	*Dat.*	*Acc.*	*N. V. A.*	*Gén. et Dat.*
		Décl. simple, noms fém. en η, gén. en ης.								
Κόμ — η	α	ης	ῃ	ην.	αι	ῶν	αις	ας.	α	αιν.
Μοῦσ — α	α	ης	ῃ	αν.	Noms en ζα, ξα, ψα, σα et ττα attique, etc.					
Οἰκί — α	α	ας	ᾳ	αν.	Noms en ια, οα, δα, θα et ρα (sauf δέρη et κόῤῥη).					
		Décl. contracte. Elle ne contient que les noms suivans, ἡ γαλέη—ῆ,								
Συκέη — ῆ	α	ῆς	ῇ	ῆν.	αῖ	ῶν	αῖς	ᾶς.	ᾶ	αῖν.
Γέα — ῆ	α	ῆς	ῇ	ῆν.	— Γέα-γῆ, n'a point de pluriel.					
Μνάα — ᾶ	α	ᾶς	ᾷ	ᾶν.	αῖ, etc. Μνάα-ᾶ et quelques noms propres. Ἐρέα-ἐρᾶ laine.					
		Décl. simple, noms masc. en η, gén. en ου.								
Ποιητ — ής	α	ου	ῃ	ην.	αι, etc., noms en της et composés d'ὤψ œil, de μετρέω, de πωλέω, noms de peuples, *Ex.* Πέρσης Persan.					
Ληστ — ής	ά et ή	οῦ	ῇ	ήν.	Noms en στης.					
Ἀδολεσχ — ής	α	ου	ῃ	ην.	Quelques noms qui n'appartiennent à aucune des classes précédentes et suivantes.					
Πέρσ — ης et ας	η	ου	ῃ	ην.	Noms propres et autres, *Ex.* Πέρσης Persée.					
Νεανί — ας	α	ου	ᾳ	αν.	Noms en ιας et noms propres en ίας, έας, ρας.					
		Décl. contracte.								
Ἑρμέας — ῆς	ῆ	οῦ	ῇ	ῆν.	Noms propres.					

Ire *Déclinaison.*

Règles générales.

***Féminin* et *masculin*.** Ion. η remplace α partout où cette voyelle se trouve au *singulier.*
Dor. α remplace η (V. dialecte de l'article).

Féminin. Ion. ηΐη pour εια, ληΐη (λεία), αίη pour αῖα, γαίη (γαῖα).

Décl. simple.

Noms masculins.					*Noms féminins et masculins.*					
α	α	Ion. εω.	α	εα.	α	Ion. έων	ησ-ησι.	εας.	α	α
α	α	Éol. αο, ευ.	α	α	α	Éol. άων	α	αις.	α	α
Dor. ᾶ.	α	Dor. αω-ᾶ.	α	α	α	Dor. ᾶν. Poët. αισι.	α	α	α	

Macéd. ᾶ noms propres. *Ex.* τοῦ Θωμᾶ. Poët. τοῦ Ἀρῆ de ὁ Ἄρης.
Noms *masc.* en της (acc. de la 3e décl. contr.). Ion. εα. *Ex.* τὸν δεσπότεα (τὸν δεσπότην) : εας. *Ex.* τοὺς δεσπότεας (τοὺς δεσπότας)
Poët. Αἰνεῖας (Αἰνέας). Dor. Βοῤῥᾶς, Ion. Βοῤῥῆς (Βορέας).

Décl. contr., noms masculins.

α	α	Ion. εω-εω	α	α

Ire Déclinaison.

	Nominatif.		*Vocatif.*	*Génitif.*	*Datif.*	*Accusatif.*

Noms féminins, exemple :

Singulier.	ἡ κόμ η	la chevelure.	....	τῆς κόμ ης,	τῇ κόμ ῃ,	τὴν κόμ ην.
Pluriel.	αἱ κόμ αι	les chevelures.	....	τῶν κομ ῶν,	ταῖς κόμ αις,	τὰς κόμ ας.
Duel.	τὰ κόμ α	....	....	ταῖν κόμ αιν.		

Déclinez ainsi ἡ ἀρητή la vertu, ἡ σίγη le silence, ἡ τιμή l'honneur, ἡ φωνή la voix, etc.

Noms en ζα, ξα, etc., exemple :

Singulier.	ἡ μοῦσ α	la muse.	....	τῆς μούσ ης,	τῇ μούσ ῃ,	τὴν μοῦσ αν.

Pluriel et Duel sur ἡ κόμη.

Déclinez ainsi ἡ δόξα la gloire, ἡ γλῶσσα la langue, ἡ δίψα la soif, ἡ πεῖνα la faim, etc.

Noms en ια ou δα, θα et ρα, exemple :

Singulier.	ἡ οἰκί α	la maison.	....	τῆς οἰκί ας,	τῇ οἰκί ᾳ,	τὴν οἰκί αν.

Pluriel et Duel sur ἡ κόμη.

Déclinez ainsi ἡ στόα le portique, ἡ ἄκανθα l'épine, ἡ θύρα la porte, etc.

Noms masculins, exemple:

Singulier.	ὁ ποιητ ής	le poëte.	ποιητ ά,	τοῦ ποιητ οῦ,	τῷ ποιητ ῇ,	τὸν ποιητ ήν.
Pluriel.	οἱ ποιητ αί	les poëtes.	....	τῶν ποιητ ῶν,	τοῖς ποιητ αῖς,	τοὺς ποιητ άς.
Duel.	τὼ ποιητ ά	....	....	τοῖν ποιητ αῖν.		

Déclinez ainsi ὁ ἀρότης le laboureur, ὁ πολίτης le citoyen, ὁ στρατιώτης le soldat, etc.

Noms en εας, ιας, exemple :

Singulier.	ὁ νεαν ίας	le jeune homme.	νεανί α,	τοῦ νεανί ου,	τῷ νεανί ᾳ,	τὴν νεανίαν.

Pluriel et Duel. sur ὁ ποιητής.

Déclinez ainsi ὁ σκοτίας le fuyard, ὁ τραυματίας le blessé; les noms propres, Βορέας Borée, Ἑρμέας Mercure, Πυθαγόρας, etc.

IIe *Déclinaison.*

Contient des noms *féminins* et *masculins* de même terminaison et des noms *neutres.*

Décl. simple.

	SINGULIER.					PLURIEL.				DUEL.	
	Nom.	*Voc.*	*Gén.*	*Dat.*	*Acc.*	*N. V.*	*Gén.*	*Dat.*	*Acc.*	*N. V. A.*	*G. Dat.*
Fém. et *Masc.*	ος	ε	ου	ῳ	ον.	οι	ων	οις	ους	ω	οιν.
Neutre.	ον	α				α			α		

Exception : ὁ θεός, voc. θεός.

Décl. contracte. Elle ne contient que les noms suivants :

	Nom.	*Voc.*	*Gén.*	*Dat.*	*Acc.*	*N. V.*	*Gén.*	*Dat.*	*Acc.*	*N. V. A.*	*G. Dat.*
ὁ πλ όος —	οῦς	οῦ	οῦ	ῷ	οῦν.	οῖ	ῶν	οῖς	οῦς	ὼ	οῖν.
τὸ ὀστ έον —	οῦν	α				ᾶ			ᾶ		

ὁ ν όος — νοῦς, ὁ θρ όος — οῦς, ὁ ῥ όος — οῦς, ὁ χν όος — οῦς et ὁ χρ όος — οῦς.

Forme attique.

	Nom.	*Voc.*	*Gén.*	*Dat.*	*Acc.*	*N. V.*	*Gén.*	*Dat.*	*Acc.*	*N. V. A.*	*G. Dat.*
Fém. et Mas.	ως	α	ω	ῳ	ων.	ῳ	ῶν	ῳς	ως	ω	ῳν.
Neutre.	ων	α				ω			ω		

Le *neutre* ne renferme réellement qu'un seul nom au *singulier* τὸ χρεών.

Quelques autres, tels que τὸ ἀνώγεων, τὸ ἀγήρων, τὸ βαθυγέων ne sont que des *neutres* d'adjectifs.

IIe *Déclinaison.*

Décl. simple.

	Nom.	*Voc.*	*Gén.*	*Dat.*	*Acc.*	*N. V.*	*Gén.*	*Dat.*	*Acc.*	*N. V. A.*	*G. Dat.*
M. F. N.	«	«	Ion. οιο	«	«	«	«	οισι,	«	«	οιιν.
	«	«	Dor. ω	«	«	(*Mas.* att. ῳ	«	«	Dor. ως, ος).		

Forme attique.

	Nom.	*Voc.*	*Gén.*	*Dat.*	*Acc.*	*N. V.*	*Gén.*	*Dat.*	*Acc.*	*N. V. A.*	*G. Dat.*
Fém. M.	«	«	Poët. ωο, ῳο.	«	«	att. ω.	«	«	«	«	«

Neutre att. ως, ω. *Ex.* τὸ χρέως, τὸ ἀγήρω, τὸ ἐπίπλεω, etc.

IIe DÉCLINAISON.

	Nominatif.		*Vocatif.*	*Génitif.*	*Datif.*	*Accusatif.*

Noms féminins et masculins en ος, exemple :

Singulier.....	ἡ ὁδ ός	la route.	ὁδ έ,	τῆς ὁδ οῦ,	τῇ ὁδ ῷ,	τὰς ὁδ ούς.
Pluriel	αἱ ὁδ οί	les routes.	....	τῶν ὁδ ῶν,	ταῖς ὁδ οῖς,	τὴν ὁδ όν.
Duel........	τὼ ὁδ ώ,		....	ταῖν ὁδ οῖν.		

Déclinez ainsi les féminins : ἡ βίϐλος le livre, ἡ νῆσος l'île, ἡ νόσος la maladie, etc.
Et les masculins : ὁ ἄνεμος le vent, ὁ λόγος le discours, ὁ νόμος la doi, ὁ οἶκος la maison, etc.

Noms neutres en ον, exemple :

Singulier.....	τὸ ἔργ ον	l'ouvrage.	....	τοῦ ἔργ ου,	τῷ ἔργ ῳ,	τὸ ἔργ ον.
Pluriel......	τὰ ἔργ α	les ouvrages.	....	τῶν ἔργ ων,	τοῖς ἔργ οις,	τὰ ἔργ α.
Duel........	τὼ ἔργ ω,		....	τοῖν ἔργ οιν.		

Déclinez ainsi τὸ ὅπλον l'arme, τὸ πεδίον le champ, τὸ ζῶον l'animal, etc.

Noms attiques fém. masc. en ως, εως, exemple :

Singulier.....	ὁ λε ώς.	le peuple.	....	τοῦ λε ώ,	τῷ λε ῴ,	τὸν λε ών.
Pluriel......	οἱ λε ῴ	les peuples.	....	τῶν λε ῶν,	τοῖς λε ῴς,	τοὺς λε ώς.
Duel........	τὼ λε ώ,		....	τοῖν λε ῴν.		

Déclinez ainsi les féminins : ἡ ἕως l'aurore, ἡ Κεώς l'île de Céos, etc.
Et les masculins : ὁ κάλως la corde, ὁ νεώς le temple, Μενέλεως Ménélas, etc.

IIIe *Déclinaison simple ou imparisyllabique.*

Ainsi appelée, parce que le génit. sing. et les cas suivans ont une syllabe de plus que le nomin. sing.

	SINGULIER.				PLURIEL.				DUEL.	
	Nom. et Voc.	*Gén.*	*Dat.*	*Acc.*	*Nom. V.*	*Gén.*	*Dat.*	*Acc.*	*N. V. A.*	*G. Dat.*
Fém. Mascul.	Voyez le tableau ci-après.	*ος	ι	α	ες	ων	**σι	ας	ε	οιν.
Neutre.				α	α			α		

Figuratives et pénultièmes changeantes des noms de la 3e décl. simple.

Noms féminins et masculins.

SECT.	*Nomin. sing.*		*Voc. s.*	**Génit. s.*	***Dat. pl.*
1e	ἡ φλ	έψ		έβος	εψί.
	ὁ	ὦψ		ὠπός	ὠψί.
	(ἡ κατῆλ	ιψ		ιφος	ιψι)
2e	ἡ φλ	όξ		ογός	οξί.
	ἡ σφ	ίγξ		ιγγός	ιγξί.
	ἡ σφ	ήξ		ηκός	ηξί.
	(ἡ ἀλώπ	ηξ		εκος	εξι).
	(ἡ γυν	ή	αι	αικός	αιξί).
	(ὁ λ	ύγξ		υγκός	υγξί).
	(ὁ	ἅλξ		ἁλκός	ἁλξί).
	ὁ ἄν	αξ	α	ακτος	αξι
	ἡ θρ	ίξ		ιχός	ιξί.
3e	ὁ πα	ῖς	ῖ	ιδός	ισί.
	(ὁ π	οῦς		οδός	οσί)
	ἡ ἐσθ	ής		ῆτος	ῆσι.
	(ἡ θέμ	ις		ιστος	«)
	ὁ ἀνδρί	ας		αντος	ασι.
	ὁ λέ	ων	ον	οντος	ουσι.
	Κλήμ	ης		εντος	«.
	(ὁ πλακ	όεις		όεντος	όεσι.
	πλακ	οῦς	οῦ	οῦντος	οῦσι).
	ὁ, ἡ μάκ	αρ		αρτος	αρσι.
	ἡ μέρμ	ις		ιθος	ισι.
	ἡ ἕλμ	ινς		ινθος	ινσι.
4e	ὁ ἥρ	ως	«	ω ος	ωσι.

SECT.	*Nomin. sing.*		*Voc. s.*	**Génit. s.*	***Dat. pl.*
	φύσ	ις	(Voy. 3e décl. mixte.)		
5e	ὁ μ	ήν		ηνός	ησί.
	ὁ ποιμ	ήν		ένος	έσι.
	(ὁ κτ	είς		ενός	εσί).
	ὁ κλ	ών		ωνός	ωσί
	ὁ ἡγεμ	ών	όν	όνος	οῦσι.
	(ὁ κ	ύων	ύον	υνός	υσί).
	ὁ σωτ	ήρ	ερ	ῆρος	ῆρσι.
	ὁ αἰθ	ήρ		έρος	ῆρσι.
	ὁ φ	ώρ		ωρός	ωρσί.
	ὁ ῥήτ	ωρ	ορ	ορος	ορσι.
	(ἡ χ	είρ		ειρός	ερσί).
	(ἡ	ἅλσ		ἁλός	ἁλσί).

Noms neutres simples.

SECT.	*Nomin. sing.*		*Voc. s.*	**Génit. s.*	***Dat. pl.*
2e	(τὸ γάλ	α		ακτος	αξι).
3e	(τὸ ἅλ	ας		ατος	ασι.
	κρέ	ας	(Voy. 3e décl. mixte.)		
	τὸ φρ	έαρ		έατος—ητός	έασι—ησί.
	τὸ ὕδ	ωρ		ατος	ασι.
	τὸ δόρ	υ		ατος	ασι.
	(τὸ μέλ	ι		ιτος	ισι).
	τὸ	οὖς		ὠτός	ὠσί.
4e	(τὸ κ	ῶς		ω ός	ωσί).
	σίνηπ	ι	(Voy. 3e décl. mixte.)		
5e	τὸ νέκτ	αρ		αρος	αρσι.

Exceptions : L'on doit considérer comme exceptions tous les noms qui ont été mis entre *parenthèses*. Ils sont uniques dans la règle. Les noms suivans n'ont pu trouver place dans le même tableau.

5e s. ὁ ἄρς « gén. ἀρνός etc. d. pl. ἀρνάσι.
ὁ ἀν ήρ ερ ἀν δρός etc. ἀν δράσι.
ὁ πατ ήρ ερ έρος etc. «
(ρός ράσι).

Irr. Ζ εύς voc. Ζ εῦ gén. Διός dat. Διί, acc. Δία.

ἡ θυγάτ ηρ ερ gén. έρος etc. «
ρος etc. d. pl. ρασι.
Mais on dit seulement au gén. pl. θυγατέρων.
Décl. μήτηρ sur πατήρ Δημήτηρ sur θυγάτηρ.
ἡ Γαστ ήρ sur πατήρ (sauf dat. pl. γαστῆρσι).

IIIe *Déclinaison simple.*

Poët. 3e *section*, noms propres masc. en ας, gén. αντος, voc. 1° en α. *Ex* . . . . Κάλχας voc. Κάλχα.
2° en αν. *Ex*. . . . . Αἴας *id.* Αἴαν et Αἴα.
Eol. 5e *section*, noms masc. et fém. en ων, ωρ, gén. ωνος, ωρος, voc. en ον, ορ. . . . . Ποσειδῶν *id.* Ποσειδον.—Acc. poët. Ποσειδῶ.
Ion. Ce même nom. fait voc. Ποσειδέων. Dor. nom. et voc. . . . . Ποσειδᾶν gén. Ποσειδᾶνος.
Poët. Tous les noms peuvent ajouter à la figur. du gén. εσσι, pour former le dat. pl. *Ex*. Γίγας d. pl. Γιγάντεσσι.
Quelquefois l'on ajoute seulement εσι. *Ex*.. Ἄναξ *id.* Ἀνάκτεσι.
Dor. 3e *section*. Noms, gén. en αντος, οντος, font du dat. pl. αντι, οντι comme au sing.. . Γίγας *id.* Γίγαντι.
On trouve les changemens suivans à la pénultième. Dor. nom. singulier. κλᾴξ pour κλείς, et ac. pl. κλᾷδας.
Ion. Génit. sing. χερός (χειρός.) — Poët. φρῆτος (φρέατος de τὸ φρέαρ). . . . . Poët. Ἀνήρ gén. ἀν έρος, etc.

IIIe *Déclinaison simple ou imparisyllabique.*

	Nominatif.		*Vocatif.*	*Génitif.*	*Datif.*	*Accusatif.*

Noms féminins et masculins, exemple :

Singulier.....	ὁ ὤψ	l'œil.	....	τοῦ ὠπ ός,	τῷ ὠπ ί,	τὸν ὦπ α.
Pluriel......	οἱ ὦπ ες	les yeux.	....	τῶν ὠπ ῶν,	τοῖς ὠψ ί,	τοὺς ὦπ ας.
Duel........	τὼ ὦπ ε		....	τοῖν ὠπ οῖν.		

Déclinez ainsi, et d'après le tableau ci-contre,

Les féminins : ἡ φλέψ la veine, ἡ φλόξ la flamme, ἡ ἐσθής le vêtement, etc.

Et les masculins : ὁ παῖς l'enfant, ὁ λέων le lion, ὁ ἥρως le héros, ὁ ἡγεμών le général, etc.

Noms neutres, exemple :

Singulier.....	τὸ σῶμα	le corps.	....	τοῦ σώματ ος,	τῷ σώματ ι,	τὸ σῶμα.
Pluriel......	τὰ σώματ α	les corps.	....	τῶν σωμάτ ων,	τοῖς σώμασ ι,	τὰ σώματ α.
Duel........	τὼ σώματ ε		....	τοῖν σωμάτ οιν.		

Déclinez ainsi, et d'après le tableau ci-contre,

τὸ ἅλας le sel, τὸ ἧπαρ le foie, τὸ ὕδωρ l'eau, τὸ δόρυ la lance, τὸ κῶς la toison, τὸ νέκταρ le nectar, etc.

IIIe *Déclinaison contracte.*

Elle ne contient réellement que des noms masculins en εύς, et des neutres en ος. Les autres noms en ης, εης et εος, υς, υ, etc., sont des exceptions.

	SINGULIER.					PLURIEL.				DUEL.	
	Nom.	*Voc.*	*Génit.*	*Dat.*	*Accus.*	*Nom.*	*Gén.*	*Dat.*	*Accus.*	*N. Ac.*	*G. D.*
	Noms masculins en εύς.										
βασιλ	εύς	εῦ	έος — έως	έϊ — εῖ	έα.	έες — εῖς	έων	εῦσι	έας — εῖς.	έε	έοιν.
Exceptions :											
δρομ	εύς fait au datif pluriel..							έσι.			
Deux noms masc. en υς : ὁ πέλεκυς et ὁ πῆχυς.											
πέλεκ	υς	υ	εος — εως	εΐ — ει	υν.	εες — εις	έων	εσι	εας — εις.	εε	έοιν.
Deux noms neutres en υ : τὸ ἄστυ et τὸ πῶυ.											
ἄστ	υ	«	εος — εως	εΐ — ει	υ.	εα — η	έων	εσι	εα — η.	εε	έοιν.
	Noms neutres en ος.										
γέν	ος	«	εος — ους	εΐ — ει	ος.	εα — η	έων — ῶν	εσι	εα — η.	εε-η-ει,	έοιν-οῖν.
Exceptions :											
Un seul nom fém. en ης : ἡ τριήρης, un masc. ὁ ἄρης, quelques noms propres d'hommes, comme Δημοσθένης.											
τριηρ	ης	ες	εος — ους	εΐ — ει	εα — η.	εες — εις	έων — ῶν	εσι	εας — εις.	εε-η	έοιν—οῖν.
Quelques noms propres en έης au *singulier.*											
Ἡρακλ	έης-ῆς,	εες-εις-ες,	έεος-έους-οῦς,	έεϊ-έει-εῖ,	έεα-έα-ῆ	(Le pluriel et le duel manquent.)					
Plusieurs noms neutres en έος, κλέος, χρέος, etc.											
κλ	έος	«	έεος-έους	έεϊ-έει	έος.	έεα-έα	εέων-εῶν	έεσι	έεα — έα.		
	Noms irréguliers et défectueux.										
Deux noms masculins en οῦς : ἡ, ὁ βοῦς, et au singulier seulement ὁ νοῦς.											
β	οῦς	οῦ	οός.	οΐ	οῦν.	όες — οῦς	οῶν	ουσί	όας — οῦς.	«	«
Suivent trois autres noms : ἡ ναῦς, ἡ γραῦς, ὁ λᾶας.											
ν	αῦς	αῦ	εώς	«	αῦν.	«	εῶν	αυσί	αῦς (forme attique).		
	ηῦς	ηῦ	εός — ηός	ηΐ	έα — ῆα.	έες — ῆες	ηῶν	ηυσί	έας — ῆας.	«	εοῖν (Ion.).
γρ	αῦς	αῦ	αός	αΐ	αῦν.	άες	αῶν	αυσί	αῦς (forme attique).		
	ηῦς	ηῦ	ηός	ηΐ	«	ῆες	«	«	« (forme Ion.).		
λ	ᾶας — ᾶς	«	ᾶαος — ᾶος	ᾶϊ	ᾶαν.	ᾶαες — ᾶες	αάων — άων	άεσσι.	«	«	«

IIIe *Déclinaison contracte.*

	Nom.	*Voc.*	*Génit.*	*Dat.*	*Accus.*	*Nom.*	*Gén.*	*Dat.*	*Accus.*	*N. Ac.*	*G. D.*
	Noms masculins en εύς.										
Eol.	ῆς.	«	Eol. ευς, Dor. εῦς.	«	«	Att. ῆς	«	Ion. έσι.	«	«	«
	«	«	Poët. ῆος	ῆι	ῆα — ῆ.	ῆες	«	ῆσι	ῆας.	«	«
Noms en εύς précédés d'une voyelle * *Ex.* ὁ Πειραιεύς, gén. πειραιῶς, acc. πειραιᾶ.											
	«		*Att. Πειραι ῶς	«	ᾶ.	«	«	«	«	«	«
	Noms neutres en ος (exception en εος).										
	«		Poët. κλῆος	ῆι	«	«	«	ῆσι	«	«	«
	Noms irréguliers.										
	«	«	«	«	«	Poët. βῶς	«	«	«	«	«
	«	«	Dor. ναός	αῖ	«	νᾶες	«	«	Dor. νᾶας	«	«

IIIe *Déclinaison contracte.*

	Nominatif.		Vocatif.	Génitif.	Datif.	Accusatif.

Noms masculins en ευς; forme attique ou la plus usitée, *exemple :*

Singulier.	ὁ βασιλ εύς	le roi,	βασιλ εῦ,	τοῦ βασιλ έως,	τῷ βασιλ εῖ,	τὸν βασιλ έα.
Pluriel.	οἱ βασιλ εῖς	les rois,	....	τῶν βασιλ έων,	τοῖς βασιλ εῦσι,	τοὺς βασιλ εῖς.
Duel.	τὼ βασιλ έε,	....		τοῖν βασιλ έοιν.		

Déclinez ainsi ὁ βραβεὺς l'arbitre, ὁ ἱππεὺς le cavalier, ὁ συγγραφεὺς l'historien.

Noms neutres en ος; forme contracte la plus usitée, *exemple :*

Singulier.	τὸ γέν ος	le genre,	....	τοῦ γέν ους,	τῷ γέν ει,	τὸ γέν ος.
Pluriel.	τὰ γέν η	les genres,	....	τῶν γεν ῶν,	τοῖς γέν εσι,	τὰ γεν η.
Duel.	τὼ γέν η,	....		τοῖν γεν οῖν.		

Déclinez ainsi τὸ ἄνθος la fleur, τὸ πέλαγος la mer, τὸ τεῖχος le mur, etc.

IIIe *Déclinaison mixte* (simple et contracte).

	SINGULIER.					PLURIEL.				DUEL.	
	Nomin.	*Voc.*	*Génitif.*	*Datif.*	*Accus.*	*Nomin.*	*Génit.*	*Datif.*	*Accus.*	*N.* et *Ac.*	*G.* et *Dat.*
				Noms féminins et masculins en ις.							
Φύσ	ις	ι	ιος	ιι—ι	ιν.	ιες	ιων	ισι	ιας.	ιε	ίοιν.
	«	«	εος—εως	εϊ—ει	«	εες—εις	έων—εων	«	εας—εις.	εε	έοιν—εῷν.
		Noms neutres en ι, peu nombreux, ne désignent que des substances végétales ou minérales.									
Πέπερ	ι	«	ιος	ιι—ι	ι.	ια—ι	ίων	ισι	ια—ι.	ιε	ίοιν.
				Noms féminins et masculins en υς.							
Βότρ	υς	υ	υος	υϊ	υν.	υες—υς	ύων	υσι	υας—υς.	υε	ύοιν.
				Noms neutres en εας, ρας.							
Κρέ	ας	«	ατος	ατι	ας.	ατα	άτων	ασι	ατα.	ατε	άτοιν.
	«	«	αος—ως	αϊ—ᾳ	«	αα—α	άων—ῶν	«	αα—α.	αε—α	άοιν—ῷν.

Exceptions : *noms féminins et masculins en* ις *et* υς.

	Nomin.	*Voc.*	*Génitif.*	*Datif.*	*Accus.*	*Nomin.*	*Génit.*	*Datif.*	*Accus.*	*N.* et *Ac.*	*G.* et *Dat.*
ἡ, ὁ Ὄ	ϊς	«	ϊδος—ϊος	ϊι	ϊδα—ϊν.	ϊες—ϊς	ΐων	ισι	ϊας—ϊς.	«	«
ἡ Κλ	είς	«	ειδός	ειδί	εῖδα—εῖν.	εῖδες—εῖς	ειδῶν	εισί	εῖδας—εῖς.	«	«
ἡ, ὁ Ὄρν	ις	ι	ιθος	ιθι	ιθα—ιν.	ιθες	ίθων	ισι	ιθας.	«	«
	«	«	«	«	«	εις—ις	«	«	εας—ις.	«	«

De même ἡ, ὁ τίγρις, gen. ιδος, sur ὄρνις. D'autres noms n'élident que l'*accusatif singulier*, exemples :

ἡ ἔρ ις	*voc.* ἔρι	*acc.* ἔρ ιδα — ἔρ ιν.	ἡ, ὁ	ἔπη λυς	*voc.* ἔπη λυ	*acc.* s. ἔπηλ υδα—υν.
ἡ χάρ ις	χάρ ι	χάρ ιτα— χάρ ιν.	ἡ, ὁ	δίπ ους	δίπ ου	δίπ οδα—ουν.
ἡ κόρ υς	κόρ υ	κόρ υθα— κόρ υν.	Et de même les autres composés de ποῦς, *gén.* πόδος.			

IIIe *Déclinaison mixte.*

	Nomin.	*Voc.*	*Génitif.*	*Datif.*	*Accus.*	*Nomin.*	*Génit.*	*Datif.*	*Accus.*	*N.* et *Ac.*	*G.* et *Dat.*
				Noms féminins et masculins en ις.							
Φύσ	«	«	Éol. εως	«	«	«	«	«	«	«	«
	«	«	Poët. ηος	«	ηα	ηες	ήων	ησι	ηας	ηε	ηοιν.
				Noms neutres en εας, ρας.							
Κρέ	«	«	«	«	«	«	«	Poët. άτεσι—εσι.	«	«	«
	«	«	«	«	«	Ion. εα.	«	άεσσι—εσσι.	«	«	«

Exceptions : noms *féminins* et *masculins* en ις, ως, ων.

	Nomin.	*Voc.*	*Génitif.*	*Datif.*	*Accus.*	*Nomin.*	*Génit.*	*Datif.*	*Accus.*	*N.* et *Ac.*	*G.* et *Dat.*
	«	«		Poët. μάστ ιγι—ι.	Ζ. ῆνα—ῆν.	«	«	«	«	«	«
	«	«	«	ἱδρ ῶτι—ῷ,	ῶτα—ῶ.	«	«	«	«	«	«
	«	«	«	Μίλ ωνι—ῳ,	ωνα—ω.	«	«	«	«	«	«

IIIe *Déclinaison mixte.*

Noms féminins et masculins en ις; forme attique, *exemple :*

	Nominatif.		*Vocatif.*	*Génitif.*	*Datif.*	*Accusatif.*
Singulier.	ἡ φύσ ις	la nature,	φύσ ι,	τῆς φύσ εως,	τῇ φύσ ει-ι,	τὴν φύσ ιν.
Pluriel.	αἱ φύσ εις	les natures,	....	τῶν φύσ εων,	ταῖς φύσ εσι,	τὰς φύσ εις.
Duel.	τὰ φύσ εε,	....	....	ταῖν φύσ έων.		

Déclinez ainsi les féminins, ἡ πρᾶξις l'action, ἡ τάξις l'ordre, etc.

Et les masculins, ὁ πόσις le mari, ὁ ὄφις le serpent, etc.

Noms féminins et masculins en υς; forme contracte, *exemple :*

	Nominatif.		*Vocatif.*	*Génitif.*	*Datif.*	*Accusatif.*
Singulier.	ἡ δρῦς	le chêne,	δρῦ,	τῆς δρυ ός,	τῇ δρυ ΐ,	τὴν δρ ῦν.
Pluriel.	αἱ δρῦς	les chênes,	....	τῶν δρυ ῶν,	ταῖς δρυσ ί,	τὰς δρ ῦς.
Duel.	τὰ δρύε,	....	....	ταῖν δρυ οῖν.		

Déclinez ainsi les féminins, ἡ πίτυς le pin, ἡ χέλυς la tortue, etc.

Et les masculins, ὁ ἰχθύς le poisson, ὁ βότρυς le raisin, etc.

Noms neutres en εας, ρας; forme attique, *exemple :*

	Nominatif.		*Vocatif.*	*Génitif.*	*Datif.*	*Accusatif.*
Singulier.	τὸ τέρας	le prodige,	....	τοῦ τέρ ως,	τῷ τέρ ᾳ,	τὸ τέρ ας.
Pluriel.	τὰ τέρα	les prodiges,	....	τῶν τερ ῶν,	τοῖς τέρ ασι,	τὰ τέρ α.
Duel.	τὼ τέρα,	....	....	τοῖν τερ ῷν.		

Déclinez ainsi τὸ κρέας la chair, τὸ κέρας la corne, etc.

IIIe *Déclinaison contracte incomplète.*

Elle emprunte le pluriel et le duel à la 2e décl. simple, et n'a que des noms *féminins* en ώ.

SINGULIER.					PLURIEL ET DUEL.
Nomin.	*Voc.*	*Génit.*	*Datif.*	*Accus.*	(V. 2e décl., p. 12).
ώ	οἶ	όος—οῦς	οΐ—οῖ	όα—ώ.	οἱ, ὦν, οῖς, etc.

EXCEPTION. Deux noms ont le nominatif en ώς : ἡ αἰδώς et ἡ ἠώς.

Des noms irréguliers.

Noms à cas de déclinaisons différentes.

Pluriel et *duel* différens du singulier par leur déclinaison . . Τὸ χρέων, τὰ χρέεα, etc. Τὸ πῦρ, τὰ πυρὰ, ῶν, οῖς, etc.

Datif *pluriel* seulement. . . . . ὁ υἱὸς, τοῖς υἱέσι. Τὸ δένδρον, τοῖς δένδρεσι.

Noms à genres différens, au singulier et au pluriel.

Les noms *masculins* suivans, 2e décl. simple, sont *neutres au pluriel :*

ὁ δίφρ ος	ὁ ἐρετμ ός	ὁ κέλευθ ος	ὁ λύχν ος	ὁ μοχλ ός	ὁ σταθμ ός	ὁ σῖτ ος	ὁ τράχηλ ος.
τὰ δίφρ α	τὰ ἐρετμ ά	τὰ κέλευθ α	τὰ λύχν α	τὰ μοχλ ά	τὰ σταθμ ά	τὰ σῖτ α	τὰ τράχηλ α.

Ajoutez ὁ, ἡ τάρ ταρος qui fait au *pluriel* . . . . τὰ τάρ ταρα.

Les noms, 2e décl. simple, à la fois *masc. et neutres* sont seulement *neutres au pluriel :*

ὁ ζύγος et τὸ ζύγον — τὰ ζύγα, ὁ νῶτος et τὸ νῶτον — τὰ νῶτα.

Plusieurs noms sont *féminins ou masculins* aux trois genres :

ἡ, ὁ κάμινος ἡ, ὁ κόπρος ἡ, ὁ λιμός ἡ, ὁ ῥινός ἡ, ὁ στάμνος ἡ, ὁ ὕαλος.

Noms défectueux et indéclinables.

Quelques noms de fêtes ne sont usités qu'au *pluriel*, Ex. αἱ ἐτησίαι, οἱ κτέρες. Des noms de villes : τὰ Μέγαρα, etc.

Quelques noms *neutres* ne sont usités qu'au *nominatif*, *voc. et accus. singulier*,

τὸ ἔρετας τὸ δέμας τὸ λέπας τὸ σέλας τὸ ὄναρ τὸ ὕπαρ τὸ ἦδος τὸ ὄφελος.

Ἰησοῦς fait aux *voc. gén. datif* . . . . Ἰησοῦ. *Acc.* Ἰησοῦν.

Des noms *neutres* étrangers invariables prennent l'article pour désigner les cas :

τὸ πάσχα τοῦ πάσχα τῷ πάσχα, d'autres fois sans l'article : *nomin. gén. dat.* λίπα (et aussi *dat.* λίπαϊ).

IIIe *Déclinaison contracte incomplète.*

« « Eol. *Gén.* ῶς. « *Acc.* ῶν. Ion. οῦν. « «

Des noms irréguliers.

Ces irrégularités tiennent à ce que quelques formes dialectiques ont prévalu dans l'usage.

1° Les Attiques, les Ioniens, etc., ont des formes particulières de noms, exemples :

Attique : ὁ λεώς (pour ὁ λαός), etc. Ionien. Τὸ δένδρος (pour τὸ δένδρον), ἡ χρεώ (pour τὸ χρέος), etc.

2° Le *genre* de certains noms est différent. . . . . Ex. Attique. ὁ λιμός, dorien ἡ λιμός.

Noms à cas de déclinaisons différentes chez les poëtes.

Datif *singulier*. . . . . Τῇ ἀλκί (pour ἀλκῇ), τῇ κλαδί (pour κλάδῳ), etc.

Accusatif *id.* . . . . Τὴν ἰῶκα (pour ἰωκήν), τὴν φύγα (pour φυγήν), etc.

Datif *pluriel*. . . . . Ταῖς κλάδεσι (pour κλάδοις), τοῖς πέταλσι (pour πετάλοις), etc.

Génitif et datif *sing.* de γόνυ et δόρυ . . . . Ex. γόνυ gén. γουνός (pour γόνυος), γουνί (pour γόνυι).

Noms défectueux et indéclinables chez les poëtes.

Poëtes. Ils forment des noms indéclinables en ajoutant φι ou φιν à la terminaison, exemple :

1re décl. οὐρανί ηφι (de οὐρανί α), excepté ἐσχάροφι.

2e *id.* στρατ όφι (de στρατ ός).

3e simple κοτυληδόν οφι (κοτυλη δών).

3e décl. simple : κήρ οφι (de κήρ).

3e *id.* contracte : ὄχεσφι (de ὄχος), except. ἐρέβ ευσφι.

Ναῦ φιν (pour νεῶν, ναυσί).

Syncopes poëtiques de noms neutres à tous les cas . . . . Τὸ κάρα (pour τὸ κάρηνον), τοῦ κάρα (κάρήνου), etc.

Au nominatif seulement. . . . . Τὸ ἄλφι (pour ἄλφιτον), τὸ δῶ (pour δῶμα), etc.

Un nom poëtique n'a que deux cas singulier. . . . . Nominatif λῖς, et accusatif λῖν.

IIIe *Déclinaison contracte incomplète.*

			Nominatif.	*Vocatif.*	*Génitif.*	*Datif.*	*Accusatif.*
Forme contracte, exemple :							
Singulier.	ἡ ἠχ ώ	l'écho,	ἠχ οῖ,	τῆς ἠχ οῦς,	τῇ ἠχ οῖ,	τὴν ἠχ ώ.
Pluriel.	αἱ ἠχ οί	les échos,	....	τῶν ἠχ ῶν,	ταῖς ἠχ οῖς,	τὰς ἠχ ούς.
Duel.	τὰ ἠχ ώ,	....	....	ταῖν ἠχ οῖν.		

Déclinez ainsi ἡ μορμώ le masque, ἡ πειθώ la persuasion, Διδώ Didon, etc.

Principes généraux de la formation des noms dérivés et composés.

Noms dérivés de temps de verbes.

De la 1re pers.	*Neut.* en	μα, marque l'effet ....De	πέπραγμαι	—	τὸ πρᾶγμα	le fait.
parfait passif.	*Fém.* en	μη...........................	μέμνημαι	—	ἡ μνήμη	la mémoire.
	Masc. en	μος, s'applique à des choses......	πέψαλμαι	—	ὁ ψαλμός	le psaume.
	Id.	μον, *id.* à des personnes......	τεθέαμαι	—	ὁ θεάμων	le spectateur.
De la 2e pers.	*Fém*	en (σ) ις, marque surtout la cause.....De	πέπραξαι	—	ἡ πρᾶξις	l'action.
parfait passif.		(σ) ια, *id.* *id.* l'effet.......	εὔταξαι	—	ἡ εὐταξία	l'ordre.
De la 3e pers.	*Masc.* en	τής, s'appliquant à des personnes..De	τεθέαται	—	ὁ θεατής	le spectateur.
parfait passif.		ήρ, *id.* à des choses surtout......	ἔῤῥαισται	—	ὁ ῥαιστήρ	le marteau.
		ωρ, *id.* à des personnes influentes.	ἤκησται	—	ὁ ἀκέστωρ	celui qui guérit.
Du parfait second.	*Masc.* en	ευς, *id.* à des personnes surtout..De	δέδρομα	—	ὁ δρομεύς	le coureur.
		ος, *id.* à des choses surtout	τέτομα	—	ὁ τόμος	le morceau.
		(L'accent à la terminaison donne un sens actif.			τομός	coupant).
Du radical du verbe.	*Fém.* en	η...........................De	νικάω	—	ἡ νίκη	la victoire.
	Neut. en	ος...........................	ἐχθέω	—	τὸ ἔχθος	la haine.

Noms dérivés d'autres noms.

De *masc.* en τήρ.	*Fém.* en	ειρα, s'appliquant à des personnes.De	ὁ σωτήρ	—	ἡ σώτειρα	celle qui sauve.
ξ.		σσα, *id.*...................	ὁ φοῖνιξ	—	ἡ φοίνισσα	la phénicienne.
ων.		αινα, *id.*...................	ὁ θεράπων	—	ἡ θεράπαινα	celle qui soigne.
της.		τες, *id.*...................	ὁ προφήτης	—	ἡ προφῆτις	la prophêtesse.
ίδης.		ις, *Noms patronimiques* ......De	ὁ Πριαμίδης	—	ἡ Πριαμίς.	
άδης.		ας, *id.*	ὁ Ἠλιάδης	—	ἡ Ἠλιάς.	
ων.		ώνη, *id.*	ὁ Ἠετίων	—	ἡ Ἠετιώνη.	
De *masc.* 1re décl.	*Masc.* en	άδης, *id.*	ὁ Ἱππότης	—	ὁ Ἱπποτάδης.	
De 2e décl. en ιος	en	άδης, *id.*	ὁ Ἥλιος	—	ὁ Ἠλιάδης.	
Des 2e, 3e, décl.	en	ίδης. De Πρίαμος—Πριαμίδης (*a*) ....De	Ἀμφιτρύων	—	Ἀμφιτρυονίδης.	
		De Πελεύς — Πελείδης ....De	Λητοῖ	—	Λητωίδης.	
De *masc.* en υς et ος.	en	αξ. *Noms emphatiques.* ....De	ὁ πλοῦτος	—	ὁ Πλούτων	le dieu des richesses.
		id. souvent marquent le mépris.........			ὁ πλούταξ	le richard.
De *masc.* etc.	*F. M.* ίχνη, ίχνος.	*Noms diminutifs* ....De	ἡ κύλιξ	—	ὁ κυλίχνος	la cupule.

Et d'autres en ιχος, ισκος, *féminins* en ις, λίς, *neutres* en ιον, ιδιον, etc.

Noms dérivés d'adjectifs.

D'adject. divers.	*Fém.* en	της. De κακός — ἡ κακότης.........De	ταχύς	—	ἡ ταχύτης	la vitesse.
		ία. De κακός — ἡ κακία...........De	εὐσεβής	—	ἡ εὐσέβεια	la piété.

Et d'autres en σύνη, ex. ἡ σωφροσύνη, et les dérivés de ἡ οὐσία essence.

Adjectifs dérivés de noms.

De noms divers.	Adj. en	ώδης. Ils marquent l'apparence (εἶδος).	ὁ γαστήρ	—	γαστρώδης	ventru.
		όεις. *id.* la similitude...De	τὸ μέλι	—	μελιτόεις	comme du miel.
	Adj. en	ικός (ακός). *id.* la faculté active.De	ὁ βασιλεύς	—	βασιλικός	propre à un roi.
		ινος (ιος). *id.* l'origine......De	τὸ Ῥήγιον	—	Ῥηγῖνος	de Reggio.
		ειος, εος—οῦς (V. p. 24). Indiquant davantage la nature des corps.				
		ούσιος. Ils marquent possession...Du participe	ὤν	—	ἑκούσιος	ayant une volonté.

Adjectifs dérivés de verbes.

De l'aoriste.	Adj. en	ης. Ils ont souvent un sens passé.De	ἔλλιπον	—	ἐλλιπής	abandonné.
Du parfait pass.	Adj. en	σιμος, σιος. Marquent qualité passive.	κέχρησαι	—	χρήσιμος	utile.
		στός, τός. *id.* souvent faculté active.	κέχρησται	—	χρηστός	favorable.

(*a*) Ionien. Il change ίδης en ίων.................. de ὁ Κρόνος — ὁ Κρονίων (pour Κρονίδης).

Des noms composés de plusieurs mots.

L'on met en avant du mot composé, les génitifs, les adjectifs, et les verbes.

Mais dans les dérivés suivans, les verbes se mettent à la fin du mot composé,

Les dérivés en ής. Ex. .... De φιλέω — θεο φιλής (rarement θεό φιλος).

Les dérivés en ος, de parfait deuxième .... De κέκτονα — λυκό κτόνος.

Les dérivés en ψ, ξ, de futurs .... De τέξω — καλλί τεξ.

Les particules indéclin. se mettent toujours en avant. . De δύς ..... — δυσ αριστο τόκεια. .

Par suite de cette réunion de mots, il résulte souvent des changemens, soit dans la terminaison du premier mot, soit au commencement du second mot, savoir :

Voyelle finale devant une consonne.

Génitifs en ης, ας ils perdent le ς .... De στεφάνης — στεφανη φόρος (et στεφανο φόρος).

Id. en ος, ως, *id.* .... De κυνός — κυνό καυμα (a).

Mais on trouve ος changé en η. .... De λαμπάδος — λαμπαδη φόρος.

Contractes irréguliers : βοός, ναός et ils font ος en υ .... De να ός — ναυ μαχία.

Le gén. γαίας—γῆς fait γέω .... γεω μέτρης (γεω ργός).

Génitifs en ου, ils sont changés en ο .... de λύκου — λυκο κτόνος (a).

Quelques uns changent ου en οι, d'autres en η. .... De ὁδοῦ — ὁδοι πόρος, de θεοῦ — θεητόκος.

Des gén. en ου pris adverbialement font αι. .... De μέσου — μέσαι πόλιος.

Le datif ἡμέρῃ change η en ο .... ἡμερο δρόμος.

Adjectifs en ος, υς, ils perdent le σ .... De ἀγαθός — ἀγαθο φυής.

1re pers. du présent indicatif avec pénult. en ι, fait ω en ο. De φιλῶ — φιλο πάτωρ.

Et même avec pénultième en ει .... De λείπω — λειπο τάκτης.

De même les futurs qui ont la pénultième en ι ...... De βρίσω — βρισό μαχος.

3e personne de l'imparfait supprime l'augment .... De ἔμενε — Μενέ λαος.

Id de l'aoriste 2e. *id.* .... De ἔδακε — δακέ θυμος.

Plusieurs de ces personnes font ε final en ι .... De ἔλαθε — λαθί φθογγος.

3e personne du futur change ει en ι .... De δείσει — δεισι δαίμων.

Id. L'on abrège la pénultième contractée. . De εὑρήσει — εὑρεσι λόγος.

L'on trouve même πρωτ εύσει .... Πρωτεσί λαος.

Voyelle finale devant une consonne et devant une voyelle.

Datifs sing. et plur. immuables .... De ὄρος — ὀρεσί τροφος, ὀρεί αυλος.

Exception. Ces datifs en ει font ι devant double consonne. . De ὄρει — ὀρι τρόφος.

Le datif κάλλει a toujours la finale en ι, de même que ἀρχῇ .... καλλί μαχος, ἀρχι ευνοῦχος.

Adjectifs neutres en υ, ils sont immuables .... De ἡδύς — ἡδυ κρέως, ἡδυ επής.

L'adverbe ὀψέ fait la finale ε en ι .... ὀψι μαθής, ὀψι ανθής.

Πέντε et ὀκτώ changent souvent la finale en α .... De ὀκτώ — ὀκτά πλάσιος, ὀκτα ἡμερος.

Ἕξ ajoute α. .... ἑξά κνημος, ἑξα ετης.

Ἑκατόν ajoute τα dans certains mots .... ἑκατοντά χειρ, ἑκατοντα ὀργυιος.

Voyelle finale devant une voyelle.

Génitifs en ου, ω, changés en ο (et contractés devant ε) . De λύκου — λύκο ειδής (Λυκ οῦργος).

(Mais ὁμοῦ adverbe ne se contracte pas, ainsi que αὐτό pronom .... ὁμο εθνής, αυτο ετής).

Le Génitif χειρὸς supprime σ (et contracte ο avec ε initial) .... χειρο ήθης (χειρ ούργος).

Τριάκοντα, τετράκοντα, etc., se contractent avec ἔτος .... De τριάκοντα — τριακοντα ἐτης—τριακο τοῦ της.

Consonne finale devant une voyelle.

Génitifs en ος, ils sont immuables en général ...... De κυνός — κυνός ουρα.

Exceptions : quelques gén. élident leur terminaison .... De κυνός — κυν ώπης.

Adjectifs en ος, ils élident cette terminaison en ος. . . De ὁμός — ὅμ ηλυς.

Μυρίον prend τ dans les composés .... μυριόντ αρχος.

Consonne finale devant une consonne.

Θεὸς supprime quelquefois l'ο .... Θες φατον (et θεο φατον).

Φώς, et le gén. Διὸς se trouvent avec ς final. devant une consonne .... φωσ φόρος, Διὸσ κουρος.

Ἔφερε, 3e personne, imparfait prend le ς final dans certains cas .... φερέσ βιος, φερεσ σακής.

(aa) Dorien. Il change ο en ε. Ex. (de ἀνδρο φόνος)—ἀνδρε φόνος, (de ἀργο φόντης) — ἀργε φόντης, et ἀργει φόντης.

CHAPITRE III. — DE L'ADJECTIF.

Les adjectifs sont de trois genres : *féminin*, *masculin* et *neutre*.

Le *masculin* et le *neutre* suivent toujours la même déclinaison.

L'on ne doit pas confondre avec les adjectifs les noms appelés *communs*, qui sont qualificatifs d'êtres animés ; ils sont *féminins* et *masculins* seulement.

Exemple.................................. ἡ φυγάς la fugitive, ὁ φυγάς le fugitif.

Adjectifs féminins de la 1re déclinaison, mascul. et neutre de la 2e déclinaison.

Simple.

Fém.	en η, etc. (a),	sur κόμη.
Mas.	en ος, etc.,	sur ὁδ ός.
Neutre	en ον, etc.,	sur ἔργον.

Mais les adj. *masc.* en ιος, ρος font le féminin,
Savoir : en α, etc., sur οἰκία.

Contracte, ne contient que des adj. de matière en έη (b), et ἁπλόη simple, διπλόη double, etc.

Fém.	en έη — ῆ, etc.,	όη — ῆ, etc.,	sur συκ έη — ῆ.
Mas.	en εος — οῦς, etc.,	όος — οῦς, etc.,	sur πλ όος — οῦς.
Neutre	en εον — οῦν, etc.,	όον — οῦν, etc.,	sur ὀστ έον — οῦν.

Mais les adject. masc. en ρεος — ροῦς font le féminin,
Savoir : en ρεα — ρᾶ, etc., sur μνάα — μνᾶ.

Exception. On trouve la contraction suivante de σάος *au féminin*,
Savoir : σάα — σᾶ, seul cas servant aussi au *nominatif pluriel neutre*.

Adjectifs de la 2e déclinaison.

Surtout chez les Attiques et dans les adjectifs composés.

Simple.

Fém. et masc.	en ος, etc.,	sur ὁδός.
Neutre	en ον, etc.,	sur ἔργον.

Forme attique (c).

Fém. et mas.	en ως, etc.,	sur λεώς.
Neutre	en ων, etc.	

Contracte, ne contient que les composés de θρόος, νόος, etc. (V. p. 12) πολυπόος-οῦς,

Fém. et masc. en	οος — ους, etc.,	sur πλόος — οῦς.
Neutre en	οον — ουν, etc.,	sur ὀστέον — οῦν.

Exception : le nomin, et l'acc. plur. neut. (οα) ne se contractent pas.

Exception aux formes attique et contracte : σῶς, défectueux n'a que les cas suivans :

Fém. et mas. σῶς, *Neutre* σῶν } acc. σῶν.

Pluriel { Nom. σῷ acc. σῶς. Nom. acc, σᾶ (V. plus haut).

Adjectifs féminins de la 1re déclinaison, masc. et neut. 2e déclinaison.

(a) Attique : il forme quelques adjectifs,
Fém. en ος, comme le *masculin*.
Exemple : ἡ βέβαιος (pour ἡ βεβαία).

(b) Poëtes : ils donnent cette terminaison έη — ῆ à des adjectifs désignatifs d'êtres animés.
Exemple : λεοντέη-ῆ δορὰ peau de lion, ὁ Ἑκτόρεος — οῦς qui est d'Hector.

Adj. de la 2e déclin., forme attique.

(c) Attique : il forme quelques adjectifs en ως, εως, d'autres en ος. Ex. ἀγήρως (de ἀγήρατος — ἀγήραος), ἔπιπλεως (de ἔπιπλεος), ἵλεως (de ἵλαος).

Ce qui a lieu aussi pour les noms. Exemples. . . . . ὁ κάλως (de ὁ κάλος), ὁ λεώς (de ὁ λαός).

Adjectifs féminins de la 1re décl., masc. et neutre de la 2e déclinaison.

Simple, exemple :

Singul.	*Fém.*	καλ	ή	belle,	«	ῆς,	ῇ,	ήν.
	Masc.	καλ	ός	beau,	ε,	οῦ,	ῷ,	όν.
	Neut.	καλ	όν	beau,	«	οῦ,	ῷ,	όν.
Plur.	*Fém.*	καλ	αί	belles,	«	ῶν,	αῖς,	άς.
	Masc.	καλ	οί	beaux,	«	ῶν,	οῖς,	ούς.
	Neut.	καλ	ά	beaux,	«	ῶν,	οῖς,	ά.
Duel.	*Fém.*	καλ	ά,		«	αῖν.		
	M. N.	καλ	ώ,		«	οῖν.		

Déclinez ainsi ἀγαθή bonne, ἀγαθός, όν bon, etc.

Et les adj. en ια, ιος, ιόν et ρα, ρος, ρον, sauf le

Singul.	*fém.*	ἁγι	α	sainte,	«	ας,	ᾳ,	αν.

Contracte, exemple :

Singul.	*Fém.*	χρυσ	ῆ,	d'or,	«	ῆς,	ῇ,	ῆν.
	Masc.	χρυσ	οῦς,		οῦ,	οῦ,	ῷ,	οῦν.
	Neut.	χρυσ	οῦν,		«	οῦ,	ῷ,	οῦν.
Plur.	*Fém.*	χρυσ	αῖ,		«	ῶν,	αῖς,	ᾶς.
	Masc.	χρυσ	οῖ,		«	ῶν,	οῖς,	οῦς.
	Neut.	χρυσ	ᾶ,		«	ῶν,	οῖς,	ᾶ.
Duel.	*Fém.*	χρυσ	ᾶ,		«	αῖν.		
	M. N.	χρυσ	ώ,		«	οῖν.		

Déclinez ainsi ἁπλ ῆ, οῦς, οῦν simple, etc.

Et la forme en ρᾶ, ροῦς, ροῦν, sauf le *fém. sing.*

ἀργυρ	ᾶ	d'argent,	«	ᾶς,	ᾷ,	ᾶν.

Adjectifs de la 2e déclinaison.

Simple, exemple :

Singul.	*F. M.*	κόσμι	ος	élégant, te,	«	ου,	ῳ,	ον.
	Neut.	κόσμι	ον	élégant,	«	ου,	ῳ,	ον.
Plur.	*F. M.*	κόσμι	οι	élégants, tes,	«	ων,	οις,	ους.
	Neut.	κόσμι	α	élégants,	«	ων,	οις,	α.
Duel.	*F. M. N.*	κοσμί	ω.		«	οιν,		

Déclinez ainsi ἔνδοξος, ον glorieux, se, etc.

Contracte, exemple :

Singul.	ἔυπλ	ους	navigable,	«	ου,	ῳ,	ουν.
	ἔυπλ	ουν	*id.*	«	ου,	ῳ,	ουν.
Plur.	ἔυπλ	οι	navigables,	«	ων,	οις,	ους.
	ἔυπλ	οα	*id.*	«	ων,	οις,	οα.
Duel.	ἔυπλ	ω,			οιν.		

Déclinez ainsi ἔυν ους, ουν, bienveillant, te, etc.

Attique, exemple :

Singul.	*F. M.*	ἵλε	ως	heureux, se,	«	ω,	ῳ,	ων.
	Neut.	ἵλε	ων	heureux,	«	ω,	ῳ,	ω.
Plur.	*F. M.*	ἵλε	ῳ	heureux, ses,	«	ων,	ῳς,	ως.
	Neut.	ἵλε	ω	heureux,	«	ων,	ῳς,	ω.
Duel.	*F. M. N.*	ἵλε	ω		«	ων.		

Déclinez ainsi ἔυγε ως, ων, fertile, etc.

Adj. irréguliers, *fém.* de la 1re *décl., masc.* et *neutre de la* 2e *et de la* 3e *décl.*

Simple, deux adjectifs.

Fém. μεγ άλη, « gén. άλης, etc., sur κόμη.
Masc. μέγ ας, / *Neutre.* μέγ α, } voc. α(*a*), gén. άλου, etc., acc. sing. { αν. / α.

Fém. πολ λή (*b*), « gén. λῆς, etc.
Masc. πολ ύς, voc. ύς, / *Neutre.* πολ ύ, voc. ύ, } gén. λοῦ, etc., acc. sing. { ύν. / ύ.

Contracte, un seul adjectif.

Fém. πρα εῖα, « gén. είας, etc., régulièrement.
Masc. πρᾶ ος, / *Neutre.* πρᾶ ον, } « gén. ου, etc., dat. ῳ, acc. ον.

Pluriel.
Masc. πρα εῖς et οι, / *Neutre.* πρα έα, } « gén. έων, έσι, { εῖς. / έα.

Adjectifs fém. de la 1re *décl., masc. et neut. de la* 3e *déclinaison.*

Simple. La pénultième est contractée.

Fém. όεσσα, « gén. οέσσης, etc., / οῦσσα, « οὔσσης, etc. } sur μοῦσα.
Masc. όεις-οῦς, v. οῦ, / *Neutre.* όεν-οῦν, « } gén. { όεντος, / οῦντος, } dat. pl. { όεσι. / οῦσι.

Fém. ήεσσα, « gén. ηέσσης, etc. / ῆσσα, « ῄσσης, etc.
Masc. ήεις-ῆς, / *Neutre.* ήεν-ῆν, } « gén. { ήεντος, / ῆντος, } dat. pl. { ήεσι. / ῆσι.

Contracte.

Fém. εῖα (*d*), « gén. είας, etc., sur οἰκία.
Masc. υς, / *Neutre.* υ, } voc. υ gén. εος, dat. pl. εσι.

N. B. Le masc. et le neutre ne contractent qu'au *datif singulier* έϊ—εῖ, et le masc. aux *nomin. et accus. pluriel* έες—εῖς, έας—εῖς.

Exceptions au simple, ἑκών, ἀκέων, πᾶς, χαρίεις, et leurs composés. Ajoutez Τέρην, μέλας et τάλας.

Fém. ἑκ οῦσα, (*c*) « gén. ούσης, etc.
Masc. ἑκ ών, / *Neutre.* ἑκ όν, } voc. όν, gén. όντος, datif pluriel οῦσι.

π ᾶσα, « gén. άσης, etc. sur μοῦσα.
π ᾶς, voc ᾶς, / π ᾶν, voc. ᾶν, } gén. αντός, etc. dat. pl. ασί (*f*).

Fém. χαρί εσσα, « gén. έσσης, etc.
Masc. χαρί εις, / *Neutre.* χαρί εν, } voc. εν, gén. εντος, datif pluriel εισι.

Fém. τέρ εινα, (*g*), « gén. είνης, etc.
Masc. τέρ ην, / *Neutre.* τέρ εν, } voc. εν, gén. ενος, datif pluriel εσι.

μέλ αινα, « gén. αίνης, etc. sur μοῦσα.
μέλ ας, / μέλ αν, } voc. αν, gén. ανος. dat. pl. ασι.

Adjectifs de la 3e *déclinaison.*

Simple.

Fém. et M. ην, / *Neutre.* εν, } voc. εν, gén. ενος, dat. pl. εσι.

Fém. et M. ων, / *Neutre.* ον, } voc. ον, gén. ονος, dat. pl. οσι.

Exception : adj. composés de πάτρις, χάρις, etc.

Exemples :

F. M. φιλόπατρ ις, / *Neut.* φιλόπατρ ι, } voc. ι, gén. ιδος, datif pluriel ισι.

F. M. εὔχαρ ις, / *Neut.* εὔχαρ ι, } voc. ι, gén. ιτος, datif pluriel ισι.

F. M. ἄδακρ υς, / *Neut.* ἄδακρ υ, } voc. υ, gén. υος, datif pluriel υσι.

Contracte.

Fém. et M. ης, / *Neutre.* ες, } voc. ες, gén. εος—ους, dat. pl. εσι.

Fém. et M. ων, / *Neutre.* ον, } voc. ον, gén. ονος, datif pluriel. οσι. *Comparatifs irréguliers en* ων (*h*).

N. B. Les adjectifs en εης, ιης, υης, font ordinairement d'après les attiques έα—ᾶ, ou ioniquement έα—ῆ.

(*a*) *Masc.* Poët. μέγαλ ε.
(*b*) Poët. *masc.* πολλ ός, n. όν, etc. ou πολύς, n. ύ, gén. έος, etc., régulièrement.
(*c*) Dor. ῶσα, g. ώσας, etc.
(*d*) *Fém.* Poët. έα, gén. έας, etc. *Masc.* acc. s. εα (pour υν).
Id. dat. pl. εσσι (pour εσι).
(*f*) Dor. πᾶς, gén. πᾶντος, datif pluriel πᾶσι.
(*g*) Att. τέρην comme le *masculin*.
(*h*) Πλείων fait ioniquement, *neut.* πλεῦν (pour πλέιον).
Plur. *masc.* et *fém.* nomin. πλεῦνες. Poët. πλέες, acc. πλέας
Poët. χερείων, dat. s. χέρηι, acc. s. χέρηα, nom. pl. χέρηες.

Adjectifs féminins de la 1re décl., masc. et neut. de la 3e déclinaison.

Simple, exemple :

Sing.	*Fém.*	ἀμαθοῦ σσα	sablonneuse,	«	σσης,	σσῃ,	σσαν.
	Masc.	ἀμαθοῦ ς	sablonneux,	(οῦ),	ντος,	ντι,	ντα.
	Neut.	ἀμαθοῦ ν	*id.*	«	ντος,	ντι,	ν.
Plur.	*Fém.*	ἀματοῦ σσαι	sablonneuses,	«	σσων,	σσαις,	σσας.
	Masc.	ἀμαθοῦ ντες	sablonneux,	«	ντων,	σι,	ντας.
	Neut.	ἀμαθοῦ ντα	*id.*	«	ντων,	σι,	ντα.
Duel.	*Fém.*	ἀμαθοῦ σσα,		«	σσαιν.		
	M. N.	ἀμαθοῦ ντε,		«	ντοιν.		

Décl. ainsi μελιτοῦ σσα, μελιτοῦ ν, douce, doux comme du miel.

Et la forme en ης, αἰγλῆ σσα, αἰγλῆ ν brillant, te, etc.

Contracte, exemple :

Sing.	*Fém.*	Ὀξ εῖα	aigüe,	«	είας,	είᾳ,	εῖαν.
	Masc.	Ὀξ ύς	aigu,	ύ,	έος,	έϊ-εῖ,	ύν.
	Neut.	Ὀξ ύ	*id.*	«	έος,	έϊ-εῖ,	ύ.
Plur.	*Fém.*	Ὀξ εῖαι	aigües,	«	ειῶν,	είαις,	είας.
	Masc.	Ὀξ έες-εῖς	aigus,	«	έων,	έσι,	έας-εῖς.
	Neut.	Ὀξ έα	*id.*	«	έων,	έσι,	έα.
Duel.	*Fém.*	Ὀξ εία,		«	είαιν.		
	M. N.	Ὀξ έε,		«	έοιν.		

Décl. ainsi γλυκ εῖα, ύς, ύ douce, doux,

Adjectifs de la 3e déclinaison :

Simple, exemple :

Sing.	*F. M.*	ἄῤῥ ην	mâle ;	εν,	ενος,	ενι,	ενα.
	Neut.	ἄῤῥ εν	*id.*	«	ενος,	ενι,	εν.
Plur.	*F. M.*	ἄῤῥ ενες	mâles,	«	ένων,	εσι,	ενας.
	Neut.	ἄῤῥ ενα	*id.*	«	ένων,	εσι,	ενα.
Duel.	*F. M. N.*	ἄῤῥ ενε		«	ένοιν.		

Décl. ainsi ἀσθεν ής, ες faible, etc.

Et la forme en ων, ex. σώφρ ων, ον prudent, te, etc., qui se décline aussi comme μείζων sans contraction. (V. ci-contre.)

Contracte, exemple :

Sing.	*F. M.*	Πλήρ ης	plein, ne,	ες,	εος-οῦς,	εϊ-ει,	εα-η.
	Neut.	Πλήρ ες	plein,	«	εος-οῦς,	εϊ-ει,	εα-η.
Plur.	*F. M.*	Πλήρ εες-εις	pleins, nes,	«	έων-ῶν,	εσι,	εας-εις.
	Neut.	Πλήρ εα-η	pleins,	«	έων-ῶν,	εσι,	εα-η.
Duel.	*F. M. N.*	Πλήρ εε-η,		«	έοιν-οῖν.		

Décl. ainsi ἀκριβής, ές exact, te, etc., sauf les adj. en εης, ιης, υης qui contractent ordinairement εα en ᾶ,

Ὑγι έα-ᾶ (de ὑγιής). « « « έα-ᾶ.

Sing.	*F. M.*	μείζ ων	plus grand, de,		ονος,	ονι,	ονα-ω.
	Neut.	μείζ ον	plus grand,		ονος,	ονι,	ον.
Plur.	*F. M.*	μείζ ονες-ους	plus grands, des,		όνων,	οσι,	ονας-ους.
	Neut.	μείζ ονα-ω	plus grands,		όνων,	οσι,	ονα-ω.
Duel.	*F. M. N.*	μείζ ονε,			όνοιν.		

Décl. ainsi, le comparatif ὀλίζ ών, ον plus petit, te, etc.

4.

Principes généraux de la formation des adjectifs superlatifs et comparatifs.

1° *Superlatifs et comparatifs formés d'adjectifs.*

Superlatifs en τάτη, τατος, τατον, *Comparatifs* en τέρα, τερος, τερον.

La pénultième brève de l'adjectif en ος veut l'antépénultième longue (ω) au superlatif et au comparatif, Exemple.. ἄγι ος — ἀγι ωτάτη — ωτέρα.
La pénultième longue rend la suivante brève (ο). Ex... πρᾶ ος — πρα οτάτη — οτέρα.
La pénult. est longue devant une double ou deux consonnes. ἔνδοξ ος — ἐνδοξ οτάτη — οτέρα.
Si la pénult. est douteuse, la suivante est brève ou longue..... ἰκαν ός — ἱκαν } οτάτη — οτέρα et
Ajoutez-y κένος et στένος qui font, Ex .... στέν ος — στεν } ωτάτη — ωτέρα.

Exceptions attiques en αιτάτη, εστάτη et στάτη, etc., savoir:

Ἥσυχ ος, ἴδι ος, ἴσ ος, μέσ ος, ὄψι ος, πλησί ος, et souvent φίλ ος (*a*), font, Ex . . — ἡσυχ αιτάτη — αιτέρα.
Γερ αιός, παλ αιός et σχολ ᾶιος suppriment ος, Ex . . . . — γερ αιτάτη — αιτέρα.
Ἄκρατ ος, ἄπον ος, ἄφθον ος, πιθάν ος et σπουδαῖ ος changent ος en ες. Ex . . . . — ἀκρατ εστάτη — εστέρα.
Κύδ εος, λάγν ος, λάλ ος et ὀλίγ ος font en ιστάτη (V. plus bas supcrl. en ιστη). . . . . — κυδ ιστάτη — ιστέρα.

Les adj. contractes en εος ont l'antépénult. longue (ω). Ex. χρύσ εος — χρυσ εωτάτη et ωτάτη, etc.
Ceux en οος contractent en οῦς. Ex.................... ἁπλ όος — ἁπλ οοστάτη et ουστάτη, etc.

Les adjectifs, dont le masculin est de la 3e décl., font leur superl. et compar. sur le *nominatif neutre*.
Adjectifs neutres en εν, ον: ils ajoutent εστάτη. Ex....... σώφρ ον — σωφρον εστάτη — εστέρα
Adjectifs neutres en ας, υ, ες: ils ajoutent τάτη. Ex ..... ὀξ ύ — ὀξυ τάτη — τέρα.
Adjectifs neutres en ι, ils ajoutent στάτη. Ex........... εὔχα ρι — εὐχαρι στάτη — στέρα.

Exceptions en ον: πίον—πιοτάτη, πέπον—πεπαιτάτη, ἀλαζόν—ἀλαζονιστάτη.
Ἐς en ιστάτη, ἀκρατές—ἀκρατιστάτη, ψευδές—ψευδιστάτη. Ἰεν en ιεστάτη, χαρίεν—χαριεστάτη.

Superlatifs irréguliers en ιστη, ιστος, ιστον, *Comparatifs* en ιων, ιον et ων, ον.

Αἰσχ ρός, ἐχθ ρός, οἰκτ ρός suppriment ρός et font, Ex .... αἰσχ ρός — αἰσχ ιστη — αἰσχ ίων.
Βαθ ύς, βραχ ύς, γλυκ ύς, παχ ύς, ταχ ύς, ὠκ ύς, font, Ex. βαθ ύς — βαθ ιστη — βαθ ίων.

ἀγαθ ός, — βελτ ιστη (*b*), βελτ ίων et βελτέ ρα.
λῷσ τη, λῴ ων (*c*), ἀμείν ων.
(ἄρει ος) — ἀρ ιστη, ἀρε ίων.
(κραταὶ ός — κρατ ιστη, κρείσσ ων (*d*).
ἀλγειν ός — ἀλγ ιστη, ἀλγ ίων.
βαθ ύς — βαθ ιστη, βαθ ίων et βάσσ ων.
βραδ ύς — βραδ ιστη, βράσσ ων.
ἐλαχ ύς — ἐλαχ ιστη, ἐλάσσ ων et ἐλαχ ιστέρα.
ἡκ ιστη, ἥσσ (*e*) ων, μείων et μει οτέρα.
κακ ός — κακ ιστη, κακ ίων (*f*), χειρ ιστέρα.
χειρ ιστη, χείρ ων et χειρ οτέρα.

καλ ός — καλλ ιστη, καλλ ίων et καλλι ωτέρα.
κύδ εος — κυδ ιστη, κυδ ίων et κυδ ιστέρα.
μακρ ός — μηκ ιστη, μάσσ ων.
μέγ ας — μεγ ιστη, μείζ ων et μεγαλ ωτέρα.
ὀλίγ ος — ὀλιγ ιστη, ὀλίζ ων et ὀλιζ οτέρα.
πολ ύς — πλε ιστη, πλε ίων (*g*).
πρῶτ ος — πρωτ ιστη.
ῥᾴδι ος (*h*), ῥᾷσ τη, ῥᾷ ων et ῥα στερα.
ταχ ύς — ταχ ιστη, ταχ ίων et θάσσ ων.
τερπν ός — τερπν ιστη.

N. B. On trouve aussi les formes moins usitées. Ex. ἀγαθ ός, — ἀγαθ ωτάτη — ωτέρα.

(*a*) Syncope. φιλ τάτη—τέρα, Poët. φιλ ιστη.
(*b*) Dor. βεν τίστη.
(*c*) Poëtes. λωΐστη, λω ΐων et λωΐ τέρα.
(*d*) Ionien. . . . . κρέσσ ων, Dor. κάῤῥ ων.
(*e*) Ionien. . . . . ἕσσ ων.
(*f*) Poëtes . . . . κακε ίων, χερε ίων.
(*g*) Attique. . . . . πλέ ων.
(*h*) Ion. ῥηΐδιος, ῥη ιστη, ῥη ίων, et Poët. ῥη ΐτερα.

2° *Superlatifs et comparatifs formés de noms, de verbes et d'adverbes.*

Les adverbes ἄνω, ἔξω, ἔσω, κάτω, πόῤῥω, πρόσω, ajoutent régulièrement τάτη, τέρα.

Exemple : ἄν ω — ἄν ωτάτη, ἀν ωτέρα. Les adverbes suivans sont moins réguliers :

ἐγγ ύς — ἐγγ υτάτη, ἐγγ υτέρα. ὀπίσ ω — ὀπισ τάτη, ὀ πισ τέρα. ὕψι — ὑψί στη, ὑψι οτέρα.
— ἐγγ ίστη, ἐγγ ίων. πρωΐ — πρωΐ αιτάτη, πρωΐ αιτέρα.

Deux prépositions font en τάτη, τέρα. : πρό — α προ τέρα et προτερ αιτέρα. ὑπὲρ—ὑπερ τάτη, ὑπερ τέρα.

Deux noms neutres, τὸ κέρδος et τὸ ῥίγος, font, Ex. κέρδ ος—κερδ ίστη, κερδ ίων.

L'on trouve les superlatifs et comparatifs suivans formés d'un nom (*a*), d'un verbe et d'un participe :

ἐῤῥ ώμενος,—ἐῤῥ ωμενεσ τάτη, τέρα. βασιλεὺς—βασιλεύ τατος, τερος. φέρω je porte, φερ ίστη, φερτίστη et φερτάτη, φερτέρα.

ἀγαθός (V. page précédente) fait, d'après des verbes, ἀμείνων (de α-μένω), et λώστη (de λῶ poëtique).

(*a*) Homère, de θεός, comparatif θεώτερος.

Les poëtes comiques forment beaucoup de superlatifs masculins en τατος d'après des noms, *exemples :*

De κράμβη—κραμβότατος, de πότης—ποτίστατος, du pronom αὐτός—αὐτότατος.

Adjectifs de nombre.

CHIFFRES.			NOMBRES.		CHIFFRES.			NOMBRES.
Franç.	*Gr. anc.*	*Nouv.*	*Cardinaux.*	*Ordinaux.*	*Franç.*	*Gr. anc.*	*Nouv.*	*Cardinaux.*
1.	I.	ά.	μία (a) εἷς (b) ἕν, un.	πρώτη, ος, ον (d) premier.	50.	𐅄.	ν΄.	πεντήκοντα.
2.	II.	β΄.	δύο, deux.	δευτέρα, ος, ον (e) second.	60.	𐅄Δ.	ξ΄.	ἑξήκοντα.
3.	III.	γ΄.	τρεῖς, n. τρία.	τρίτη, ος, ον.	70.	𐅄ΔΔ.	ό.	ἑβδομήκοντα.
4.	IIII.	δ΄.	τέσσαρες, n. ρα, (c).	τετάρτη.	80.	𐅄ΔΔΔ.	π΄.	ὀγδοήκοντα.
5.	Π.	έ.	πέντε.	πέμπτη.	90.	𐅄ΔΔΔΔ.	ϛ.	ἐννενήκοντα.
6.	ΠI.	ϛ΄.	ἕξ.	ἕκτη.	100.	H.	ρ΄.	ἑκατόν.
7.	ΠII.	ζ΄.	ἑπτά.	ἑβδόμη.	101.	HI.	ρά.	ἑκατὸν καὶ μία, εἷς, ἕν.
8.	ΠIII.	ή.	ὀκτώ.	ὀγδόη.	200.	HH.	σ΄.	διακόσιαι, οι, α.
9.	ΠIIII.	θ΄.	ἐννέα.	ἐννάτη.	300.	HHH.	τ΄.	τριακόσιαι.
10.	Δ.	ί.	δέκα.	δεκάτη.	400.	HHHH.	ύ.	τεσσαρακόσιαι.
11.	ΔI.	ιά.	ἕνδεκα ou δέκα ἕν.	ἑνδεκάτη.	500.	𐅅.	φ΄.	πεντακόσιαι.
12.	ΔII.	ιβ΄.	δώδεκα ou δέκα δύο.	δωδεκάτη.	600.	𐅅H.	χ΄.	ἑξακόσιαι.
13.	ΔIII.	ιγ΄.	δέκα τρεῖς, τρία.	τρεῖς, τρία καὶ δεκάτη.	700.	𐅅HH.	ψ΄.	ἑπτακόσιαι.
14.	ΔIIII.	ιδ΄.	δέκα τέσσαρες, ρα.	τέσσαρες, ρα καὶ δ..	800.	𐅅HHH.	ώ.	ὀκτακόσιαι.
15.	ΔΠ.	ιέ.	δέκα πέντε.	πέντε καὶ δεκάτη.	900.	𐅅HHHH.	ϡ΄.	ἐννεακόσιαι.
20.	ΔΔ.	κ΄.	εἴκοσι.	εἰκοστή.	1000.	X.	͵α.	χίλιαι, οι, α.
21.	ΔΔI.	κά.	εἴκοσι μία, εἷς, ἕν.	εἰκοστὴ πρώτη.	1100.	XH.	͵αρ΄.	χίλιαι καὶ ἑκατόν.
30.	ΔΔΔ.	λ΄.	τριάκοντα.	τριακοστή.	2000.	XX.	͵βα.	δισχίλιαι, οι α.
40.	ΔΔΔΔ.	μ΄.	τεσσαράκοντα.	τεσσαρακοστή.	10,000.	M.	͵ια.	μύριαι, οι, α.

(200 à 10,000 :) Déclinables au pluriel.

Chiffres anciens : Π renfermant Δ, H ou M indique cinq fois ce nombre ; ainsi 𐅇 = 50,000.

Chiffres nouveaux : ί, κ΄, ν΄, ρ΄, etc., devant un autre chiffre, indiquent : ͵ι dix, ͵κ vingt, ͵ν cinquante, ͵ρ cent fois ce nombre.

Nombres cardinaux *indéclinables* depuis cinq jusqu'à cent.

Pour multiplier χίλιαι et μύριαι, on les fait précéder des adverbes de nombres δίς, τρίς, τετράκις, etc.

Nombres ordinaux tous *déclin.* Après 19 se forment en changeant, dans les cardinaux, οντα et αι en όστη.

Nombres multiples en πλόη—πλῆ, πλάσια, précédées de δίς, τρίς, τετράκις, etc., abrégés. Ex. διπλόος, τετραπλάσιος.

Nombres ordinaux, marquant le temps, en αῖα, formés sur les ordinaux. Ex. τριταῖος, τεταρταῖος, πεμπταῖος, etc.

Nombres collectifs féminins en άς, g. άδος. Ex. ἡ τριάς une trinité, ἡ τετράς un quadrille, ἡ δεκάς une dizaine.

Des nombres cardinaux déclinables.

Ils sont déclinables seulement à un des trois genres, savoir :

	SINGULIER.				PLURIEL.				DUEL.
	Nomm.	*Gén.*	*Dat.*	*Acc.*	*Nominatif.*	*Gén.*	*Dat.*	*Accus.*	*Nom. Acc. Gén. Dat.*
Fém.	μία une,	μιᾶς	μιᾷ	μίαν.	τρεῖς trois.	τριῶν,	τρισί	τρεῖς.	δύο, δύω, δυοῖν-δυῶν-δυεῖν
Masc.	εἷς un,	ἑνός	ἑνί	ἕνα.					et ἄμφω deux, ἀμφοῖν.
Neut.	ἕν			ἕν.	τρία			τρία.	(forme de *pl. dat.* δυσί.)
				F. M.	τέσσαρες quatre.	τεσσάρων,	τέσσαρσι	τέσσαρας.	Δύω ἄμφω souvent indécl.
				Neutre.	τέσσαρα			τέσσαρα.	

Déclinez, sur μία, εἷς, ἕν, ses composés μηδεμία, μηδείς, μηδέν, οὐδεμία, οὐδείς, οὐδέν.

(a) Éol. ἴα. — (b) Ion. ἕεις. — (c) Att. τέτταρες ρα, Ion. τέσσερες, Éol. πέσσυρες, Poët, πίσυρες et dérivés, τετταράκοντα, τεσσεράκοντα, etc. — (d) Dor. πράτη, ος, ον. — (e) Poët. δευτάτη. Poëtes δοιοί, δοιώ deux. *Dat.* δοιοῖσι.

CHAPITRE IV. — DU PRONOM.

SINGULIER.				PLURIEL.				DUEL.	
Nominatif.	*Génit.*	*Dat.*	*Accus.*	*Nom.*	*Gén.*	*Dat.*	*Acc.*	*Nom. Acc.*	*Gén. Dat.*
			Première personne.						
ἐγώ,	ἐμοῦ, μοῦ,	ἐμοί, μοί,	ἐμέ, μέ,	ἡμεῖς,	ἡμῶν,	ἡμῖν,	ἡμᾶς,	νῶϊ-νώ-νῷ,	νῶϊν-νῷν.
(je) moi,	de moi,	à moi,	(me) moi,	nous,	de nous,	à nous,	nous.		
			Deuxième personne.						
σύ,	σοῦ,	σοί,	σέ,	ὑμεῖς,	ὑμῶν,	ὑμῖν,	ὑμᾶς,	σφῶϊ-σφῴ,	σφῶϊν-σφῷν.
(tu) toi,	de toi,	(te) à toi,	(te) toi,	vous,	de vous,	à vous,	vous.		
			Troisième personne.						
«	οὗ,	οἷ,	ἕ,	«	σφῶν,	σφίσι,	σφᾶς,	σφῶε-σφώ,	σφωίν.
«	de soi,	(se) à soi,	(se) soi,	«	d'eux,	à eux,	eux-mêmes.		

Pronoms composés des précédens et d'αὐτή, ός, ό même : *ils sont défectueux.*

Fém.	«	ἐμαυτῆς,	ἐμαυτῇ,	ἐμαυτήν.	«	ἡμῶν αὐτῶν, etc.	
Masc.	«	ἐμαυτοῦ,	ἐμαυτῷ,	ἐμαυτόν.	«	de nous mêmes.	
Neut.	«			ἐμαυτό.	«		
		de moi même,	à moi même,	moi même.			
Fém.	«	σεαυτῆς,	σεαυτῇ,	σεαυτήν.	«	ὑμῶν αὐτῶν, etc.	
Masc.	«	σεαυτοῦ,	σεαυτῷ,	σεαυτόν.	«	de vous mêmes.	
Neut.	«			σεαυτό.	«		
		de toi même,	à toi même,	toi même. *Attique*, σαυτῆς, σαυτοῦ, etc.			
Fém.	(αὐτή),	ἑαυτῆς,	ἑαυτῇ,	ἑαυτήν.	(αὐταί),		ἑαυταῖς. ἑαυτάς.
Masc.	(αὐτός),	ἑαυτοῦ,	ἑαυτῷ,	ἑαυτόν.	(αὐτοί),	ἑαυτῶν.	ἑαυτοῖς. ἑαυτούς.
Neut.	(αὐτό),			ἑαυτό.	(αὐτά),		ἑαυτά.
	(soi même),	de soi même,	à soi même,	soi même.	(eux m.),	d'eux m.	à eux m. eux mêmes.

On contracte souvent ἑαυτῆς, etc., en αὑτῆς, etc. Ces pronoms, 3e personne, construits avec des verbes à la 1re ou à la 2e personne, deviennent pronoms de la 1re ou de la 2e personne.

Première personne, ἐγώ moi.

Attique.	ἔγωγε,	ἐμέθεν,	ἔμοιγε,	ἔμεγε.	«	«	ἧμιν.	«	«	«
	«	ἐμέοθεν.	«	«	«	«	«	«	«	«
Ionien.	«	ἐμέο, μέο.	«	«	ἡμέες,	ἡμέων,	«	ἡμέας.	«	«
	«	ἐμοῖο.	«	«	ἡμεῖες,	ἡμείων,	«	ἡμεῖας.	«	«
Dorien.	ἐγώνη,	ἐμεῦ, μεῦ,	ἐμοίνη.	«	ἁμές,	ἁμῶν,	ἁμίν,	ἁμᾶς.	«	«
	ἐγών, ἐγώνγα,	«	ἐμίν.	«	«	«	ἁμῖν.	«	«	«
Béotien.	ἰώγα, ἰώγγα,	«	«	«	Eol. ἄμμες,	ἀμμέων,	ἄμμι,	ἄμμας.	«	«
Poëtique.	γώ.	«	«	«	«	ἀμμῶν,	ἄμμιν,	ἄμμε. Béot.	νῶϊ,	νῶϊ.

Deuxième personne, σύ toi.

Attique.	σύγε,	σέθεν.	σοίγε.	«	«	«	«	«	«	«
	«	σέοθεν.	«	«	«	«	«	«	«	«
Ionien.	«	σέο.	«	«	ὑμέες,	ὑμέων,	«	ὑμέας.	«	«
	«	σεῖο.	«	«	ὑμεῖες,	ὑμείων,	«	ὑμεῖας.	«	«
Éolien.	«	σεῦ.	«	«	Éol. ὔμμες,	ὐμμέων,	ὔμμι,	ὔμμας.	«	«
Dorien.	τύ,	τοῦ, τέο,	τοί.	«	«	ὔμμων,	ὔμμιν,	ὔμμε.	«	«
	τύνη, τύγα,	τεῦ, τεοῖο,	«	τέ, τύ,	ὔμες,	«	ὑμίν,	«	«	«
Poëtique.	«	«	τίν, τείν, τεΐν,	«	«	«	«	«	σφῶϊ,	σφῶϊν, σφῷν.

Troisième personne, οὗ de soi.

Attique.	«	ἕθεν, ἕοθεν.	«	«	«	«	«	«	«	«
Ionien.	«	ἕο,	«	«	«	σφέων,	«	σφέας.	«	«
Dorien.	«	εὗ, ἕο, ἑοῖο,	«	«	«	«	«	ψέ.	«	«
Poëtique.	«	«	ἑοῖ,	ἕε,	σφές,	«	σφί-φί,	σφέ-φέ,	σφωε, σφωέ.	«
	«	«	«	Dor. μίν *, νίν,	σφέες,	σφείων,	σφίν,	μίν *,	«	σφίν.

* μίν est aussi pour αὐτήν, αὐτόν, αὐτάς, αὐτούς même.

Adjectifs pronominaux.

1° *Possessifs.*

ἐμή, ἐμός, ἐμόν mon, mien. — ἡμετέρα, ρος, ρον notre. — νωϊτέρα, ρος, ρον notre à nous deux.
σή, σός, σόν ton, tien. — ὑμετέρα, ρος, ρον votre. — σφωϊτέρα, ρος, ρον votre à vous deux.
ἑή-ἥ, ἑός-ὅς, ἑόν-ὅν son, sien. — σφετέρα, ρος, ρον leur.

2° *Démonstratifs.*

Quatre démonstratifs ont le nomin. sing. neutre en ο, comme l'article : αὐτό, τοῦτο, ἐκεῖνο et ἄλλο.

L'article ἡ, ὁ, το suivi de δέ (*a*) exprime : ἥδε *celle-ci*, ὅδε *celui-ci*, τόδε *ceci*, g. τῆσδε, etc.
Le même article suivi de μὲν signifie : ἡμέν *celle-là*, ὁμέν *celui-là*, τόμεν *cela*.

(*b*) Αὐτή *elle*, αὐτός *lui*, αὐτό *le*, précédé de l'article, signifie : ἡ αὐτή *la même*, etc. (*c**).

Αὐτή contracté avec l'article fait : αὕτη *celle-ci*, οὗτος *celui-ci*, τοῦτο *ceci*, comme suit :

Fém. (*d*).	αὕτη	ταύτης	ταύτῃ	ταύτην.	*Plur.* αὗται	ταυτῶν	ταύταις	ταύτας.	*Duel.* ταύτα	ταύταιν.
Masc.	οὗτος	τούτου	τούτῳ	τοῦτον.	οὗτοι	τούτων	τούτοις	τούτους.	τούτω	τούτοιν.
Neut.	τοῦτο			τοῦτο.	ταῦτα			ταῦτα.		

Ἐκείνη *celle-là*, ἐκεῖνος *celui-là*, ἐκεῖνο *cela*.

Ἄλλη, ος, ο, *autre*, opposé à ἑτέρα, ος, ον signifie *l'une*, *l'un* (*alius*).
On oppose ἄλλη, ος, ο à lui-même, Ex. ἄλλοι *les uns*, ἄλλοι *les autres*.

(*e*) Ἑτέρα, ος, ον *l'autre* (alter.) opposé à lui-même : ἕτερος *l'un*, ἕτερος *l'autre*.
Ἑκάστη, ος, ον *chacune*, *chacun*, forme avec ἑτέρα : ἑκαστέρα, ρος, ρον *l'un* et *l'autre*.

Οὐδεμία, οὐδείς, οὐδέν (*f*), Μηδεμία, μηδείς, μηδέν, } *nulle*, *nul*, (sur μία, εἷς, ἕν) forment { οὐδετέρα, ρος, ρον / μηδετέρα, ρος, ρον } *ni l'un ni l'autre*.

F. M. τίς, *neut.* τὶ (*g*) *quelque*, gén. τινός, etc., dat. pl. τισὶ (3e déclin.).

DÉFECTUEUX, ἡ, ὁ, τό, δεῖνα (*h*), (des trois genres) *un tel*, etc., ἀλλήλων *des unes des autres*, comme suit :
F. M. N. δεῖνα, δεῖνος, δεῖνι, δεῖνα. pl. δεῖνες, δείνων. (ce sont les seuls cas usités).
Et aussi. δείνατος, δείνατι. (δεῖνα est souvent indéclinable).

Adjectif de réciprocité usité seulement au pluriel et au duel; le nominatif pluriel manque.						
Fém.	«		ἀλλήλαις	ἀλλήλας	ἀλλήλα	ἀλλήλαιν.
Masc.	«	ἀλλήλων	ἀλλήλοις	ἀλλήλους	ἀλλήλω	ἀλλήλοιν.
Neut.	«			ἀλλήλα		

Possessifs.

Dor. ἁμά (poët. ἁμή) ἁμός, ἁμόν notre.
Dorien. τεά-τά, τεός-τός, τεόν-τον ton, tien. — ὑμά (*id.* ὑμή) ὑμός, ὑμόν votre.
Ionien. σφετέρη, ος, ον, sa, son. — σφεά-σφά (σφή) σφεός-σφός, σφεόν-σφόν leur.

Démonstratifs.

(*a*) Attique, met δι (pour δε) : ἡδί, ὁδί, τοδί, etc. (*c**) τ'αυτό, ταὐτό, ταυτό et ταυτόν (pour τὸ αὐτό) *pl*, τ'αυτά, etc.

(*b*) Poëtes. Ils emploient (pour le démonstratif αὐτή, ός, ή) le pronom réfléchi οὗ de soi, à tous les cas du singulier, οὗ de lui, d'elle, οἷ ἕ. plur. σφεῖς σφέων—σφῶν, σφίσι. (V. p. 31, les dialectes de οὗ.)

De plus αὐτή, αὐτός, αὐτό, a la forme ionienne suivante aux cas de terminaison longue :

Ion. *F.* αὐτέη	αὐτέης	αὐτέῃ	αὐτέην.	«	αὐτέων	αὐτέῃσι	αὐτέας.	«	αὐτέαιν
M. N. «	«	αὐτέῳ	«	«		αὐτέοισι	αὐτέους.	αὐτέω.	αὐτέοιν.

Et de même le composé d'αὐτή—αὕτη, οὗτος, τοῦτο. Celui-ci a aussi la forme attique suivante :

(*d*) Att. *F.* αὑτηί	«	«	«	«	«	«	«	«	«
M. οὑτοσί	τουτουί	τουτωΐ	τουτονί.	«	«	«	«	«	«
N. τουτονί				«	«	«	«	«	«

Et de même ἐκείνη, ἐκεῖνος, ἐκεῖνο, poët. κείνη, ος, ο. Dor. τήνη, ος, ο ou τῆνη, ος, ο (pour ἐκείνη, etc.).

Deux démonstratifs *masc.* et *neut.* ὁ αὐτός, τὸ αὐτ ό le même, et ὁ ἕτερος, τὸ ἕτερον se contractent avec l'article aux cas suivans :

(*c**) Ion. *M.* ὡὐτός	τωὐτέου	τωὐτέῳ	(V. ταυτό plus haut).	«	«	«	«	«	«
N. τωυτό									
(*e*) Att. *M.* ἅτερος	θἀτέρου	θατέρῳ	«	ἅτεροι	«	«	«	«	«
N. θἄτερον			θἄτερον.	θἄτερα	«	«	«	«	«

(*f*) Eol. Dor. *masc.* οὐθείς, μηθείς, *n.* οὐθέν, μηθέν, Ion. μηδάμη, ος, ον et οὐδάμη, ος, ον nulle, nul.
Poët. *F. M.* οὔτις, *n.* οὔτι, nulle, nul, gén. οὔτινος, etc.

(*g*) *Fém. masc.* et *neut.* τοῦ (τινὸς) τῷ, (pour τινί), Poët. pl. *n.* ἄσσα, ἄττα (pour τινά). « « «
(*h*) Poët. *M.* ὁ δεῖς « « « « « « « « «

3° *Adjectifs conjonctifs.*

	SINGULIER.							PLURIEL.						DUEL.	
F.	ἥ laquelle, qui.	ἧς	dont.	ᾗ	à qui.	ἥν	que.	αἵ lesquelles, qui.	ὧν dont.	αἷς	à qui.	ἅς	que.	ἅ,	αἷν.
M.	ὅς lequel, qui.	οὗ		ᾧ		ὅν		οἵ lesquels, qui.		οἷς		οὕς		ὥ	οἷν.
N.	ὅ *id.*	οὗ		ᾧ		ὅ		ἅ *id.*		οἷς		ἅ		ὥ	οἷν.

Ce conjonctif est quelquefois *démonstratif*, et signifie *elle*, *il*, *celle qui*, *celui qui*, *ce qui.*

ἥτις, ὅστις, ὅ, τι composé des conjonctifs ἧς, ὅς, ὅ, et de l'indéfini τὶς, τὶ.

F.	ἥτις	qui, quiconque,	ἧστινος,	ᾗτινι,	ἥντινα.	αἵτινες,	ὧντινων,	αἷστισι,	ἅστινας.
M.	ὅστι		οὗτινος,	ᾧτινι,	ὅντινα.	οἵτινες,		οἷστισι,	οὕστινας.
N.	ὅ, τι		οὗτινος,	ᾧτινι,	ὅ, τι.	ἅτινα.,		οἷστισι,	ἅτινα.

Au *pluriel* l'on emploie très souvent pour αἵτινες, οἵτινες, ἅτινα, etc., la forme ci-contre:

F.	ὅσαι,	ὅσων,	ὅσαις,	ὅσας.
M.	ὅσοι,		ὅσοις,	ὅσους.
N.	ὅσα,		ὅσοις,	ὅσα.

Ὅσα, etc. est opposé à lui-même : ὅσα ces choses-ci, ὅσα ces choses-là, quelles qu'elles soient.

4° *Adjectifs interrogatifs et leurs correspondans.*

τίς *quelle? qui? τί quoi?* se décline comme τὶς *quelqu'un*, g. τινός, *en gardant l'accent aigu sur la syllabe initiale.*

ποτέρα, ὁποτέρα, laquelle des deux? est souvent *démonstratif* : celle des deux qui, etc.

ποία, qui, quelle (de quelle manière)?	ὁποία, . .	τοία, . .	τοιαύτη, . .	telle.	οἵα,	que.
πόση, combien grande, nombreuse?	ὁπόση, . .	τόση, . .	τοσαύτη, . .	aussi grande.	ὅση,	que.
πηλίκη, combien *id.* âgée?	ὁπηλίκη, . .	τηλίκη, . .	τηλικαύτη, . .	*id.*	ἡλίκη,	que.

Les adjectifs, féminin en ια, ρα, se déclinent sur ἁγία, ιος, ιον : ceux en η sur καλή, ός, όν.

Les adjectifs, féminin en αύτη, se déclinent sur le démonstratif αὕτη, οὗτος, τοῦτο, savoir :

F. τοιαύτη,	τοιαύτης, etc.	*plur.* τοιαῦται,	τοιαύτων, etc.
M. τοιοῦτος,	τοιούτου, etc.	τοιοῦτοι,	τοιούτων, etc.
N. τοιοῦτο,	τοιούτου, etc.	τοιαῦτα,	τοιούτων, etc.

ὁποτέρα, ὁποία, ὁπόση et ὁπηλίκη ajoutent quelquefois à la terminaison les particules potentielles οὖν, δή, δήποτε, δηποτοῦν, τινοῦν, τινοσοῦν, *quel qu'il puisse être.*

Adjectifs conjonctifs.

F. Dor. ἅ (pour ἥ),		τᾶς,	τᾷ,	τάν.	«	«	Dor. αἷσι, Ion. ᾗσι. «		«	«
M. Poët. ὅ	Poët. ἕου,		«	«	«	«	Poët. οἷσι.	«	«	«
N. «	Ion. τεῦ,		τέῳ.	«	«	«				

ἥτις, ὅστις, ὅ, τι adj. conjonctif composé :

F. «		«	« « «	«	Ion. ᾗστισι.	«	
M. Poët. ὅτις. ὅστε.	Att. ὅτου,	ὅτῳ.	P. ὅτινα. *Plur.* «	Att. ὅτων,	ὅτοις.	ὅτινας.
	Dor. ὅτευ,	«		«	«	
	Ion. ὅτεο,	ὅτεῳ.		Ion. ὅτεων,	ὀτέοισι.	
N. ὅττι, ὅτε.	Poët. ὅττε,	«	P. ὅττι, ὅτε. ἅσσα, ὅτινα.	«	«	ἅσσα.
			Att. ἅττα, *avec l'esprit rude.*			Att. ἅττα.

Adjectifs interrogatifs et leurs correspondans.

τίς, « « Plur. neut. ἄσσα ἅττα, *avec l'esprit doux* (pour τίνα).

Ionien. Ποία et ses composés changent le π en κ. . . . . Ex: κοία, ὁκοία, κόσος, ὁκόσος (l'adv. ὅκοθεν, etc.).

Dorien. Il fait avec deux σσ . . . . ὅσση (ὅση), πόσση (πόση).

Poëtes. Ils font avec deux ππ. . . . . ὅππη (ὅπη), ὁππόση (ὁπόση), ὁπποτέρα.

CHAPITRE V. — DU VERBE.

Personnes et nombres.

Le verbe a, comme les pronoms, trois *personnes* en trois *nombres*, exemple :

	SINGULIER.		PLURIEL.		DUEL.		
1re *Personne.*	τύπτ ω	je frappe,	τύπτ ομεν	nous frappons,	τύπτ ομεν	nous frappons	
2e *Personne.*	τύπτ εις	tu frappes,	τύπτ ετε	vous frappez,	τύπτ ετον	vous frappez	tous deux.
3e *Personne.*	τύπτ ει	il frappe,	τύπτ ουσι	ils frappent,	τύπτ ετον	ils frappent	

Exceptions. Quelques verbes nommés impersonnels ne sont usités qu'à la 3e *personne* du *singulier* de tous les temps et modes. Exemples :

φιλεῖ c'est la coutume, δεήσει il faudra, ἀποχρείη il suffirait, μελέτω, que l'on ait soin, etc.

(V. à la syntaxe p. 73. L'emploi du singulier pour le pluriel, et du pluriel pour le duel.)

Temps (époques où se passe l'action).

Appelés, selon que l'époque de l'action a besoin d'être précisée,

Temps *déterminés.*			Temps *indéterminés.*		
Présent.	τύπτ ω	je frappe.	*Imparfait.*	ἔτυπτ ον	je frappais.......
Futur.	τύψ ω	je frapperai.	*Aoriste.*	ἔτυψ α	je frappai.......
F. passif antérieur.	τετύψ ομαι	j'aurai été frappé.	«		
Parfait.	τέτυφα	j'ai frappé.	*Plusque-parfait.*	ἐτετύφ ειν	j'avais frappé....

L'imparfait est mis souvent pour l'aoriste, surtout dans les narrations. Exemple. . . . . ἔτυπτ ον je frappai . . . .

L'*aoriste*, très usité, est presque toujours pour le parfait et le plusque-parfait, peu employés.................. ἔτυψα j'ai, j'avais frappé.

L'imparfait et *l'aoriste* (temps indéterminés), se mettent pour le présent lorsqu'ils expriment habitude.
Ταῦτα γὰρ ἄπιστα ἦν φύσει. . . . . . Car ils sont perfides naturellement.
Μικρὸν πταῖσμα διέλυσε πάντα. . . . . . Le moindre échec détruit tout.

Le *parfait* et le *plusque-parfait* expriment surtout une action passée dont le résultat dure encore, ou se fait attendre.
Οὐκ ἔστιν ἔτι αἰχμάλωτος, λέλυται γάρ (λέλυται parfait passif). Il n'est plus captif, car *il a été délivré.*
Τὴν πίστιν δέδωκε............. Il a donné sa parole.

Le *parfait* a un sens de présent, et le *plusque-parfait* a un sens d'imparfait, dans les verbes qui expriment une émission de sons, comme κέκραγα je crie, λέλακα, γέγωνα, βέβρυχα, μέμυκα, μέμηκα, κέκλαγγα, τέτριγα, et ἐκεκράγειν je criais, etc.

De même dans les parfaits et plusque-parfaits, où l'action est un résultat évident de l'action du présent. Exemples :

δέρκω	je regarde,	*Parf.*	δέδορκα	je vois.	θνήσκω	je meurs,	*Parf.*	τέθνηκα	je suis mort.
εἴδομαι	je vois,	—	οἶδα	je sais (j'ai vu).	ἵστημι	je place,	—	ἕστακα	je me place.
συνείδομαι	je conçois,	—	σύνοιδα	je suis persuadé.	κτάομαι	j'acquiers,	—	κέκτημαι	je possède.
εἴκω	je m'accorde avec,	—	ἔοικα	je ressemble.	φύω	j'engendre,	—	πέφυκα	je suis disposé à.
ἔθω	je m'accoutume,	—	εἴωθα	j'ai coutume.	ἀμφιβαίνω	j'environne,	—	ἀμφιβέβηκα	je protège.
θαυμάζω	je suis étonné.	—	τεθαύμακα	j'admire.					

D'où les futurs antérieurs passifs deviennent des futurs simples. Exemple :

κτάομαι j'acquiers, — κεκτήσομαι je posséderai, (j'aurai acquis).

Modes (manières dont l'action se passe).

Indicatif.	τύπτω	je frappe.	*Optatif.*	τύπτ οιμι	je frapperais.
Subjonctif.	τύπτω	que je frappe.	*Infinitif.*	τύπτ ειν	frapper.
Impératif.	τύπτε	frappe.	*Participe.*	τύπτ ουσα	frappant.

Les participes de l'aoriste et du parfait s'emploient l'un pour l'autre.... τύψασα et τετυφυῖα ayant frappé.

Subj. } { τύψ ω que je frappe.
Impér. } de l'*aoriste*. Ces modes sont plus expressifs que ceux du présent, { τύψ ον frappe.
Infin. } qu'ils remplacent souvent. { τύψ αι frapper.

Le *subjonctif présent* (1re personne) est quelquefois pour le *futur indicatif*. τύπτωμεν nous frapperons.

(V. à la syntaxe les changemens de modes causés par les conjonctions.)

Voix (actions des personnes ou sur les personnes et objets).

1° *Active.* L'actif indique l'action de la part des personnes.......Ex. τύπτω je frappe.

2° *Passive.* Le passif marque l'action sur les personnes ou objets....Ex. τύπτομαι je suis frappé.

3° *Moyenne.* Le moyen ou réfléchi exprime l'action des personnes sur elles-mêmes...Ex. τύπτομαι je me frappe.

On pourrait ajouter une quatrième voix, savoir :

4° *Déponente.* Le déponent à la forme passive et le sens actif.......... τύπτομαι je frappe.

Forme active (temps en ω, ον, μι, ην, α, ειν).

Parmi ces temps en ω, ον, μι, ην, α, ειν, les suivans offrent seuls le sens *passif* ou *moyen*, tous les autres ayant la signification active.

Aoriste, 1er passif en θην. Il a exclusivement le sens passif.......Ex. ἐτύφθην je fus frappé.

EXCEPTION. Dans plusieurs déponens (où il marque un entraînement passif, il est vrai), cet aoriste se rend par l'actif ou le moyen . . . . Ex. ὠρέχθην j'étais entraîné à désirer.

Surtout au participe . . . . Ex. ἰαθείς ayant guéri.

Aoriste, 2e en ην (*polysyllabe*). Il marque un sens moyen ou passif... ἐκρύβην je me cachai.

Parfait et *pl. parfait* 2e, à sens moyen, si le parfait 1er est très usité. Ex. πέποιθα je me suis persuadé, fié.

EXCEPTION. Si le parfait 1er est peu ou point usité le *parfait* 2e a le sens actif, et même passif pour exprimer une action réciproque. . . . . ἀκήκοα (pour ἤκουκα) j'ai entendu. πέπληγα j'ai frappé, j'ai été frappé.

Forme passive (temps en μαι, μην).

Parmi ces temps en μαι et μην, les uns sont exclusivement passifs, ou moyens et déponens.

Futur passif en θήσομαι. Il a exclusivement le sens passif........... τυφθήσομαι je serai frappé.

Futur moyen en σομαι, οῦμαι. Il a le sens moyen et déponent....... τύψομαι je me frapperai, je frapperai

(Exception. On trouve avec un sens passif κωλύσομαι je serai empêché, pour κωλυθήσομαι, etc.)

Les temps suivans sont à la fois passifs, moyens et déponens.

Présent.	τύπτομαι	je suis frappé,	je me frappe,	je frappe pour moi.
Aoriste 2e.	εἱλόμην	je fus pris,	je me pris,	je pris pour moi.
Parfait.	τέτυμμαι	j'ai été frappé,	je me suis frappé,	j'ai frappé pour moi.
Futur anterieur.	τετύψομαι	j'aurai été frappé,	je me serai frappé,	j'aurai frappé

De même les *imparfaits* et *plusque-parfaits.*

Des temps moyens et déponens.

Ces temps, indiquant une action réfléchie, ne s'appliquent guère qu'à des êtres animés.

C'est pourquoi les verbes actifs qui expriment des actions de la part de personnes, des sensations et des idées, ont plus souvent au *futur* la voix déponente.........................Ex. ἀκούσομαι j'entendrai (de ἀκούω).

D'où quelques verbes neutres n'ont même que cette forme. . . . . Ex. ἔσομαι je serai (de εἰμί).

L'action réfléchie du verbe se continue dans toute la phrase. Ex. ἐκλαυσάμην τὰ πάθη, je pleurai *mes* malheurs.

Par extension, des verbes expriment par le *moyen* une action toute matérielle que l'on *fait faire* pour soi. Ex. actif. δανείζειν prêter.............................. *moyen.* δανείζεσθαι se faire prêter, emprunter.

Certains verbes n'ont pas de forme active (sauf l'aoriste polysyllabe en θην); on les appelle *déponens*. Leur présent n'a guère que le sens actif. Ex. ἐργάζομαι je fais.

Les autres temps du déponent suivent l'analogie des autres verbes. Ex. ἠργασμαι j'ai fait et j'ai été fait.

Augment (en ε) et redoublement au commencement des temps.

Les changemens qu'éprouve le *parfait* se continuent dans tous les modes.

Les changemens qu'éprouvent les autres temps (*indéterminés*) n'existent qu'à l'indicatif.

		Imparfait.	*Parfait.*	*Plusq.-parf.*
Les lettres muettes, sifflantes, liquides font...... Ex.	λείπω	— ἔ λειπον	— λέ λειφα	— ἐλε λείφειν.
Mais la liquide ῥ fait........................	ῥάσσω	— ἔῤ ῥασσον	— ἔῤ ῥαχα	— ἐῤ ῥάχειν.
Les aspirées redoublent en fortes..................	φεύγω	— ἔ φευγον	— πέ φευγα	— ἐπε φεύγειν.
Les doubles ψ, ξ, ζ, στ, etc., ne redoublent pas......	στέλλω	— ἔ στελλον	— ἔ σταλκα	— ἐ στάλκειν.
Mais si la deuxième est liquide, λ, ρ, μ, ν, on redouble.	κρίνω	— ἔ κρινον	— κέ κρικα	— ἐκε κρίκειν.
Exception. γν ne redouble pas . . . . Ex.	γνωρίζω	ἐ γνώριζον	ἐ γνώρικα	ἐ γνωρίκειν.

Βλ et γλ font à la fois, ex. βλ αστάνω, parf. ἐβλ άστηκα et βεβλ άστηκα (κτ άομαι, ἔ κτημαι et κέ κτημαι).

Α, ε font η......................................	ἄγω	— ἦγον	— ἦχα	— ἤχειν.

Exception. ἄγνυμι, aor. 1er ἔαξα, ἁλίσκω, parfait ἑάλωκα, etc.

Ἐγρηγορέω, ἑρμηνεύω, ne changent pas : ἐγρηγορέω—ἐγρηγόρεον. ἑρμηνεύω ἑρμήνευον ἑρμηνεύκα; ajoutez ἄ νωγα de ἀνώγω.

Ἐάω, ἔζω, ἐθίζω, ἑλίσσω, ἕλκω, ἕπομαι, ἐργάζομαι, ἕρπω, ἐρύω,
ἑστιάω, ἔχω, et leurs composés, augmentent en ει. . . . . . ἐργάζομαι εἰργαζόμην, d'où l'aor. 2e εἷλον, subj. ἑλῶ, etc.

Les verbes suivans ont quelquefois l'augment en εω, etc.

ἑο ρτάζω toujours. — ἑώ ρταζον, ὁ ράω att. ἑώ ρακον, οὐ ρέω — ἐού ρεον, ἀνοί γω — ἀνέῳ γον.
ὠ θέω attique ἐώ θεον, ὠ νέομαι — ἐω νεόμην, (ἔθω parf. 2e εἴωθα), (ἵημι parf. rare ἔωκα—ἔωμαι).

Les suivans augmentent, 1° en εο au *parfait* 2e actif; 2° en εω au *plusque-parfait*.
ἔ λπω — ἔο λπα, plusque-parfait ἐώ λπειν, ῥέ ζω — ἔο ργα (et ἔῤῥογα) — ἐώ ργειν.
εἴ κω — ἔοι κα, — ἐῴ κειν.

Ο se change en ω............................Ex.	ὄρνυμι	— ὤρνυν, etc.		
Η, ω, ι, υ, ει, ευ et ου sont invariables ....Ex.	εἰλέω	— εἴλεον	— εἴ ληκα	— εἰ λήκειν.

Exception. (V. plus haut, ὠθέω, ὠνέομαι, ἔικω, οὐρέω.)

Αι se change en ῃ...............................Ex.	αἰτέω	— ᾔτεον	— ᾔτηκα	— ᾐτήκειν.
Οι se change en ῳ...............................Ex.	οἰκέω	— ᾤκεον	— ᾤκηκα	— ᾠκήκειν.

Exc. Οἰδάνω, οἰμώζω, οἰνοχοέω, sont quelquefois invar. . Ex. οἰμώζω οἴμωζον et ᾤμωζον.
Οι est invariable dans les composés d'οἴαξ, οἰωνός (οἶνος), οἶος.

Αυ se change en ηυ...............................Ex.	αὔξω	— ηὔξον	— ηὔξηκα	— ηὐξήκειν.

Ion. Négligent souvent l'augment et le redoublement . . . . λάβε (pour ἔλαβε).

Poët. Mettent quelquefois l'augment ou le redoublement à tous les modes de l'aor. 2e. Ex. λέλαθον (pour ἔλαθον).
Redoublent aussi aux aor. quelques consonnes initiales . . . . Ex. ἔδδεισε (pour ἔδεισε).
Suppriment le ρ redoublé. Ex. ἔριπτον (pour ἔῤῥιπτον). On le redouble ainsi. . . . ῥέριφα, ἐῤῥερίφειν.
Transposent μ. Ex. ἔμμορα (pour μέμορα), et même σέσυμαι (pour ἔσσυμαι).
Les verbes poét. ἄημι, ἀηθέσσω, ἀηδίζομαι, αἴω, n'ont jamais d'augment.

Attiq. Augmentent en η devant βούλομαι, δύναμαι et μέλλω . . . . Ex. ἤμελλον, ἠδυνάμην, ἠβουλόμην.
Ajoutez-y les verbes composés : ἀπολαύω, παρανομέω . . . . Ex. ἀπ ήλαυον, παρ ηνόμεον.
Redoublent en εἰ devant λαμβάνω, μείρω, au parf. passif. . . . . εἴλημμαι, εἵμαρμαι.
Augmentent en εα pour η. . . . . Ex. ἄγω-ἔαγον (pour ἦγον); aor. ἔαξα (pour ἦξα); προέηκα (pour προῆκα).
Redoublent, au parfait et plusque-parfait, α, ε et ο, avec la consonne suivante, en changeant la voyelle α en η; ει en ι; ω, οι, et ου en ο . . . . Ex. ἄρω (poët. ἄουρα) ἄρηρα, ἀλείφω, ἀλήλιφα, ἀκούω, ἀκήκοα, etc. ἠκηκόειν
Exception. ἐρείδω—ἐρήρεικα. On trouve même ἠμύω parf. ἠμήμυκα.
Deux dissyllabes font un aoriste 2e, etc., avec redoublement. . . . . . Ex. ἄγω—ἤγαγον, ἄρω—ἤραρον, subj. ἀράρω.
L'attique donne un augment à ει, et à ευ. . . . . . . Ex. εἰκάζω, imparf. ᾔκαζον; εὔχομαι imparf. ηὐχόμην.

Dor. ἕλκω imparf. ἧλκον (pour εἷλκον). *Ion.* ἐρωτάω imparf. εἰρώτεον, αἱρέω—ἀραίρηκα. *Poët.* ἔχω, parf. ὄχωκα.

Augment et redoublement dans les verbes composés d'une préposition.

L'augment et le redoubl. ont lieu après la prép. Ex. προσ τάττω — προσ έταττον — προσ τέταχα.

EXCEPTIONS. Les composés d'ἀμφὶ, ἀντὶ, ἀνά, ἐπὶ, κατά, si le simple commence par une voyelle, augmentent avant la préposition. . . . . Ex. ἀν αιδέω ἠν αἴδηκα, καθ εὕδω ἐκάθ ευδον.

On trouve aussi devant une consonne. . . . . ἀμφι βάλλω ἠμφὶ βαλλον.

Surtout quand le verbe simple n'existe pas. . . . . Ex. ἀντι δικέω ἠντι δίκεον.

Les suivans augmentent à la fois avant et après la préposition. ἀν έχομαι ἠν ειχον. d'où l'aoriste 2e ἠνειπον.
ἀν ορθόω — ἠν ώρθοον, δι οικέω — ἐδι ῴκεον.

Par analogie deux verbes simples font . . . . διαιτάω ἐδιῄταον, etc. διακονέω δεδιηκόνηκα.

D'autres verbes augmentent avant ou après . . . . Ex. ἐμ πολάω ἠμ πόληκα et ἐμ πεπόληκα, ἐγγυάω, ἠγγύαον et ἐγγεγύηκα.

Les verbes composés d'εὐ et de δυς n'ont l'augment après la prép. que si le verbe commence par une voyelle susceptible d'augment elle-même. . . . . Ex. εὐ εργετέω — εὐ ηργέτεον ; δυσ εργετέω — δυσ ηργέτεον.

Autrement εὐ ne change pas. Ex. εὐ ποιέω — εὐ ποίεον — εὐ ποίηκα.

Mais δυς fait. . . . . Ex. δυσ τυχέω — ἐδυσ τύχεον — δεδυσ τύχηκα.

Ἐν (*a*), σὺν changent ν en μ devant les *labiales* . . . . . Ex. συν ποιέω — συν εποίεον — συμ πεποίηκα — συν επεποιήκειν.

Ν en γ devant les *gutturales* . . . . Ex. ἐγ καλέω — ἐν εκάλεον — ἐγ κέκληκα.

Et ν en λ devant λ. . . . . Ex. ἐλ λείπω — ἐν ἔλειπον — ἐλ λέλειφα.

Ἐκ fait ἐξ devant l'augment. . . . . Ex. ἐκ θλίβω — ἐξ ἔθλιβον — ἐκ τέθλιφα.

Ἀνά, ἀπὸ, etc., élident la finale devant l'augment (*b*). Ex. ἀνα βλέπω — ἀν έβλεπον — ἀνα βέβλεφα.

Excepté πρὸ, περὶ, εὐ, et quelquefois ἀντὶ. . . . . . . Ex. περι άγω — περί ηγον, etc.

La préposition πρὸ peut se contracter devant ε. . . . . Ex προ μαχέω — προ εμάχουν et πρου μάχουν.

Redoublement dans les présents en μι.

Les présens, en ημι, ωμι ont un redoublement de la *consonne initiale avec* ι.

Ils gardent ce redoublement à tous les modes du présent et à l'*imparfait.*

Ils suivent les règles du redoublement ordinaire. . . . Ex. τίθημι, imparf. ἐτί θην, fut. θήσω, etc.

Ils ont seulement l'augment ι devant les doubles. . . . Ex. ἵστημι, — ἵστην, — στήσω, etc.

Par analogie, des présens en ω redoublent : βιβρώσκω, γιγνώσκω, διδράσκω, διδύσκω, κικλήσκω, κιχάνω, κιχράω, τιτρώσκω, qui font, fut. βρώσω, etc.

Mais διδάσκω, κιχάνω, ne perdent pas son redoublement fut. διδάξω, etc.

D'autres présens en ω ont l'augment en ι. . . . . Ex. ἱστάνω, fut. στήσω, etc. ὑπ ἴσχομαι, fut. ὑπο σχήσομαι.

Et même ὀνίνημι, fut. ὀνήσω, etc.

(*a*) Poét. On trouve l'augment transposé ainsi. . . . . Ex. ἐν δύνω ἐέν δυνον (pour ἐνέδυνον).

(*b*) Il y a des verbes poétiques composés d'ἀνὰ, de κατὰ, et παρὰ, où l'augment rétablit la forme primitive du verbe. Ex.
ἀγ καλέω (pour ἀνακαλέω) ἀν εκάλεον. Ἀλ λύω (pour ἀνα λύω) ἀν ελυον.
ἀμ βαλλω (pour ἀνα βάλλω) ἀν έβαλλον. Ἀν στρέφομαι (ἀνα στρέφομαι) ἀν εστρεφόμην.
κα λείπω (pour κατα λείπω) κατ έλειπον.
παρ κλίνω (pour παρα κλίνω) παρ έκλινον, etc.

Mais si l'on met l'augment avant la préposition, il n'y a point de changement. . . . . Ex. καμμύω ἐκάμμυον (pour εκατάμυον).

Figurative et pénultième des Verbes.

SECTIONS.	PRÉSENS en....	FUTUR ET AORISTE.			PARF. ET PLUSQ-P.		
		Actif.	*Moyen.*	*Passif.*		*Act.*	*Moy. Pass.*
1re	Βω, πω, πτω, φω, font, ... fut.	ψω,	ψομαι,	φθήσομαι;	parf.	φα,	μμαι.
	aor.	ψα,	ψάμην,	φθην;	pl.-p.	φειν,	μμην.
2e	Γω, κω, ζω, σσω, χω, γνυμι, κνυμι, font..........	ξω,	ξομαι,	χθήσομαι.		χα,	γμαι.
		ξα,	ξάμην,	χθην.		χειν,	γμην.
3e	Δω, τω, ζω, άω-άζω, άσσω, θω, ννυμι, font. ..... }	σω,	σομαι,	σθήσομαι.		κα,	σμαι.
	ίω-είω, *précédés de* λ, ρ, ajoutent à ι, ει, savoir... }	σα,	σάμην,	σθην.		κειν,	σμην.
4e	Ιω-ίνω, υω-ύνω, ώσκω ajoutent à ι, υ, ω, savoir.... }	σω,	σομαι,	θήσομαι.		κα,	μαι.
	άω, άσκω *précédé de* ε, ι *ou de* ρ, ajoutant à α.. }	σα,	σάμην,	θην.		κειν,	μην.
	Αω-άνω, αίνω-ημι (αμαι déponent) έω *polysyll.* font.. }	ή σω, etc.					
	Ψω, ξω, λω (déponent λομαι) changent ω en...... }	η σα, etc.					
	Όω contracte όω en ω........................	ώ σω, etc.					
5e	Ίνω, ύνω *dissyll.* (*sauf ceux en* ιω-ινω, ύω-ύνω)..... }	νῶ,	νοῦμαι,	θήσομαι.		κα,	μαι.
	Ils ne changent point la pénultième............ }	να,	νάμην,	θην.		κειν,	μην.
	Είνω change la pénultième ει, savoir............	ε νῶ,	ε νοῦμαι,	α θήσομαι.		α κα,	α μαι.
		ει να,	ει νάμην,	ά θην.		ά κειν,	ά μην.
	Αίνω fait..................................	α νῶ,	α νοῦμαι,	α νθήσομαι.		α γκα,	α μμαι.
	(Aor. ανα, ανάμην précédé de ρ ou ι, ou de 2 syll.).	η να,	η νάμην,	ά νθην.		ά γκειν,	ά μμην.
	Ίνω, ύνω, *polys.* (sur αίνω, en conserv. leur pén. ι, υ).	νῶ,	νοῦμαι,	νθήσομαι, etc.			
	Άλλω fait .... }	α λῶ,	α λοῦμαι.	«		«	«
	Αίρω fait F. αρῶ, aor. ηρα etc.................. }	η λα,	η λάμην.	«		«	«
	Άλλω, έλλω, είλω, *dissyllab.*, font, exemple ...... }	«	«	α λθήσομαι,		α λκα,	α λμαι.
	Αίρω, έρω et είρω, *dissyll.* font F. pass. αρθήσομαιλ, etc. }	α	α	ά λθην.		ά λκειν,	ά λμην.
	Έλλω, είλω, font.............................. }	ε λῶ,	ε λοῦμαι.	«		«	«
	Έρω, είρω, font F. ερῶ, aor. ειρα, etc............ }	ει λα,	ει λάμην.	«		«	«
	Έλλω, *polysyllabe*, fait, exemple............... }	«	«	ε λθήσομαι.		ε λκα,	ε λμαι.
	Είρω, *polysyllabe*, F. pass. ερθήσομαι, etc. .... }	α	«	έ λθην.		έ λκειν,	έ λμην.
	Ύρω, F. υρῶ, etc. ίλλω, ύλλω, font, exemple......	λῶ,	λοῦμαι,	λθήσομαι, etc.			
	Έμω fait.................................. }	ε μῶ,	ε μοῦμαι,	ε μηθήσομαι.		έ μηκα,	έ μημαι.
	Ένω fait F. ενῶ, pass. ενηθήσομαι, etc., parf. ένηκα. }	ει μα,	ει μάμην,	ε μήθην.		ε μήκειν,	ε μήμην.

2e à 4e S. *Ion.* La pénultième α *long* se change en η au futur. . . . . . . Ex. πρ άξω. Ion. πρή ξω, aor. ηξα.

3e S. *Dor.* prés. en ζω changé en σδω . . . . Ex. παί ζω, Dor. παί σδω, imp. σδον.

Dor. prés. en άω, άζω; fut. en άξω (pour άσω) . . . . δικ άζω, F. δικ άξω, aor. αξα.

4e S. *Id.* prés. en άω; — fut. en άσω (pour ήσω). . . . . τιμ άω, F. τιμ άσω, aor. ασα.

3e et 4e S. *Poët.* prés. dont la pénult. est brève; fut. en σσω (pour σω). . . . δικά ζω, F. δικά σσω, aor. σσα.

5e S. *Dor.* prés. en ύρω; fut. en ρσω (pour ρῶ). . . . . κύ ρω, F. κύ ρσω, aor. ρσα.

Dor. futur en ενῶ, ελῶ, ερῶ, dissyll. *Dor.* ανῶ, αλῶ . . . . Ex. στ ελ ῶ, Dor. στ αλῶ.

Poët. prés. en έλω, έρω, είλω, είρω, pénult. ε, ει retranchées aux 2e et 3e personnes sing. de l'imparfait . . . . Ex. έγ ρεο (pour έγ είρεο) έπ λετο (έπ ελετο)

Dor. Aoriste actif moyen αλα, ανα (pour ηλα, ηνα). . . . . Ex. έφ ηνα. Dor. έφ ανα; moy. άμην.

Poët. prés. en νώ dissyl.; fut. en νθήσομαι (pour θήσομαι). . . . . κρί νω. F. κρι νθήσομαι, aor. νθην.

1re et 2e S. *Att.* prés. dans la pénult. ε se change en ο au parfait actif . . Ex π έμπω. Parf. a. πέπ ομφα.

5e S. *Id.* Verbes ayant μμ figurative du parf. passif changée en σμ . . . Ex. φαί νω. Parf. p. πέφα σμαι.

Formation du futur actif, d'après le présent. Exemples :

1re S.	τρί βω	— τρί ψω.	3e S.	πεί θω	— πεί σω.	4e S.	τιμ άω	— τιμ ήσω.	5e S.	φαί νω	— φα νῶ.
	λεί πω	— λεί ψω.		κά ζω	— κά σω.		ἀλδ αίνω	— ἀλδ ήσω.		μολύ νω	— μολυ νῶ.
	ἀλεί φω	— ἀλεί ψω.		κλάω, κλάζω	— κλά σω.		ἁμαρτ άνω	— ἁμαρτ ήσω.		τί λλω	— τι λῶ.
	τύ πτω	— τύ ψω.		πλά σσω	— πλά σω.		ὄν ημι	— ὀν ήσω.		ψά λλω	— ψα λῶ.
2e S.	λέ γω	— λέ ξω.		ζώ ννυμι	— ζώ σω.		φιλ έω	— φιλ ήσω.		σαί ρω	— σα ρῶ.
	ἐρεί κω	— ἐρεί ξω.		κλ είω	— κλεί σω.		(ἕψ ω	— ἑψ ήσω).		δέ ρω	— δε ρῶ.
	στεί χω	— στεί ξω.		χρ ίω	— χρί σω.		ἀλέ ξω	— ἀλεξ ήσω.		σπεί ρω	— σπε ρῶ.
	στί ζω	— στί ξω.	4e S.	τ ίω	— τί σω.		θέ λω	— θελ ήσω.		στέ λλω	— στε λῶ.
	πρά σσω	— πρά ξω.		λ ύω	— λύ σω.		βούλ ομαι	— βουλ ήσομαι.		ἀγγέ λλω	— ἀγγε λῶ.
	ζεύ γνυμι	— ζεύ ξω.		βρώ σκω	— βρώ σω.		δηλ όω	— δηλ ώσω.		ἀγεί ρω	— ἀγε ρῶ.
	δεί κνυμι	— δεί ξω.		θε άομαι	— θε άσομαι.	5e S.	κρί νω	— κρι νῶ.		σύ ρω	— συ ρῶ.
3e S.	ἐρεί δω	— ἐρεί σω.		μειδι άω	— μειδι άσω.		πλύ νω	— πλυ νῶ.		νέ μω	— νε μῶ.
	ἀνύ τω	— ἀνύ σω.		πιπρ άσκω	— πρ άσω.		τεί νω	— τε νῶ.		μέ νω	— με νῶ.

Et les autres temps d'après les exemples suivans :

		Présens.	*Imparfaits.*	*Futurs.*	*Aoristes.*	*Parfaits.*	*Plusque-parf.*
1re S.	*Actif.*	τύ πτω, je frappe.	ἔτυ πτον, je frappais.	τύ ψω, je frapperai.	ἔτυ ψα, je frappai.	τέτυ φα, j'ai frappé.	ἐτετύ φειν. j'avais frappé.
	Moyen.	τύ πτομαι, je me frappe.	ἐτυ πτόμην, je me frappais.	τύ ψομαι, je me frapperai.	ἐτυ ψάμην, je me frappai.	τέτυ μμαι, je me suis frappé.	ἐτετύ μμην, je m'étais frappé.
	Passif.	τύ πτομαι, je suis frappé.	ἐτυ πτόμην, j'étais frappé.	τετύ ψομαι; (fut. antér.), j'aurai été frappé.		τέτυ μμαι, j'ai été frappé.	ἐτετύ μμην, j'étais frappé.
				τυ φθήσομαι, je serai frappé.	ἐτύ φθην, je fus frappé.		

Dans les exemples suivans ne figurent pas les temps qui se forment directement sur d'autres.

2e S.	*Actif.*	λέ γω je lis.		λέ ξω.		λέλε χα.	
	Passif.	«		λε χθήσομαι.		λέλε γμαι.	
3e S.	*Actif.*	πλά σσω je forme.		πλά σω.		πέπλα κα.	
	Passif.	«		πλα σθήσομαι.		πέπλα σμαι.	
4e S.	*Actif.*	λύ ω je delie.		λύ σω.		λέλυ κα.	
	Passif.	«		λυ θήσομαι.		λέλυ μαι.	
4e Cont.	*Actif.*	φιλ έω-ῶ j'aime.		φιλ ήσω.		πεφίλ ηκα.	
	Passif.	«		φιλ ηθήσομαι.		πεφίλ ημαι.	

5e S. *N. B.* La 5e section n'a pas de futur antérieur passif. Exemples :

Actif.	τ είνω je tends.	ἔτ εινον	τ ενῶ.	ἔτ εινα	τέτ ακα.	
Moyen.	τ είνομαι	ἐτ εινόμην	τ ενοῦμαι.	ἐτ εινάμην	τέτ αμαι.	
Passif.	τ είνομαι	ἐτ εινόμην	τ αθήσομαι.	ἐτ άθην	τέτ αμαι.	
Actif.	φ αίνω je fais voir.		φ ανῶ.	ἔφ ηνα	πέφ αγκα.	
Passif.	«		φ ανθήσομαι.		πέφ αμμαι,	att. πέφ ασμαι.
Actif.	σπ είρω je sème.		σπ ερῶ.	ἔσπ ειρα	ἔσπ αρκα.	
Passif.	«		σπ αρθήσομαι.		ἔσπ αρμαι.	
Actif.	ἀγγ έλλω j'annonce.		ἀγγ ελῶ.	ἤγγ ειλα	ἤγγ ελκα.	
Passif.	«		ἀγγ ελθήσομαι.		ἤγγ ελμαι.	
Actif.	ν έμω je distribue.		ν εμῶ.	ἔν ειμα	νεν έμηκα.	} (V. le verbe irrég.
Passif.	«		ν εμηθήσομαι.		νεν έμημαι.	} δέμω, p. 42).

Formation régulière des Temps doubles.

Futurs seconds : actif en ῶ, moyen en οῦμαι ; passif en ήσομαι, peu usité.

3e S. Présens *polysyllabes* en ίζω, futur ιτω, *futur* 2e *actif* et *m*...Ex. νομ ίζω — νομι ῶ—οῦμαι.

2e S. Présens en ήγνυμι, ήσσω, άσσω, άζω, *futur* 2e *passif* αγήσομαι. . . . . . . Ex. πήγνυμι — παγ ήσομαι.

5e S. *Dissyll.* en αίνω, είνω—ανήσομαι : ελλω—αλήσομαι : αίρω, έρω, είρω—αρήσομαι

De même sur l'aor. 2e passif : surtout s'il y a consonne double au radical . . . Ex. στρ έφω — στρα φήσομαι.

Aoristes seconds : actif en ον, moyen en όμην, passif en ην.

La figurative est une consonne simple ou accompagnée d'une liquide λ, ρ.

La figurative simple du présent passe à l'aoriste second (excepté σμύχω, ψύχω—ύγην).

Il n'y a pas plus de deux syllabes au radical. La pénult. est brève (excepté *dissyllabes* à augment en η, att. εα).

Tous les imparf. ayant ces conditions peuvent former un aor. 2e *pass.* Ex. ἔλεγον — ἐλέγην.

1re à 3e S. La pénult. ει est changée en ι (ἀμείβω, δείκνυμι, δείδω, invar.). *Act.m.* Ex. στ είχω — ἔστ ιχον.

La pénultième ευ est changée en υ . . . . *id.* Ex. ζεύγνυμι— ἔζ υγον.

1re S. La pénult. ε est changée en α (βλέπω, ῥέπω, invariables). *Passif.* Ex. στρ έφω — ἐστρ άφην.

πτω en βην, dans les prés. βλάπτω, καλύπτω, κρύπτω. *id.* « ἐβλά βην, etc.

πτω (πω) πον : κλέπτω, μάρπτω, κόπτω, νίπτω, τύπτω. *Act. moy. p.* ἔκλ άπον et ἐκλά πην, etc.

πτω en φον : ἅπτω, etc. les plus nombreux . . . . . . *id.* ἧ φον et ἧ φην.

2e S. Présens en ήγνυμι, ήσσω, font άγην ; (ήκω—άκην). *Passif.* Ex. πήγνυμι — ἐπάγην.

γνυμι, σσω et ζω, non précédés de diphthongues, font γην. *id.* Ex. ἀλλάζω — ἠλλά γην.

2e, 3e S. La pén. ε accompagnée de λ, ρ et d'une autre cons. fait α. *Act. m.* Ex. δέρκω — ἔδ αρκον (*a*).

4e S. La terminaison ανω, αίνω se change en ον . . . . . *Act. moy.* Ex. ἀλφάνω — ἦλφον.

Τέω, γέω, κάομαι, pouvant former un aor. trissyllabe . . . . Ex. μηκάομαι—ἔμ ακον.

5e S. *Dissyll.* en αίνω-άνην, έλλω-άλην : αίρω, έρω, είρω-άρην . . . . Ex. στέλλω — ἐστ άλην.

Parfaits seconds : actifs en α, plusque-parfaits ειν.

La figurative est une consonne simple ; celle du présent passe au parfait second.

La figurat. double du prés. se change en simple comme à l'aor. 2e. ἀλλάζω — ἤλλ αγα.

Mais les présens qui ont φ ou χ ne forment pas de parfait 2e.

1re à 3e S. La pénult. ε est changée en ο. (βλέπω, ῥέπω invariables) . . . . . Ex. λέγω — λέλ ογα.

La pénultième ει est changé en οι (δείκνυμι invariable) . . . . . . Ex. πείθω — πέπ οιθα.

4e S. Πέω, γέω, καομάι changent la termin. en α . . . . Ex. δουπέω — δέδου πα.

5e S. *Dissyl.* en είνω fait ονα : έλλω-ολα : είρω-ορα : έμω-ομα . . . . Ex. στέλλω — ἔστ ολα.

Id. en αίνω, αίνομαι-ηνα : άλλω έλλω-ηλα : αίρω-ηρα . . . . Ex. μαίνομαι—μέμ ηνα.

Présens et imparfaits surabondans (b).

Tous les présents en υμι en forment d'autres en ύω . . . . Ex. δείκν υμι — δεικν ύω.

4e S. Les prés. en ημι par redoublement font aussi αω . . . . Ex. κί χρ ημι — κι χράω.

Plusieurs verbes font également, 3e S. άω et άζω : άννυμι et νημι . . . . Ex. σκεδάννυμι — σκίδνημι.

D'autres, 4e S. ίω et ίνω : ύω et ύνω. 5e S. αίρω présent passif άρνυμαι, et quelques présens encore moins réguliers de *diverses sections* se terminent aussi en σσω, σκω, άνω, αίνω, ίσκω, ισκάνω, etc.

Ces présens et imparfaits peuvent être en nombre de trois, quatre etc., comme ὄφλω, ὀφλάνω, ὀφλίσκω, ὀφλισκάνω.

Rarement ces présens ont un sens différent, comme ἄγω je conduits, et ἄγνυμι je brise.

(*a*) Poëtes. Ils transposent le ρ avant la pénultième à l'aoriste 2e . . . . Ex. δ έρκω — ἔδρ ακον.

(b) *Présens et imparfaits surabondans poétiques.*

4e S. Présens en έω, άω dont le radical indique déjà le sens, font en ίζω. . . Ex. αἰτέω — αἰτ ίζω.
Des verbes nombreux en άθω, έθω, ύθω, θω viennent de verbes de diverses sections en γω, κω, ύω, etc.
D'autres se forment de parfaits actifs par redoublement . . . . Ex. κέκληγα — κεκλήγω ; κέκληκα—κικλήσκω.

Des verbes défectueux (a) *réguliers.*

Les temps à figurative aspirée manquent dans les dissyllabes qui commencent par φ:
Futur 1er *passif* manquant, et remplacé par le fut. pass. antérieur.....Ex. φάω, fut. p. πεφήσομαι.
Parfait 1er *actif* manquant, et remplacé par le parfait second.........Ex. φεύγω, parf. πέφευγα.

L'euphonie empêche de former des temps où trois consonnes semblables se suivraient:
Parfait 1er *actif* manquant, et remplacé par le parfait second........Ex. κεύθω, parf. κέκευθα.
De même avec le redoublement attique.........................Ex. ἀκούω—ἤκουκα redoublé: ἀκήκοα.

L'*Aoriste* 1er *actif* et *m.* manque, si l'aoriste second a une pénultième changeante...Ex. φεύγω, aor. ἔφυγον.

(Dans les verbes irréguliers les aoristes seconds sont seuls usités, excepté les verbes en μι où les aoristes 1er et 2e sont presque également employés).

L'*aor.* 2e *act.* et *m.* est remplacé, hors ces cas, par le 1er plus usité...Ex. τύπτω, aor. ἔτυψα.

Ne sont pas usités, ou sont peu usités, les temps de verbes qui appartiennent à d'autres verbes où ils sont très employés. Ex. ἐτίθην, imparf. de τίθημι et qui pourrait être l'aor. passif de τίω.

Les temps exclusivement *passifs* n'existent pas dans les verbes en ω *à sens neutre.*
Leur *fut. act.* manque souvent, et est remplacé par le fut. moyen......Ex. βαίνω je marche, βήσομαι je marcherai.
Les autres temps s'emploient presque indifféremment à l'act. ou au moyen. Ex. βέβηκα ou βέβημαι j'ai marché.

(Mais dans les verbes très irréguliers, V. p. 43, ces temps *actifs* et *moyens* existent rarement à la fois dans le même verbe.)

Des verbes irréguliers.

Certaines irrégularités proviennent de la construction des syllabes, savoir:

1re, 2e S. Τ initial prend l'aspiration perdue par la figurat. du présent dissyllabe.. τρέφω — θρέψω, τέθραμμαι.
(De même ἔχω-ἕξω; ἵστημι perd l'aspiration aux aor. 1er et 2e.......... ἔστησα, ἔστην.)
Θ initial se change en τ lorsque la figurative devient aspirée. Ex... θάπτω — ἐτάφθην — τέταφα.

1re S. Ε pénult. précédé de ρ et d'une cons. forte se change en α au *parf. passif.* στρέφω — ἔσθραμμαι.
Ε précédé de λ, ρ, etc., se change en ο au *parfait actif*.........Ex. κλέπτω — κέκλοφα.
Mais στρέφω fait ἔστρεφα, et aussi attiquement ἔστροφα.

2e S. Γ se retranche devant la figurative γμ..........................Ex. ἐλέγχω — ἤλεγμαι
Ευ s'abrège et υ devant la figurative γμ et χθ..................Ex. τεύχω — τέτυγμαι, ἐτύχθην.

Verbes irréguliers à un temps premier.

Les changemens qu'éprouve le *futur actif* ou *moyen* se continuent dans les autres temps.
Exemple. (λαμβάνω)..... futur λήψομαι,..... *passif* ληφθήσομαι,..... parfait λέληφα,..... *passif* λέλημμαι.
Si l'exception a lieu au futur *passif*, elle se continue de même à l'aoriste passif et aux parfaits,
Exemple. (καλέω,....... futur καλέσω-ῶ),... *passif* κληθήσομαι,..... parfait κέκληκα,.... *passif* κέκλημαι.
Si le changement part du parfait *actif*, il a lieu au *passif*. Ex. (βόσκω)...βέβωκα.............βέβωμαι.
(Mais les formes mises ci-après entre parenthèses ne se continuent qu'aux temps de même figurative. Ex., fut. καλέσω, aor. ἐκάλεσα.—Aor. pass. ἐμνήσθην, fut. pass. μνησθήσομαι, etc.)

1re S. λαμβάνω—λήψομαι, (Ion. régulier. λάμψομαι. Parf. λελάβηκα). Ὀπτάνω et ὀπτάζω — ὄψομαι.

2e S. ἱκνέομαι, ἱκάνω—ἵξομαι. τίκτω — τέξω. στυγέω — στύξω. λίζω, κλάζω, πλάζω — λίγξω, etc.
δάκνω — δήξω. δοκέω — δόξω. διδάσκω — διδάξω et 4e S. δαήσομαι.

3e S.			
ἀλινδέω — ἀλίσω.	ἐλαύνω — ἐλάσω.	πίμπλημι — ἐπλήσθην.	τελέω — τελέσω, att. ῶ.
σπένδω — σπείσω.	a. p. ἠλάσθην et ἠλάθην.	πίμπρημι — ἐπρήσθην.	βύω — ἐβύσθην.
ὠθέω — ὤσω (ὠθήσω).	δύναμαι,	ἄχθομαι — ἀχθέσομαι.	ἑλκύω — εἱλκύσθην.
ἄγαμαι — ἀγάσομαι.	a. p. ἐδυνήθην (ἐδυνάσθην).	αἰδέω — αἰδέσω.	ῥύω — (ἐῤῥύσθην).
γελάω — γελάσω.	μνάομαι — (ἐμνήσθην).	ἀκέομαι — ἀκέσομαι.	δύνω, δύω — (δέδυσμαι).
θλάω — θλάσω.	γινώσκω,	ἀρέσκω — ἀρέσω.	παύω — (ἐπαύσθην).
κελεύω — ἐκελεύσθην.	et att. γιγνώσκω-γνώσομαι.	ἀρκέω—ἀρκέσω (ἤρκεμαι).	ἀκούω — ἠκούσθην.

θέω, νέω nager, πνέω, πλέω, futur εύσομαι, att. ευσοῦμαι, passif ευσθήσομαι (parfait pass. εῦμαι).

(a) Les poëtes forment des verbes qui n'ont que le présent et l'imparfait, entre autres des verbes en ιάω, άω, αίω, σείω, qui marquent désir.

Verbes irréguliers à un temps premier, 4e section.

(*N. B.* Quelques aoristes actifs ou moyens entre parenthèses ne se forment pas sur le futur).

καίω, κάω — καύσω.
(Aoriste — ἔκηα).
κλαίω, κλάω — κλα ύσω.
(autre forme-κλα ιήσομαι).
σεύω, (aor. — ἔσσευα).
(Parf. pass. — σέσυμαι).
ἀλεύομαι — (ἠλευάμην).
δέω lier — (δήσω).
ἐδέθην.
νέω filer — νήσω.
αἰνέω — (ᾐνέθην).
αἱρέω — (ᾑρέθην).
ἵστημι — (ἐστάθην).
Parf. ἔστακα (ou ἕστηκα).
(V. 3^e S. ἐλαύνω et ἀρκέω).
φθάνω — φθάσω.
— (φθήσομαι).
ἀκρο άομαι — ἀκροάσομαι.
χρ άομαι — χρ ήσομαι.
κίχρημι (exc. ἐχρήσθην).
(V. 3^e S. verbes en άω, ημι).
ἀλέω, ζέω, ξέω, τρέω, *f.* έσω.

μα νθάνω — μα θήσω.
ἀπαφίσκω — ἀπαφήσω.
εὑρ ίσκω — (εὑρ ήσω).
(εὑρησ άμην ou εὑρά μην).
εὑρ έθην.
μολ ίσκω — μολ ήσω.
μεμόληκα et μέμβλωκα.
μέλει impersonnel.
μεμέλεται ou μέμβλεται.
πετάννυμι — ἔπτακα.
κεράννυμι,
ἐκεράσθην ou ἐκράθην.
πελάζω,
(πέλασμαι ou πέπλημαι).
περατόω — (ἔπρ ωσα).
(πέπρωμαι).
καλ έω — (καλ έσω-ῶ).
— ἐκλ ήθην.
βάλλω — (βαλῶ et βαλλήσω).
ἐβλήθην.
κάμνω — (καμῶ) — ἐκμήθην.
τέμνω — (τεμῶ) — ἐτμήθην.

δέμω — (δεμῶ aor. ἔδειμα).
et δαμάω — ἐδμήθην.
στρώννυμι — (ἔστρωμαι).
σώζω — ἐσώθην.
(σέσωσμαι ou σέσωμαι).
ἀρ όω — ἀρ όσω.
ὀν όω — ὀν όσω.
βόσκω — (βόσω), βοσκήσω.
Parfait — βέβωκα.
βοάω régul. — βο ήσομαι.
Ion. βώσομαι-(ἐβώσθην).
καθεύδω — καθευδήσω.
ὄζω — (ὀζέσω) et ὀζήσω.
πέρ δω — παρδήσομαι.
ληκέω — λακήσομαι.
δέω manquer — δεήσω.
δέομαι prier — δεήσομαι.
οἴ ομαι — οἰ ήσομαι.
οἴχομαι — οἰχήσομαι.
μαρτύρομαι — μαρτυρήσομαι.
μάχομαι — μαχήσομαι.
(Et μαχέσομαι, μαχοῦμαι).

παίω régul. — παίσω 3e sect.
(παίσομαι).
τύπτω régul. — τύψω 1re sect.
(Attique — τυπτήσω).
χαίρω — χαρῶ (att. χαιρήσω).
(Ionien — χαρήσω).
(Point de prés. - χραισμήσω).
ἔχω. — (ἕξω) et σχήσω.
ὑπισχνέομαι (dérivé de ἔχω).
Et ὑπίσχομαι-ὑποσχήσομαι.
(ὑπεσχέθην).
γίνομαι et attique γίγνομαι,
Et γείνομαι — γενήσομαι.
(Aoriste — ἐγενάμην).
μέλλω — μελλήσω.
ὀφείλω-ὀφειλήσω (aor. ὤφελλα).
ἔρρω — ἐρρήσω (dorien ἔρσω).
(κέλλω — κελῶ dor. κέλσω).
(θέρω — θερῶ, θέρσω).
(γηράσκω régul. — γηράσω).
(Aoriste — ἐγήρα).
(γαμέω-γαμέσω-ῶ Aor. ἔγημα).

L'aoriste second en ον-όμην se forme très régulièrement dans quelques-uns des verbes irréguliers précédens.

1° Les présens en μβάνω, νθάνω retranchent μ, ν et la terminaison ....Ex. λαμβάνω aor. 2e — ἔλαβον.
De même ceux en κνω, κνέομαι, χνέομαι ....Ex. δάκνω — ἔδακον. ὑπισχνέομαι — ὑπεσχόμην.

2° Les futurs irréguliers en ήσω seulement, retranchent la terminaison ήσω....Ex. εὑρ ήσω. — aor. 2e εὗρον.
χραισμήσω — ἔχραισμον. σχήσω — ἔσχον. γενήσομαι — ἐγενόμην. Mais ὀφειλήσω fait ὤφελον.

(Exceptions. ήσω précédé d'une voyelle. Ex. οἰήσομαι, de deux λλ ou ρρ. μελλήσω, ἐρρήσω; les verbes en χήσομαι, ρήσομαι ne forment qu'un aoriste 1er ex. δεήσω — ἐδέησα.)

3° Les irréguliers : futurs en λῶ, μῶ, ρῶ, changent ῶ en ον.................Ex. βαλῶ — ἔβαλον, τεμῶ — ἔτεμον.

Verbes irréguliers à des temps seconds.

L'on a déjà noté plus haut des futurs en έσω, att. ῶ, έσομαι, att. οῦ μαι. Ex. καλέω-καλέσω-καλῶ, καλ έσ ομαι-καλοῦμαι.
D'autres ne sont usités qu'à l'état de contraction, savoir................ ἕζω — ἑδοῦμαι, μολίσκω — μολοῦμαι.
(Voyez ci-contre ὀρῶ, ὀλοῦμαι, ὀμοῦμαι, θανοῦμαι, θοροῦμαι, etc.) Ajoutez ἀμφιέννυμι — ἀμφιέσω. Att. ἀμφιῶ.

1re S. κτυπέω — ἔκτυπον.
ἔλπω — ἔολπα, ἐώλπειν.
θάπτω — τέθηπα.
ὀπτάνω — ὄπωπα.
2e S. οἴχομαι — οἴχωκα.
ἄγνυμι — ἐάγα, ἔαγα.
ἐάγην.
ἄγω — ἀγήοχα, ἤγαγον.
ῥέζω — ἔοργα, ἐόργα.
Plusq. p. ἐώργειν.
ῥήγνυμι — ἔρρωγα.
(...) —

σβέννυμι — ἔσβ ηκα.
ταράσσω, ion. τέτρηγα.
τρώγω — ἔτραγον.
τίκτω — ἔτεκον, τέτοκα.
ἔζω — εἶδον.
3^e S. χλάζω — κέχλαδα.
χλιδάω — κέχλιδα.
ἀβροτέω — ἤμβροτον.
ἀνθέω — ἀνήνοθα.
ἐν θέω — ἐνήνοθα.
ἔθω — εἴωθα (ἔωθα).

γηθέω — γέγηθα.
4e S. δείδω — δέδια.
διδάσκω — ἔδα ον — ην.
καίω — ἐκάην.
δηϊόω — δέδηα.
(μάω poët.) μέμαα.
πτήσσω — πέπτηα.
ἀκούω — ἀκήκοα.
γοάω — ἔγοον.
5e S. γεγωνέω — γέγωνα.
γείνομαι (rég. γέγονα).

πλανάω — ἐπλάνην.
(τέμνω rég. τέτομα).
δαμάω — ἐδάμην.
μέλομαι — μέμηλα.
ἀγγέλλω — ἤγγελα.
βάλλω — βέβολα.
ἐγείρω — ἠγρόμην.
ἐγρήγορα.
εἰλέω — ἐάλην.
αἱρ έω — εἷλον.
κτείνω dor. ἔκταν.

Exemples de syncopes poëtiques.

Ἔλσα (pour ἤλασα). ὥρμενος (pour ὡρμήμενος). ὤρρωσεν (pour ὠρθώνισεν). ἦλτο (pour εἴλετο).
γέντο (pour ἐγένετο, aor. de γείνομαι) est aussi doriquement pour ἦλτο (V. ci-contre ἤλθον-ἦνθον).
στέρθεμεν (pour στερήθημεν). τέτμον, pour le poëtique τέτεμον (ἔτεμον).
Transposition: ἔσσυμαι (pour σέσυμαι).

Autres formes de futurs (a) *et aoristes seconds.*

L'on trouve la forme suivante du futur 2e attique : ῶ-ᾶς, etc............. ἐλαύνω, ἐλάσω—ἐλῶ. κέραννυμι, κεράσω—κερῶ. σκέδαννυμι, σκεδάσω—σκεδῶ. (Voyez les futurs de περάω ci-après.)

Quelques verbes réguliers font des aoristes actifs *dissyllabes* en ην, υν, ων, passif μην, etc., savoir :
Βαίνω — ἔβην. τλάω — ἔτλην. φημι—ἔφην, att. ἦν. δύνω — ἔδυν. κλύω — ἔκλυν. φύω — ἔφυν.
βιώσκω — ἐβίων. βιβρώσκω—ἔβρων. (Voyez ci-après, et la déclinaison, page 58.)
Ajoutez les aor. 2es de verbes irréguliers déjà cités φθάνω — ἔφθην, ἵστημι — ἔστην. γινώσκω— ἔγνων.

Verbes irréguliers à plusieurs temps, souvent défectueux.

		Futurs et aoristes.		Parfaits et plusq.-p.		Temps seconds.		
		Actif et m.	*Passif.*	*Actif.*	*Passif.*	*Futur 2e.*	*Aoriste 2e.*	*Parfait 2e.*
λαγχάνω	j'obtiens.	λήξομαι (et κληρώσομαι).		εἴληχα.	«	«	ἔλαχον.	λέλογχα.
τυγχάνω	je trouve.	τεύξομαι et τυχήσω (ion.).		τετύχηκα.	«	«	ἔτυχον.	«
ἁνδάνω, ἥδομαι	je plais.	ἁδήσω.	ἥσθην.	«	ἧσμαι (d'où ἄσμενος).		ἕαδον.	ἕαδα (poët. εὔαδα).
λανθάνω	je cache.	λήσω.	«	«	λέλησμαι.	«	ἔλαθον.	λέληθα.
πυνθάνομαι	je m'informe.	πεύσομαι.	«	«	πέπυσμαι.	«	ἐπυθόμην.	«
χανδάνω	je contiens.	χείσομαι et χαδήσω (ion.).		«	κέχασμαι.	«	ἔχαδον.	κέχανδα.
εἴδομαι	je vois.	εἴσομαι.	«	«	«	«	εἶδον et ἴδον.	οἶδα (V. p. 62).
δαίω	je partage.	δάσομαι.	«	«	δέδαϊσμαι et δέδαϊγμαι.		«	«
ἁλίσκομαι	je suis pris.	ἁλώσομαι.	«	ἑάλωκα je fus pris.		«	ἑάλων.	«
πάσχω	je souffre.	πήσομαι.	«	πεπάθηκα.	«	«	ἔπαθον.	πέπηθα, πέπονθα.
θνήσκω	je meurs.	θνήξομαι et τεθνήξομαι.		τέθνηκα.	«	θανοῦμαι.	ἔθανον.	(V. p. 62).
θρώσκω	je saute.	θορήσω.	«	«	«	θοροῦμαι.	ἔθορον.	«
περάω	j'achète.	περάσω-περῶ, πριάσω-πριῶ.			«	«	ἐπριάμην.	«
διδράσκω	je cours.	δράσομαι, aor. ἔδρασα.		(δεδράμηκα).		δραμοῦμαι.	ἔδραμον.	δέδρομα.
Et θρέξω.		θρέξομαι, aor. ἔθρεξα.		«	«	«	(ἔδρην, dor. ἔδραν).	
φθίω, φθίνω	je corromps.	φθίσω et φθήσω.		ἔφθηκα.	ἔφθιμαι.	«	ἐφθέμην.	«
χέω	je répands.	χέσω, ἔχεα, ἐχέθην.		«	«	χεῶ rare.	«	«
	autre	aor. ἔχευα, ἐχύθην.		κέχυκα.	κέχυμαι.	«	«	«
ῥέω	je coule.	ῥύσω et ῥεύσω.		ἔῤῥευκα.	ἔῤῥευμαι.	«	«	«
Et ῥυίσκομαι.		ῥυήσομαι.	«	ἐῤῥύηκα.	«	«	ἐῤῥύην	«
εἴρω	je parle.	(aor. εἶπα).	«	εἴρηκα.	εἴρημαι.	ἐρῶ régulier.	(εἶπον impér. εἰπὲ ou σπές).	
ἔρομαι	j'interroge.	ἐρήσομαι.	ἐῤῥέθην et ἐῤῥήθην.	«	«		«	«
ἔρχομαι	je vais.	ἐλεύσομαι.	«	«	ἤλευσμαι-ἤλυσμαι.		ἤλυθον-ἦλθον, (dor. ἦνθον).	ἤλυθα (ἤλουθα).
πέτομαι, ἵπταμαι	je vole.	πτήσομαι.	ἐπετέσθην je volai.	«	«		ἐπτόμην, ἔπτην-ἐπτάμην.	
σκέλλω	je dessèche.	σκλήσομαι (sens actif).		ἔσκληκα.	«	σκελῶ régul.	ἔσκλην je me desséchai.	
πίπτω	je tombe.	«	«	(πέπτωκα).	«	πεσοῦμαι.	ἔπεσον.	
ἔδω (sans passif).	je mange.	ἔδομαι (φάγομαι).		ἤδεκα,	ἐδήδεσμαι.	ἐδοῦμαι.	(ἔφαγον).	ἔδηδα.
Et ἐσθίω (poët. ἔσθω).		«	«	ἐδήδοκα,	ἐδήδομαι.	«	«	«
πίνω, πιπίσκω	je bois.	πίομαι.	(ἐπόθην.	πέπωκα,	πέπωμαι).	πιοῦμαι,	ἔπιον impér. πίθι.	
φέρω	je porte.	οἴσω, οἴσομαι. οἰσθήσομαι, aor. οἴσθεις participe.					(impér. φρές-εἰσφρές).	
		aor. ἤνεγχα. (ion. ἤνεικα). ἐνεχθήσομαι, aor. ἠνέχθην. ἐνήνεγμαι.					ἤνεγκον (ion. ἤνεικον). ἐνήνοχα.	
εἰμί (ἦν-ἤμην)	je suis.	ἔσομαι.	(V. p. 53, sa différence avec εἶμι je vais.—				ἴον, ἦν,	ἦια, p. 62).
ἵημι, passif, ἵεμαι	j'envoie.	ἥσω, a. ἧκα. ἑθήσομαι, a. ἔθην ou εἴθην. εἶκα, εἶμαι.					ἦν, p. ἕμην.	«
τίθημι τίθεμαι	je pose.	θήσω. ἔθηκα. τεθήσομαι, a. ἐτέθην.			«	«	ἔθην, p. ἐθέμην.	
	Fut. pass. antér.	τεθείσομαι.		τέθεικα.	τέθειμαι.		«	«
δίδωμι (δίδομαι)	je donne.	δώσω. ἔδοκα. δοθήσομαι., a. ἐδόθην.			«	«	ἔδων, p. ἐδόμην.	
	Fut. pass. antér.	δεδόσομαι.		δέδωκα.	δέδομαι.	«	«	«
ὄλλυμι	je perds.	ὀλέσω.	«	ὤλεκα. Avec sens moyen		ὀλοῦμαι,	ὠλόμην, ὤλυν.	ὄλωλα.
ὄμνυμι	je jure.	ὀμόσω	«	ὀμώμοκα.	ὀμώμοσμαι.	ὀμοῦμαι.	«	«
ὄρνυμι	j'excite.	ὄρσω.	«	«	«	ὀρῶ.	ὀρόμην.	ὤρωρα.

(κεῖμαι je suis couché, κείσομαι att. κεισοῦμαι; ἧμαι je suis assis, n'a que le présent et l'imparfait.)

(a) Poëtes. Quelques verbes en έω, είω, font un *futur* en είω. Ex. *présent* κέω, *futur* κείω.
Δέω je trouve, *futur* δήω; en εύω, ύω, *futur* comme le présent. Ex. *présent* χεύω, *futur* χεύω.

Conjugaison unique (a).

Présent en ω (b). Ex. τύπτ.

	Actif.						*Passif et moyen.*					
Indicatif.	ω,	εις,	ει,	ομεν,	ετε,	ουσι.	ομαι,	ῃ,	εται,	όμεθα,	εσθε,	ονται.
Subjonctif.	ω,	ῃς,	ῃ,	ωμεν,	ητε,	ωσι.	ωμαι,	ῃ,	ηται,	ώμεθα,	ησθε,	ωνται.
Impératif.	»	ε,	έτω,	»	ετε,	έτωσαν.	»	ου,	έσθω,	»	εσθε,	έσθωσαν.
Optatif.	οιμι,	οις,	οι,	οιμεν,	οιτε,	οιεν.	οίμην,	οιο,	οιτο,	οίμεθα,	οισθε,	οιντο.

Infinitif. ειν. — εσθαι.

Participe. Fém. ουσα, g. ούσης, masc. ων, n. ον, g. οντος. — Fém. ομένη, masc. όμενος, n. όμενον.

Imparfait. — Ex. ἔτυπτ.

Indicatif.	ον,	ες,	ε,	ομεν,	ετε,	ον.	όμην,	ου,	ετο,	όμεθα,	εσθε,	οντο.

Les déponens βούλομαι, je veux ; οἴομαι, je pense, font. . . . « ει, à la 2e personne du présent de l'*indicatif*.
λούω, retranche attiquement la voyelle brève . . . . Ex. λούε — λοῦ, etc.
οἴομαι retranche ο. . . . . Ex. οἴομαι — οἶμαι, etc.

(a) *Conjugaison unique*. Règles générales.

Dor.	μαν	pour	μην. . . .	Ex. ἐτυπτόμαν	pour	ἐτυπτόμην.			
	μες	pour	μεν. . . .	Ex. τύπτομες	pour	τύπτομεν.			
	μεσθα	pour	μεθα . . .	Ex. τυπτόμεσθα	pour	τυπτόμεθα.	Duel	τυπτόμεσθον.	
	οισι	pour	ουσι . . .	Ex. τύπτοισι	pour	τύπτουσι.			
Ion.	ευ	pour	ου. . . .	Ex. τύπτευ	pour	τύπτου.	Τύπτευσι	pour	τύπτουσι.

(b) *Présent en* ω. — Ex. τύπτ.

Indicatif.	»	Éol. ης,	η,	ευμες,	»	ευντι.	»	att. ει.	dor. ειται.	»	»	»
	»	Dor. ες,	ε,	αμες (règle gén.).		οντι, οισι.	(r. g.)	ion. εαι-ειαι.		dor. όμεσθα (règle gén.)		ευνται.
Subjonctif.	ωμι,	ησθα.	ion. ησι dor. ητι,		»	ωντι.	»	ion. ηαι.	»	»	»	»
Impératif.	»	»	»	»	»	att. ώντων, dor. ώντω.	»	ion. ευ (règle générale)		»	»	att. άσθων.
Optatif.	»	ion. οίης,	οίη (forme très usitée).			»	»	»	»	»	»	οίατο.
	»	poët. οισθα.	»	»	»	»	»	»	»	»	»	»

Infinitif. Eol. ην ou ην, dor. εν, ion. έμεν, dor. att. έμεναι, et syncope en μεν : ἴδμεν (pour ἰδέμεν), ἔγμεν (pour ἐχέμεν).

Participe. Fém. dor. ωσα, gén. ώσης.

Imparfait. — Ex. ἔτυπτ.

Indicatif.	»	»	autre forme très usitée. . . οσαν.				dor. όμαν, ion. ευ (règle générale).				»	»
Ion.	τύπτεσκον,	εσκες,	εσκε.	»	»	εσκον.	»	έσκεο,	έσκετο,	»	»	έσκοντο.

N. B. Τύπτεσκον, etc., est sans augment.

Règle générale sur le duel.

Le nombre *duel* se forme avec une telle régularité sur le pluriel qu'il est inutile de le faire figurer dans la conjugaison, exemple :

Forme active.

Plur.	ομεν,	ετε,	ουσι.	ομεν,	ετε,	εσαν.	ετε,	έτωσαν.
Duel.	ομεν,	ετον,	ετον (*).	ομεν,	ετον,	έτην.	ετε,	έτων.

Forme passive.

Plur.	όμεθα,	εσθε,	ονται.	όμεθα,	εσθε,	οντο.	εσθε,	έσθωσων.
Duel.	όμεθον,	εσθον,	εσθον (*).	όμεθον,	εσθον,	έσθην.	έσθον,	έσθων.

(*) Lorsque la 3e personne du *pluriel* est en σι ou en νται (temps déterminés), les 2e et 3e personnes du *duel* sont semblables.

Présent en ω. Exemple :

Indic.	τύπτ ω	je frappe.	τύπτ ομαι	je suis frappé.
Subj.	τύπτ ω	que je frappe.	τύπτ ωμαι	que je sois frappé.
Impér.	τύπτ ε	frappe.	τύπτ ου	sois frappé.
Opt.	τύπτ οιμι	je frapperais.	τυπτ οίμην	je serais frappé.
Infin.	τύπτ ειν	frapper.	τύπτ εσθαι	être frappé.
Partic. F.	τύπτ ουσα,	frappant.	τυπτ ομένη	frappée.
M.	ων.		όμενος	frappé.
N.	ον.		όμενον.	

Imparfait.

Indic. ἔτυπτον je frappais. ἐτυπτόμην j'étais frappé.

Conjuguez ainsi : λέγω je dis, ἐρείδω j'appuie, λύω je délie, κρίνω je juge, τείνω je tends, etc.

Présens contractes.

Ces présens étant formés de la terminaison des présens en ω, précédée des voyelles α, ε, ο, nous ne répèterons pas cette terminaison, qui ne serait qu'un double emploi, comme on peut s'en convaincre,
Ex. τιμ ά ω, ά εις, ά ει, ά ομεν, ά ετε, etc.; nous ne donnerons que la *contraction* (forme attique),
Savoir: ῶ, ᾷς, ᾷ, ῶμεν, ᾶτε, etc.

1° *Présent en άω—ῶ* (3e et 4e sections). Ex. τιμ.

Ind. subj.	ῶ,	ᾷς,	ᾷ,	ῶμεν,	ᾶτε,	ῶσι.	ῶμαι,	ᾷ,	ᾶται,	ώμεθα,	ᾶσθε,	ῶνται.
Impér.	«	α,	άτω,	«	ᾶτε,	άτωσαν.	«	ῶ,	άσθω,	«	ᾶσθε,	άσθωσαν.
Opt.	ῷμι,	ῷς,	ῷ,	ῷμεν,	ῷτε,	ῷεν.	ῴμην,	ῷο,	ῷτο,	ῴμεθα,	ῷσθε,	ῷντο.

Infin. ᾶν. ᾶσθαι.
Partic. Fém. ῶσα, g. ώσης, m. *et* neut. ῶν, g. ῶντος. Fém. ωμένη, masc. ώμενος, n. ώμενον.

Imparfait. Ex. ἐτίμ.

Indic.	ων,	ας,	α,	ῶμεν,	ᾶτε,	ων.	ώμην,	ῶ,	ᾶτο,	ώμεθα,	ᾶσθε,	ῶντο.

EXCEPTIONS. Trois verbes dissyllabes en άω, savoir, κάω, λάω, μάω, ne se contractent à aucun temps.
Les quatre verbes suivans διψάω-ῶ, ζάω-ῶ, πεινάω-ῶ, χράομαι-ῶμαι, contractent αε et αη en ῆ (et non en ᾶ), comme suit:

Ind. subj.	ῶ,	ῇς,	ῇ,	ῶμην,	ῆτε,	ῶσι.	ῶμαι,	ῇ,	ῆται,	ώμεθα,	ῆσθε,	ῶνται.
Impér.	«	ῆ,	ήτω,	«	ῆτε,	ήτωσαν.	»	ῶ,	ήσθω,	«	ῆσθε,	ήσθωσαν.
Infin.	ῆν.						ῆσθαι.					
Imparf.	ων,	ης,	η,	ῶμεν,	ῆτε,	ων.	ώμην,	ῶ,	ῆτο,	ώμεθα,	ῆσθε,	ῶντο.

(a) *Présent en άω—ῶ*. Règle générale.

Dor. { αε et αη— η . . . . . Ex. τιμ άετε — ῆτε, etc.
αον — αν. . . . . . Ex. τίμ αον — αν. Eolien en ευ. Ex. γελάον —ευν..
άουσι, άωσ—ᾶσι. . . . Ex. τιμ άουσι —ᾶσι. Eolien en ευ. Ex. γελάουσα—εῦσα }

Les poëtes redoublent la voyelle α devant α, et la changent en ο devant ω dans les verbes en εάω, ιάω, οάω, υάω, *savoir:*
Ex. βοόω (βοάω), βοάᾳς, βοάᾳ, βοόωμεν, βοάατε, βοόωσι, etc. Mais dans les verbes en άω ils redoub. α en ω devant ω.
πηδώω (pour πηδάω), « πηδώωμεν, » πηδώωσι.

Indic.	«	«	«	«	«	Dor. ῶντι.	«	«	«	«	«	«
Subj.	«	Poët. ησθα. Ion. ησι.		«	«	«	«	«	«	«	«	«
	«	«	Dor. ητι.	«	«	«	«	«	«	«	«	«
Impér.	«	«	«	«	Att. «	ώντων. Dor. ώντω.		«	«	«	«	ἀσθων.
Opt.	«	Poët. ῷσθα.	«	«	«	«	«	«	ἑῷτο.	«	«	ἑῷντο.

Infin. Poët. ἀᾳν. Eol. ῆν. Ion. άμεν. Att. dor. άμεναι. Poët. άαθαι, εσθαι.
Partic. (Poët. λαμπετόωντι pour λαμπετῶντι). Eol. *fém.* ευμένη et *masc.* εύμενος, *n.* εύμενον.

Imparfait. Ex. ἐτιμ.

Indic.	(Ion. τιμάασκον, etc. V. τύπτεσκον).					Eol. ευν.	«	«	«	«	«	«

Indic. « « Ion. χρέεται (pour χράεται). « «
Partic. *fém.* Ion. χρεωμένη, etc.

Présent en άω — ῶ. Exemple :

Indic.	τιμ άω — ῶ	j'honore.		τιμ άομαι — ῶμαι	je suis honoré.
Subj.	τιμ άω — ῶ	que j'honore.		τιμ άωμαι — ῶμαι	que je sois honoré.
Impér.	τίμ αε — α	honore.		τιμ άου — ῶ	sois honoré.
Opt.	τιμ άοιμι — ῷμι	j'honorerais.		τιμ αοίμην — ῴμην	je serais honoré.
Infin.	τιμ άειν — ᾶν	honorer.		τιμ άεσθαι — ᾶσθαι	être honoré.
Part. F.	τιμ άουσα — ῶσα	honorant.		τιμ αομένη — ωμένη	honorée.
M.	άων — ῶν.			αόμενος — ώμενος	honoré.
N.	άον — ῶν.			αόμενον — ώμενον.	

Imparfait.

Indic.	ἐτίμ αον — ων	j'honorais	ἐτιμ αόμην — ώμην	j'étais honoré.

Conjuguez ainsi : ἀγαπάω **j'aime,** ἀπατάω **je trompe,** ἐρωτάω **j'interroge,** νικάω **je vaincs.**

2° *Présent en* έω—ῶ (a) (4ᵉ section). Ex. φιλ.

Indic.	ῶ,	εῖς,	εῖ,	οῦμεν,	εῖτε,	οῦσι.	οῦμαι,	ῇ,	εῖται,	ούμεθα,	εῖσθε,	οῦνται.
Subj.	ῶ,	ῇς,	ῇ,	ῶμεν,	ῆτε,	ῶσι.	ῶμαι,	ῇ,	ῆται,	ώμεθα,	ῆσθε,	ῶνται.
Impér.	»	ει,	είτω,	»	εῖτε,	είτωσαν.	»	οῦ,	είσθω,	»	εῖσθε,	είσθωσαν.
Opt.	οῖμι,	οῖς,	οῖ,	οῖμεν,	οῖτε,	οῖεν.	οίμην,	οῖο,	οῖτο,	οίμεθα,	οῖσθε,	οῖντο.

Infin. εῖν. — εῖσθαι.

Partic. Fém. οῦσα, g. ούσης, masc. ῶν, n. οῦν, g. οῦντος. Fém. ουμένη, masc. ούμενος, n. ούμενον.

Imparfait. Ex. ἐφιλ.

Indic.	ουν,	εις,	ει,	οῦμεν,	εῖτε;	ουν.	ούμην,	οῦ,	εῖτο,	ούμεθα,	εῖσθε,	οῦντο.

Les verbes en έω dissyllabes ne contractent guère les premières personnes et la troisième du pluriel, et font seulement, ex., πλέω, πλέομεν, πλέουσι, sans contraction; de même le participe actif. Mais δέω je lie, contracte : Ex. δέων—δῶν.

3° *Présent en* οω—ῶ (b) (4ᵉ section). Ex. δηλ.

Indic.	ῶ,	οῖς,	οῖ,	οῦμεν,	οῦτε,	οῦσι.	οῦμαι,	οῖ,	οῦται,	ούμεθα,	οῦσθε,	οῦνται.
Subj.	ῶ,	οῖς,	οῖ,	ῶμεν,	ῶτε,	ῶσι.	ῶμαι,	οῖ,	ῶται,	ώμεθα,	ῶσθε,	ῶνται.
Impér.	»	ου,	ούτω,	»	οῦτε,	ούτωσαν.	»	οῦ,	ούσθω,	»	οῦσθε,	ούσθωσαν.
Opt.	οῖμι,	οῖς,	etc. (v. l'opt. du prés. en έω).				οίμην,	οῖο,	etc.			

Infin. οῦν. — οῦσθαι.

Partic. Fém. οῦσα, g. ούσης, masc. ῶν, n. οῦν, g. οῦντος. Fém. ουμένη, masc. ούμενος, n. ούμενον.

Imparfait. Ex. ἐδήλ.

Indic.	ουν,	ους,	ου,	οῦμεν,	οῦτε,	ουν.	ούμην,	οῦ,	οῦτο,	ούμεθα,	οῦσθε,	οῦντο.

(a) *Présent en* έω—ῶ. Règle générale.

L'ionién qui ne contracte jamais, fait { εο, έου en εω. . . . . Ex. φιλείομεν (pour φιλέομεν—οῦμεν). / έω en είω. . . . . . . Ex. φιλείωμεν (pour φιλέωμεν—ῶμεν).

Indic.	dor. εμμι (présent en ημι),				»	éol. εὔντι, dor. οὖντι.		ion. εαι, ειαι,	«	»	»	éol. εὔνται.
Subj.	»	poët. ῆσθα, ion. ησι, ηθι (présent en μι), dor. ὦντι,					»	ion. ηαι.	»	»	»	»
Impér.	»	dor. ηθι,	ήτω,	»	»	»	»	»	»	»	»	»
Opt.	»	att. οίης,	οίη (forme très usitée),			»	»	»	»	»	»	ion. οίατο.
	»	poët. ῴης,	ῴη,	»	»	»	»	»	»	»	»	

Infin. éol. ην, dor. ῆν, ion. έμεν, att. et dor. έμεναι.

Partic. Fém. dor. ῶσα, g. ώσης.

Imparfait. Ex. ἐφίλ.

Indic.	»	«	ion. η (verbes en ημι).			»	»	»	»	»	»	»

(b) *Présent en* όω—ῶ.

Opt. » att. οίης, οίη (forme très usitée) » *Subj.* passif, ε ῇ (v. ἀνακοινῇ pour ἀνακοινοῖ).

Infin. ion. όμεν, att. et dor. όμεναι.

Présent en έω—ῶ. Exemple :

Indic.	φιλ έω — ῶ,	j'aime.	φιλ έομαι — οῦμαι,	je suis aimé.
Subj.	φιλ έω — ῶ,	que j'aime.	φιλ έωμαι — ῶμαι,	que je sois aimé.
Impér.	φίλ εε — ει,	aime.	φίλ έου — οῦ,	sois aimé.
Opt.	φιλ έοιμι — οῖμι,	j'aimerais.	φιλ εοίμην — οίμην,	je serais aimé.
Infin.	φιλ έειν — εῖν,	aimer.	φιλ έεσθαι — εῖσθαι,	être aimé.
Partic. F.	φιλ έουσα — οῦσα,	aimant.	φιλ εομένη — ουμένη,	aimée.
M.	έων — ῶν,		εόμενος — ούμενος,	aimé.
N.	εον — ουν,		εόμενον — ούμενον,	

Imparfait.

Indic.	ἐ φίλ εον — ουν,	j'aimais.	ἐ φιλ εόμην — ούμην,	j'etais aimé.

Conjuguez ainsi : θρυλλέω, je divulgue ; φοβέω, je crains ; χωρέω, je cède, etc.

Présent en όω—ῶ. Exemple :

Indic.	δηλ όω — ῶ,	je montre.	δηλ όομαι — οῦμαι,	je suis montré.
Subj.	δηλ όω — ῶ,	que je montre.	δηλ όωμαι — ῶμαι,	que je sois montré.
Impér.	δήλ οε — ου,	montre.	δηλ όου — οῦ,	sois montré.
Opt.	δηλ όοιμι — οῖμι,	je montrerais.	δηλ οοίμην — οίμην,	je serais montré.
Infin.	δηλ όειν — οῦν,	montrer.	δηλ όεσθαι — οῦσθαι,	être montré.
Partic. F.	δηλ όουσα — οῦσα,	montrant.	δηλ οομένη — ουμένη,	montrée.
M.	όων — ῶν,		οόμενος — ούμενος,	montré.
N.	οον — ουν,		οόμενον — ούμενον,	

Imparfait.

Indic.	ἐ δήλ οον — ουν,	je montrais.	ἐ δηλ οόμην — ούμην,	j'étais montré.

Conjuguez ainsi : πολεμόω, j'excite à la guerre ; χειρόω, je saisis, etc.

Présents en μι.

1° *Présent en* υμι, passif υμαι (*a*) (2ᵉ et 3ᵉ sections). Ex. ζεύγν.

Indic.	υμι,	υς,	υσι,	υμεν,	υτε,	ῦσι.	υμαι,	υσαι,	υται,	ύμεθα,	υσθε,	υνται.
Subj.	(ύω,	ύῃς,	etc.).				(ύωμαι,	ύῃ,	etc.).			
Impér.	»	υθι,	ύτω,	»	υτε,	ύτωσαν.	»	υσο,	ύσθω,	»	υσθε,	ύσθωσαν.
Opt.	(ύοιμι,	ύοις,	etc.).				(υοίμην,	ύοιο,	etc.).			
Infin.	ύναι.						υσθαι.					
Partic.	fém. ῦσα, g. ύσης, masc. ύς, neut. ύν, g. ύντος.						Fém. υμένη, etc.					

Imparfait. Ex. ἐζεύγν.

Indic.	υν,	υς,	υ,	υμεν,	υτε,	υσαν.	ύμην,	υσο,	υτο,	ύμεθα,	υσθε,	υντο.

2° *Présent en* ημι, passif αμαι (b). (4ᵉ section). Ex. Πίπλ.

Indic.	ημι,	ης,	ησι,	ημεν,	ητε,	ᾶσι.	αμαι,	ασαι,	αται,	άμεθα,	ασθε,	ανται.
Subj.	ῶ,	ῇς,	etc. (V. présent en έω—ῶ).				ῶμαι,	ῇ,	etc.			
Impér.	»	αθι,	άτω,	»	ατέ,	άτωσαν.	»	ασο,	άσθω,	»	ασθε,	άσθωσαν.
Opt.	αίην,	αίης,	αίη,	αίημεν,	αίητε,	αίησαν.	αίμην,	αῖο,	αῖτο,	αίμεθα,	αῖσθε,	αῖντο.
Infin.	άναι.						ασθαι.					
Partic.	fém. ᾶσα, g. άσης, masc. άς, neut. άν, g. άντος.						Fém. αμένη, masc. άμενος, neut. άμενον.					

Imparfait. Ex. ἐπίπλ.

Indic.	ην,	ης,	η,	ημεν,	ητε,	ησαν.	άμην,	ασο,	ατο,	άμεθα,	ασθε,	αντο.

EXCEPTIONS. Deux verbes : ἵστημι, et φημί qui n'a pas de passif, font au présent et à l'imparfait de l'*indicatif actif :*

Présent.	ημι,	ης,	ησι,	αμεν,	ατε,	ᾶσι.	(Ajoutez le verbe dor. ἵσαμι, ης, ατι, etc., Imparf. ἵσαν, 3ᵉ pers. pl.
Imparf.	ην,	ης,	η,	αμεν,	ατε,	ασαν.	Infin. ἱσάναι, partic. ἱσᾶσα, etc. seuls temps usités).

(*a*) *Présent en* υμι. Ex. ζεύγν.

Indic.	»	»	»	»	»	Dor. ύντι. ion. υάσι.	»	»	»	»	»	»
Impér.	syncope υ.		»	»	»	»	»	»	»	»	»	»
Infin.	éol. υμεν, ύμεναι.											

Imparfait. Ex. ἔζευγν.

Indic.	(Ion. ζεύγνυσκον, sans augment).				»	béot. υν.	»	»	»	»	»	»

(*b*) *Présent en* ημι. Ex. πίπλ.

Indic.		(dor. φαμί),	dor. ητι-ασι, (φατί),			»	άντι.	»	ion. αι—att. η.		»	»	»
Subj.	ion.	έω,	έῃς,	έῃ έῃσι,	έομεν.	»	»	»	»	»	»	»	»
	poët.	είω,	είῃς,	είῃ είῃσι,	είομεν, ήομεν,		είωσι, ήωσι.	»	»	»	»	»	»
Impér.		» éol. ητι. b. α-η.			»	»	»	»	»	»	»	»	»
Opt.	poët.	ήην,	ήης,	ήη, sync. αῖμεν,		αῖτε,	αῖεν, poët. ῇεν.	»	»	»	»	»	ion. αίατο.
Infin.	éol. άμεν, άμεναι.												

Imparfait. Ex. ἐπίπλ.

Indic.	(ion. πίπλασκον). (φῆσθα). (ἐπίμπρα)			»	»	béot. αν très usité.	Ion. αο—att. ω.			»	»	»

Présent en νμι, passif νμαι. Exemple :

Indic.	ζεύγν υμι,	je joins.	ζεύγν υμαι,	je suis joint.
Subj.	ζευγν ύω,	que je joigne.	ζευγν ύωμαι,	que je sois joint.
Impér.	ζεύγν υθι,	joins.	ζεύγν υσο,	sois joint.
Opt.	ζευγν ύοιμι,	je joindrais.	ζευγν υοίμην,	je serai joint.
Infin.	ζευγν ύναι,	joindre.	ζεύγν υσθαι,	être joint.
Partic. F.	ζευγν ῦσα,	joignant.	ζευγν υμένη,	jointe.
M.	ύς,		ύμενος,	joint.
N.	ύν,		ύμενον,	

Imparfait.

Indic.	ἐ ζεύγν υν,	je joignais.	ἐ ζευγν ύμην,	j'étais joint.

Conjuguez ainsi : δείκνυμι, je montre ; ζώννυμι, j'entoure ; στρώννυμι, j'étends, etc.

Présent en ημι, passif αμαι. Exemple :

Indic.	πίπλ ημι,	je remplis.	πίπλ αμαι,	je suis rempli.
Subj.	πιπλ ῶ,	que je remplisse.	πιπλ ῶμαι,	que je sois rempli.
Impér.	πίπλ αθι,	remplis.	πίπλ ασο,	sois rempli.
Opt.	πιπλ αίην,	je remplirais.	πιπλ αίμην,	je serais rempli.
Infin.	πιπλ άναι,	remplir.	πίπλ ασθαι,	être rempli.
Partic. F.	πιπλ ᾶσα,	remplissant.	πιπλ αμένη,	remplie.
M.	άς,		άμενος,	rempli.
N.	άν,		άμενον,	

Imparfait.

Indic.	ἐ πίπλ ην,	je remplissais.	ἐ πιπλ άμην,	j'étais rempli.

Conjuguez ainsi : ὄνημι, ὀνίνημι, j'aide ; κίχρημι, je prête, etc. ; le déponent δύναμαι, je puis, etc.

Mais l'*imparfait* et l'*infin.* de φημί ont le sens d'*aoriste*. Exemple :

Indic.	ἔφ ην,	je dis, j'ai dit.	
Ion.	φ ῆν,	*id.*	
Att.	ῆν,	*id.*	Usité seulement au singulier de l'indicatif.
Infin.	φ άναι,	dire, avoir dit.	

3° *Présent en* ημι, passif εμαι (a).

Trois verbes seulement se conjuguent ainsi, savoir : ἵημι, τίθημι, et δίδημι (rare). — Présent. Ex. τίθ.

Indic.	ημι,	ης,	ησι,	εμεν,	ετε,	εῖσι.	εμαι,	εσαι,	εται,	έμεθα,	εσθε,	ενται.
Subj.	ῶ,	ῇς,	etc.				ῶμαι,	ῇ,	etc.			
Impér.	»	ετι (*),	έτω	»	ετε,	έτωσαν.	»	εσο,	έσθω,	»	εσθε,	έσθωσαν.
Opt.	είην,	είης,	είη,	είημεν,	είητε,	είησαν.	είμην,	εῖο,	εῖτο,	είμεθα,	εῖσθε,	εῖντο.
Infin.	έναι.						εσθαι.					
Partic.	Fém. εῖσα, g. είσης, masc. είς, neut. έν, g. έντος.						Fém. εμένη, masc. έμενος, neut. έμενον.					

Imparfait. Ex. ἐτίθ

Indic.	ην,	ης,	η,	εμεν,	ετε,	εσαν.	έμην,	εσο,	ετο,	έμεθα,	εσθε,	εντο.

(*) Mais δίδημι fait δίδεθι et ἵημι—ἕθι.

4° *Présent en* ωμι, passif ομαι (b).

Il n'y a qu'un seul verbe : — δίδωμι. — Présent. Ex. δίδ.

Indic.	ωμι,	ως,	ωσι,	ομεν,	οτε,	οῦσι.	ομαι,	οσαι,	οται,	όμεθα,	οσθε,	ονται.
Subj.	ῶ,	ῷς,	ῷ,	ῶμεν,	ῶτε,	ῶσι.	ῶμαι,	ῷ,	ῶται,	ώμεθα,	ῶσθε,	ῶνται.
Impér.	»	οθι,	ότω,	»	οτε,	ότωσαν.	»	οσο,	όσθω,	»	οσθε,	όσθωσαν.
Opt.	οίην,	οίης,	οίη,	οίημεν,	οίητε,	οίησαν.	οίμην,	οῖο,	οῖτο,	οίμεθα,	οῖσθε,	οῖντο.
Infin.	όναι.						οσθαι.					
Partic.	Fém. οῦσα, g. ούσης, masc. ούς, neut. όν, g. όντος.						Fém. ομένη, masc. όμενος, neut. όμενον.					

Imparfait. Ex. ἐδίδ.

Indic.	ων,	ως,	ω,	ομεν,	οτε,	οσαν.	όμην,	οσο,	οτο,	όμεθα,	οσθε,	οντο.

(a) *Présent en* ημι passif εμαι. Ex. τίθ.

Indic.	éol. εμμι,	»	»	»	»	ion. εάσι.	»	ion. εαι, att. η.	ἵεμαι passif d'ἵημι, n'a point de dialectes par euphonie.	»	ion. εαται.
	dor. ειμι,	»	ητι,	ημεν,	»	έντι.	»	»		»	»
Subj.	ion. έω,	έῃς,	έῃσι	»	»	»	»	»		»	»
Impér.	»	éol. ητι—η,	»	»	»	»	»	ion. εο, att. ου.		»	»
Opt.	»	»	»	sync. εῖμεν,	εῖτε,	εῖεν, p. ῆεν.	»	»		»	ion. είατο.
Infin.	ion. έμεν, att. dor. έμεναι.										

Imparfait. Ex. ἐτίθ.

Indic.	ion. εα,	ησθα,	εε,	»	»	béot. εν.	éol. ήμην,	ion. εο, att. ου. dor ευ,	*idem.*	» / »	ion. έατο / »
	(Ion. τίθ εσκον, etc. sans augment).										

(b) *Présent en* ωμι. Ex. δίδ.

Indic.	»	»	dor. ωτι—οῖ,	»	»	όντι. Ion. όασι.	»	»	»	»	»	»
Subj.	»	»	ion. ῷσι.	»	»	»	»	»	»	»	»	»
Impér.	»	éol. ωθι—ω.	»	»	»	»	»	att. ου.	»	»	»	»
Opt.	poët. ῴην,	ῴης,	ῴη,	sync. οῖμεν,	οῖτε,	οῖεν, p. ῷεν.	»	»	»	»	»	ion. οίατο.
Infin.	ion. όμεν, att. dor. όμεναι											

Imparfait. Ex. ἐδίδ.

Indic.	(Ion. δίδοσκον, etc., sans augment).				béot. ον.	»	att. ου.	»	»	»	»

Présens en μι *irréguliers et défectueux.*

Présent. Εἰμί je suis (*a*).

Indic. εἰμί je suis, εἷς ou εἶ tu es, ἐστί il est, ἐσμέν nous sommes, ἐστέ vous êtes, εἰσί ils sont.
Subj. ὦ que je sois, ᾖς, ᾖσθα q. tu sois, ᾖ qu'il soit, ὦμεν que n. soyons, ἦτε que v. soyez, ὦσί qu'ils soient.
Impér. « ἴσθι, ἔσο sois, ἔστω q. soit, « ἔστε soyez, ἔσθωσαν q. soient.
Opt. εἴην q. je fusse, εἴης q. tu fusses, εἴη qu'il fût, εἴημεν q. n. fussions, εἴητε q. v. fussiez, εἴησαν q. fussent.
Infin. εἶναι être.
Partic. (fém. οὖσα — gén. οὔσης, masc. ὤν, neut. ὄν — étant; gén. ὄντος).

Imparfait.

Indic. ἦν j'étais, ἦς et ἦσθα tu étais, ἦν ou ἦ il était, ἦμεν nous étions, ἦτε ou ἦστε v. étiez, ἦσαν ils étaient.
Moyen, ἤμην, ἦσο, ἦτο, ἤμεθα, ἦσθε, ἦντο.

Présent. Εἶμι je vais.

Indic. εἶμι je vais, εἷς ou εἶ tu vas, εἶσι, ἴσι, ἤισι il va, ἴμεν, ἴεμεν n. allons, ἴτε vous allez, ἴησι, ἴασι ils vont.
Subj. ἴω que j'aille, ἴῃς q. tu ailles, etc.
Impér. « ἴθι, ou εἶ, ἴεθι, (ἴε) va, ἴτω, ἴετω, q. aille, « ἴτε allez, ἴτωσαν q. aillent.
Opt. ἰοίην j'irais, ἰοίης tu irais, ἰοίη, εἴη il irait, ἰοίημεν nous irions, ἰοίητε vous iriez, ἰοίησαν ils iraient.
(ἴοιμι, ἴοις, etc.). *Infin.* εἶναι-ἰέναι aller.
Partic. fém. ἰεῖσα, g. ἰείσης, masc. ἰείς, neut. ἰέν, allant; *g.* ἰέντος. (Fém. ἰοῦσα, masc. ἰών, etc., ἰομένη, m. ἰόμενος, etc.)

Imparfait.

Indic. (ἴον j'allais, ἴες, ἴε), ἴμεν, ἴτε, ἴσαν et ἴεσαν.

Les *déponens* (*b*) suivans se conjuguent régulièrement sans changer leur pénultième.

P. *ind.* ἵεμαι je vais, ἵεσαι, etc. Sur τίθεμαι (point de subj. ni d'opt.).
Imp. ἱέμην j'allais, ἵεσο, etc.
P. ind. ἧμαι je m'assieds, ἧσαι, etc., *impér.* ἧσο, etc. (point de subj. ni d'opt.), *inf.* ἧσθαι, *part.* ἡμένη.
Imp. ἥμην je m'asseyais, ἧσο, etc.
P. ind. κεῖμαι je s. couché, κεῖσαι, etc., *impér.* κεῖσο, etc. (*subj.* κέωμαι, *opt.* κεοίμην), *inf.* κεῖσθαι, *part.* κειμένη.
Imp. κείμην j'étais couché, κεῖσο, etc.

(*a*) *Présent.* Εἰμί je suis.

Indic.	Dor. ἔμμι,	poët. ἐεῖ, att. ἔη,	dor. ἐντί,	poët. εἰμέν et ἰμέν,	ἔτε,	dor. ἐντί, éol. ἔωντι.
	Eol. ἦμι,	ἔσσι,	«	dor. εἰμές,	«	ion. ἔασι, poët. ἔασσι.
Subj.	Ion. ἔω,	ἔῃς,	ἔῃ, ἔῃσι — ᾖσι.	«	«	«
	Poët. εἴω,	εἴῃς,	εἴῃ, εἴῃσι,	εἴωμεν, εἴομεν.	«	«
Impér.	«	poët. ἔσσο,	dor. ἤτω,	«	«	att. ἔστων.
Opt.	Poët. ἔοιμι,	ἔοις,	ἔοι,	sync. εἶμεν,	εἶτε,	εἶεν.

Infin. Att. ἔμεναι, éol. ἔμμεναι, ion. ἔμεν, dor. ἦμεν et ἦμες.
Partic. (Ion. ἐοῦσα, g. ἐούσης, dor. εὖσα, ἐοῖσα, masc. ion. ἐών, g. ἐόντος). Platon, fém. ἔσσα, masc. éol. εἴς, g. ἔντος.

Imparf.	Ion. ἔα, att. ἦ,	ἦς,	dor. ἦεν, ἦε,	ἦμες,	«	ἦν.
	Poët. ἦα, ἔην, ἤην,	ἔησθα,	ἔην, ἤην,	ἔμεν,	ἔτε,	ἔσαν, ἔσσαν.
	ἔον, ἔσκον,	ἔες — εἷς, ἔσκες,	ἔσκε,	«	«	ἔσκον.
	(d'ἤμην),	«	«	«	«	ion. ἔατο, poët. εἵατο.

(*b*) *Déponens.*

Imparf. ἱέμην, ion. προίεο, att. οὗ, 2ᵉ pers. singul. de l'imparf. indic. de προίεμαι.
P. ind. ἧμαι, « « « 3ᵉ pers. pl. ion. ἕαται, p. εἵαται.
Impér. ion. κάθησο — εο, att. ου, 2ᵉ pers. singul. de l'impérat. de κάθημαι.
Imparf. ἥμην, « 3ᵉ pers. singul., poët. ἧστο. 3ᵉ pers. pl. poët. εἵατο — ἥατο.
P. ind. κεῖμαι, « « « *id.* ion. κέαται, p. κείαται.
Imparf. κείμην, « « « *id.* κέατο κείατο.

Futurs premiers.

Futur actif en ω, moyen en ομαι (1re, 2e, 3e et 4e sections). Ex. τύψ.

Indic.	ω,	εις, etc. (comme le présent en ω).	ομαι,	η,	ηται,	etc.
Opt.	οιμι,	οις, etc.	οίμην,	οιο,	etc.	
Infin.	ειν.		εσθαι.			
Partic. fém.	ουσα, etc.		F. ομένη, etc.			

EXCEPTIONS à l'indicatif du futur moyen des verbes ὀπτάνω, ἐργάζομαι, εἰμί.

ὄψ	ομαι,	ει,	»	
ἐργ	άσομαι,	άσῄ-ᾷ,	άσεται-ᾶται,	3e p. pl. άσονται-ῶνται.
ἔσ	ομαι,	»	ἔσεται-ἔσται.	

Futur actif en ῶ, et moyen en οῦμαι (5e section). Ex. κριν.

Indic.	ῶ,	εῖς, etc. (comme le prés. contr. en έω-ῶ).	οῦμαι,	ῇ,	etc.
Opt.	οῖμι,	οῖς, etc.	οίμην,	οῖο,	etc.
Infin.	εῖν.		εῖσθαι.		
Part. fém.	οῦσα, etc.		F. ουμένη, etc.		

Futur passif. Ex. τυφ.

Indic. θήσομαι, θήσῃ, etc.
Opt. infin. et *part.* (comme ci-dessus pour les autres modes).

Futur passif antérieur (1re, 2e, 3e et 4e sections). Ex. τετύψ.

Indic. ομαι, ῃ, etc.
Opt. infin. et *partic.* .... } sur le présent en ω.

Futurs seconds.

Futur actif et moyen. Ex. νομι.

Indic. ῶ, εῖς, etc. οῦμαι, ῇ, etc.
Opt. infin. part. ....

Futur passif. Ex. στραφ.

Indic. ήσομαι, ήσῃ, etc.
(comme ci-dessus pour les autres modes.)

Ces futurs empruntent leurs dialectes aux présens en ω et έω-ῶ, sur lesquels ils se conjuguent.
Le futur 2e att. en ῶ, venant de άω, se conjugue comme le présent τιμ-άω-ῶ.

Futur actif en ω, et moyen en ομαι. Exemple :

Indic.	τύψ	ω,	je frapperai.	τύψ	ομαι,	je me frapperai.
Opt.	τύψ	οιμι,	je devrais frapper.	τυψ	οίμην,	je devrais me frapper.
Infin.	τύψ	ειν,	devoir frapper.	τύψ	εσθαι,	devoir se frapper.
Partic. F.	τύψ	ουσα,	devant frapper.	F. τυψ	ομένη,	devant se frapper.
M.		ων,		M.	όμενος,	
N.		ον,		N.	όμενον,	

Conjuguez ainsi, λέξω je lirai, ἐρείσω j'appuyerai, φιλήσω j'aimerai.

Futur actif en ῶ, et moyen en οῦμαι. Exemple :

Indic.	κριν	ῶ,	je jugerai.	κριν	οῦμαι,	je me jugerai.
Opt.	κριν	οῖμι,	je devrais juger.	κριν	οίμην,	je devrais me juger.
Infin.	κριν	εῖν,	devoir juger.	κριν	εῖσθαι,	devoir se juger.
Partic. F.	κριν	οῦσα,	devant juger.	F. κριν	ουμένη,	devant se juger.
M.		ῶν,		M.	ούμενος,	
N.		οῦν,		N.	ούμενον,	

Conjuguez ainsi τενῶ je tendrai, τεμῶ je couperai.

Futur passif. Exemple :

Indic.	τυφθ	ήσομαι,	je serai frappé.
Opt.	τυφθ	ησοίμην,	je devrais être frappé.
Infin.	τυφθ	ήσεσθαι,	devoir être frappé.
Partic. F.	τυφθ	ησομένη,	devant être frappée.
M.		ησόμενος,	devant être frappé.
N.		ησόμενον,	

Conjuguez sur le futur passif : λεχθ ήσομαι je serai lu, ἐρεισθ ήσομαι je serai appuyé, φιληθ ήσομαι je serai aimé, κριθ ήσομαι je serai jugé, ταθ ήσομαι je serai tendu, etc.

Futur passif antérieur. Exemple :

Indic.	τε τύψ	ομαι,	j'aurai été frappé.
Opt.	τε τυψ	οίμην,	j'aurais du être frappé.
Infin.	τε τύψ	εσθαι,	avoir du être frappé.
Partic. F.	τε τυψ	ομένη,	ayant du être frappée.
M.		όμενος,	ayant du être frappé.
N.		όμενον,	

Conjuguez sur le passif antérieur, λελέξ ομαι j'aurai été lu, ἠρείσ ομαι j'aurai été appuyé, πεφιλήσ ομαι j'aurai été aimé, etc.

Aoristes premiers.

Ils empruntent beaucoup de leurs terminaisons aux présents en ημι.

Aoriste actif et moyen. Ex. : ἔτυψ.

Indic.	α,	ας,	ε,	αμεν,	ατε,	αν.	άμην,	ω,	ατο, etc.
Subj.	τύψ ω,	ῃς,	etc. (comme au présent en ω).				ωμαι,	ῃ,	etc.
Impér.	»	ον,	άτω,	»	ατε,	άτωσαν.	»	αι,	άσθω, etc.
Opt.	αιμι,	αις,	αι,	αίμεν,	αιτε,	αιεν.	αίμην,	αιο, etc.	
Infin.	αι.						ασθαι.		
Partic.	fém. ασα, g. άσης, etc.						Fém. αμένη, etc.		

Aoriste passif. Ex. : ἐτύφθ.

Indic.	ην,	ης,	η,	ημεν,	ητε,	ησαν.	(Voyez présens en ημι.)
Subj.	τυφθ ῶ,	ῇς,	ῇ,	ῶμεν,	ῆτε,	ῶσι.	
Impér.	»	ητι,	ήτω,	»	ητε,	ήτωσαν.	
Opt.	είην,	είης,	είη,	είημεν,	είητε,	είησαν.	
Infin.	ῆναι.						
Partic.	fém. εῖσα, g. είσης; masc. είς, neut. έν, gén. έντος.						

Aoriste actif *et* moyen. Ex. : τύψ. (L'augment est retranché).

Indic.	éol. ασκον,	ασκες,	ασκε,	»	»	ασκον.	»	άσκεο,	άσκετο,	»	» άσκοντο.
Impér.	»	»	»	»	»	att. άντων, dor. άντω.	»	»	»	»	att. άσθων.
Opt.	»	éol. ειας,	ειε,	»	»	ειαν forme éolienne très usitée.					
Infin.	éol. αμεν, dor. άμεναι.										

Aoriste passif. Ex. : ἐτύφθ.

Indic.	»	»	»	dor. εμες,	»	béot. εν.
Subj.	ion. έω,	έῃς,	έῃ,	έομεν,		έωσι.
	Poët. είω,	είῃς,	είησι-ῇσι.	είομεν,	»	είωσι.
	ήω,	ήῃς,	ήησι.	»	»	»
Opt.	Forme attique très usitée :			εἶμεν,	εἶτε,	εἶεν.
Infin.	éol. ημεν, dor. ήμεναι.					

Aoriste actif en α et moyen en άμην, Exemple :

Indic.	ἔτυψ α	je frappai,	ἐτυψ άμην	je me frappai.
Subj.	τύψ ω	que j'aie frappé,	τύψ ωμαι	que je me sois frappé.
Impér.	τύψ ον	aie frappé,	τύψ αι	frappe-toi.
Opt.	τύψ αιμι	j'eusse frappé,	τυψ αίμην	je me serais frappé.
Infin.	τῦψ αι	avoir frappé,	τύψ ασθαι	s'être frappé.
Partic.	F. τυψ ᾶσα	ayant frappé.	F. τυψ αμένη	s'étant frappée.
	M. άς		M. άμενος	s'étant frappé.
	N. άς		N. άμενον	

Conjuguez ainsi : ἔλεξα je dis, ἤρεισα j'appuyai, ἐφίλησα j'aimai, ἔκρινα je jugeai, ἔτεινα je tendis, etc.

Aoriste passif.

Indic.	ἐτύφθ ην	je fus frappé.
Subj.	τυφθ ῶ	que je fusse frappé.
Impér.	τύφθ ητι	sois frappé.
Opt.	τυφθ είην	j'eusse été frappé.
Infin.	τυφθ ῆναι	avoir été frappé.
Partic.	F. τυφθ εῖσα	ayant été frappée.
	M. είς	ayant été frappé.
	N. έν	

Conjuguez ainsi : ἐλέχθην je fus dit, ἠρείσθην je fus appuyé, ἐφιλήθην je fus aimé, ἐκρίθην je fus jugé, ἐτάθην je fus tendu, etc.

Aoristes seconds.

Ils se conjuguent comme un imparfait, *à l'indicatif*, et comme le présent, *aux autres modes.*
L'on ne présente ci-après que les différences de l'aoriste 2e avec ces temps, et non les ressemblances.

Aoriste 2e actif en ον et moyen en όμην.

Indic. (V. l'imparfait en ον). *Subj. Opt. Impér.* (V. le présent en ω).

Impér. moyen.. « οῦ, etc.

Infin. εῖν (*a*). έσθαι.

Partic. fém. οῦσα, etc., masc. όν, neut. όν (avec l'accent aigu).

EXCEPTIONS à l'actif : (*b*) ἔσχον, *opt.* σχοίην ; ἔκιχον, *opt.* κιχείην, etc. *infin.* κιχῆναι. (V. σχές plus bas.)

Aoriste 2e passif en ην.

Indic. Subj. Opt. Infin. Partic. (comme l'aoriste 1er passif).

Impér. « ηθι, ήτω, etc.

Les formes suivantes ne contiennent que quelques exemples dissyllabes.

Aoriste actif en ην, moyen άμην : ἔβην, ἔδρην, ἔπτην, ἔσκλην, ἔστην, ἔτλην, ἔφθην. Moyen ἐπριάμην — l'ion. ἐφάμην.

Indic. Subj. Opt. Partic. (V. présent en ημι, passif αμαι).

Impér. « ηθι, ήτω, etc.

Infin. ῆναι.

ἔδρην fait aussi doriquement α aux modes suivans :

Indic. ἔδρ αν, ας, α, αμεν, ατε, αν.

Infin. ᾶναι.

Aoriste actif en ην, moyen έμην : ἔθην, ἧν. Moyen ἐφθέμην.

Indic. Subj. Opt. Partic. (V. présent en ημι passif εμαι).

Impér. « ές, έτω, etc. Ajoutez les 2es pers. *impératif*, εἴσφρες, σπές et σχές, ἐπίσχες, πρόσχες.

Infin. εῖναι.

Aoriste actif en ων, moyen en όμην : ἑάλων, ἐβίων, ἔβρων, ἔγνων (et ἔδων).

Indic. ων, ως, ω, ωμεν, ωτε, ωσαν. όμην, οσο, etc. (V. δίδομαι, p. 52).

Subj. Opt. Partic. (comme au présent en ωμι).

Impér. « ῶτι, ώτω, « ῶτε, ώτωσαν.

Infin. ῶναι.

Mais ἔδων fait comme à son imparfait. (V. p. 52.)

Indic. ἔδ ων, ως, ω, ομεν, οτε, οσαν. (V. δίδωμι.)

Impér. « ός, ότω, etc.

Infin. οῦναι.

Aoriste act. υν, moy. ύμην : ἔδυν, ἔκλυν, ἔφυν, ὤλυν.

Indic. Subj. Opt. Partic. (V. le présent υμι).

Impér. « ῦθι-ῦ, ύτω, « ῦτε, ύτωσαν.

Infin. ῦναι.

(*a*) *Infin.* Ion. έειν.

(*b*) Moyen, poët. ἄρικτο (pour ἀφίκετο), γέντο (pour ἐγένετο).

Aoriste 2ᵉ actif en ον et moyen en όμην. — Exemple :

ndic.	ἔλιπ ον	je laissai.	ἐλιπ όμην	je fus laissé.
ubj.	λίπ ω	que j'aie laissé.	λίπ ωμαι	que je sois laissé.
mpér.	λίπ ε	aie laissé.	λιπ οῦ	sois laissé.
pt.	λίπ οιμι	j'eusse laissé.	λιπ οίμην	je serais laissé.
nfin.	λιπ εῖν	avoir laissé.	λιπ έσθαι	avoir été laissé.
art.	F. λιπ οῦσα	ayant laissé.	F. λιπ ομένη	ayant été laissée.
	M. ών		M. όμενος	ayant été laissé.
	N. όν		N. όμενον	

Conjuguez ainsi : ἔδαρκον je regardai, ἔπαρθον je ruinai, ἔκαμον je fus las, etc.

Aoriste 2ᵉ passif. — Exemple :

ndic.	ἐτύπ ην	je fus frappé.
ubj.	τυπ ῶ	que je fusse frappé.
mpér.	τύπ ηθι	sois frappé.
pt.	τυπ είην	j'eusse été frappé.
nfin.	τυπ ῆναι	avoir été frappé.
artic.	F. τυπ εῖσα	ayant été frappée.
	M. είς	ayant été frappé.
	N. έν	

Conjuguez ainsi : ἐλέγην je fus dit, ἐκρίνην je fus jugé, ἐτάνην je fus tendu, etc.

Parfait et plusque-parfait.

Parfait actif en α, moyen et passif en μαι.

N. B. La figurative change avec la terminaison *passive*.

Indic. Ex. τέτυφ α, ας, ε, αμεν, ατε, ασι.
τέτυ μμαι, ψαι, πται, μμεθα, φθε, μμέν αι.
λέλε γμαι, ξαι, κται, γμεθα, χθε, γμέν αι.
ἔρει σμαι, σαι, σται, σμεθα, σθε, σμέν αι.
λέλυ μαι, σαι, ται, μεθα, σθε, μέν αι.
πέφα μμαι, νσαι, νται, μμεθα, νθε, μμέν αι.
τέτι λμαι, λσαι, λται, λμεθα, λθε, λμέν αι.
ἔσπα ρμαι, ρσαι, ρται, ρμεθα, ρθε, ρμέν αι. } εἰσί.

Subj. ω, ῃς, etc.
τετυ μμένη, ὦ, etc.
λελε γμένη, ὦ, etc. } participe avec le *subjonctif* de εἰμί.
Et ainsi des autres sections.

Impér. ε, ε, etc.
τέτυ α ψο, πτο, α φθε, φθωσαν.
λέλε α ξο, κτο, α χθε, χθωσαν.
Et ainsi des autres sections.

Opt. οιμι, οις, etc.
τετυ μμένη, ος, ον—εἴην, εἴης, εἴη. μμέν αι, οι, α—εἴημεν, etc.
Et ainsi des autres sections.

Infin. έναι.
τετύ φθαι. λελέ χθαι, etc.
Part. f. υῖα, g. υίας, m. ώς, n. ός, —g. ότος.
μμένη, ος, ον. λελέ γμένη, ος, ον, etc.

Plusque-parfait.

Indic. Ex. ἐτετύφ ειν, εις, ει, ειμεν, ειτε, εισαν.
ἐτετύ μμην, ψο, πτο, μμεθα, φθε, μμέναι.
ἐλελέ γμην, ξο, κτο, γμεθα, χθε, γμέναι. } ἦσαν.
Et ainsi des autres sections.

EXCEPTIONS à la forme passive. Au lieu de faire la circonlocution avec le participe et le verbe εἶναι être, ex. λελυμέν αι, οι, α εἰσί, quelques verbes, 4e section, ont aussi les terminaisons suivantes :

Verbes en ιω, υω (4e section). Parf. *Indic.* λέλυ α α α α α νται.
Opt. On trouve aussi λελῦ το pour λελυμένη, ος, ον — εἴη.
Pl.-p. *Indic.* ἐλέλυ α α α α α ντο.
Verbes contr. parf. p. en αμαι. 3e S. *Opt.* πεπερ αίμην, αιο, etc. (V. présent pass. en αμαι).
en ημαι. 4e S. *Subj.* πεφίλ ωμαι, ῃ, etc. (V. présent pass. en ομαι).
id. *Opt.* ήμην, ῃο, ῃτο, att. ῳτο, ῄμεθα, ῃσθε, ῃντο.
en ωμαι. *Subj.* δεδήλ ωμαι, ῳ, etc. (V. présent pass. en ωμαι).
Opt. ῴμην, ῳο, ῳτο, ῴμεθα, ῳσθε, ῳντο.

Verbes exceptionnels en ημι, ωμι. Ils forment de même des subj. et opt. sur leurs présens.
Exemple de τίθεμαι, parfait τέθειμαι *Subj.* τεθ ῶμαι, ῇ, etc.
Opt. είμην, εῖο, etc. } (V. présent pass. en εμαι).

Parfait. — Ex. τέτυφ.

dic. Ion. Ex. α α ε α α ε α α ε α ε α Ion. έαται-αται.
Infin. Att. Dor. εμεν, έμεναι.

Plusque-parfait. — Ex. ἐτετύφ.

Indic. Att. ην, α εα-ηειν, α α εσαν α α α α α Ion. έατο-ατο.

Poët. Ils forment comme suit la 3e personne pluriel du parfait et plusque-parfait passif.

1re et 2e S. Sur le parfait actif. . . . . Ex. τέτυφα — τετύφαται, λέλεγα — λελέγαται.
3e S. Sur le présent actif . . . . Ex. ἐρείδω — ἠρέδαται, φράζω — πεφράδαται.
4e et 5e S. Sur le parfait passif même . . . . . Ex. λέλυμαι — λελύαται, νενέμημαι — νενεμέαται. Mais
5e S. Les verbes en ω polysyll. ne forment pas cette 3e personne du pluriel.

Il faut observer ici que, la pénultième devant être brève avant αται,
1o Les consonnes doubles disparaissent à la figurative . . . Ex. φράζω — πεφράδαται (d'où 1re pers. πέφραδμαι, κεκόρυθμαι, etc.).
2o Les pénultièmes longues s'abrègent. . . . . Ex. ἐρείδω — ἐρέδαται. νενέμημαι — νενεμέαται.

Parfait. — Exemple :

Indic.	τέτυφ α	j'ai frappé.	τέτυ μμαι	j'ai été (je suis) frappé.
Subj.	τετύφ ω	que j'aie frappé.	τετυ μμένη ὦ	que j'aie été (je sois) frappé.
Impér.	τετύφ ε	aie frappé.	τέτυ ψ ο	sois frappé.
Opt.	τετύφ οιμι	j'aurais frappé.	τετυ μμένη εἴην	j'aurais été frappée.
Infin.	τετυφ έναι	avoir frappé.	τετύ φθαι	avoir été (être) frappé.
Partic. F.	τετυφ υῖα	ayant frappé.	F. τετυ μμένη	(frappée) ayant été frappée.
M.	ώς		M. μμένος	(frappé) ayant été frappé.
N.	ός		μμένον	

Plusque-parfait.

Indic.	ἐτετύφ ειν	j'avais frappé.	ἐτετύ μμην	j'avais été (j'étais) frappé.

Conjuguez ainsi λέλεχα j'ai dit, ἤρεικα j'ai appuyé, λέλυκα j'ai délié, πέφαγκα j'ai montré, τέτιλκα j'ai tiré, ἔσπαρκα j'ai semé.

Parfait second actif en α. — Ex. λέλοιπ.

Indic.	α,	ας,	etc.	Voir le parfait premier.
Subj.	ω,	ης,	etc.	
Impér.	«	ε,	etc.	
Opt.	οιμι,	οις,	etc.	
Infin.	έναι.			
Partic. f.	υῖα, υίας,	etc.		

Plusque-parfait second actif en ειν. — Ex. ἐλελοίπ.

Indic. ειν, εις, etc. (V. le plusque-parfait premier.)

EXCEPTIONS : Les parfait 1ers ἑστ ηκα, τέθν ηκα, τέτλ ηκα, prennent la forme des parfaits 2es, par suite des élisions suivantes (forme ionique). Ex. : ἑστ.

Indic.	ηκα,	ηκας,	ηκε,	αμεν,	ατε,	ᾶσι.	On trouve βέβαμεν pour βεβήκαμεν,
Subj.	ῶ,	ῇς,	etc.				βέβασαν pour ἐβεβήκεισαν troisième pers. pl. du plusq.-parf.
Impér.	α	αθι,	etc.	(Comme les présents en ημι).			
Opt.	αίην,	αίης,	etc.				
Infin.	άναι.						

Partic. f. αῶσα, m. αὼς, n. αός, g. αότος.
Contract. ῶσα, ὡς, ὡς, ῶτος.
} Mais τέθνηκα fait τεθνεῶσα, εώς, εός, πέπτωκα—εῶσα, εώς, εός, τέτληκα, ηῶσα, ηώς, ηός, τέτληκα, ηῶσα, ηώς, ηός, βεβάρηκα—ηῶσα, ηώς, ηός.

On trouve aussi les part. βεβαῶσα, αώς, αὸς de βέβηκα, μεμαῶσα, αώς, αὸς de μέμαα, qui font encore au fém. βεβαυῖα, μεμαυῖα.

Quelques verbes ne font d'élision de la figurative qu'à la 3e pers. pluriel *Indic.* Ex. πεφύ ασι (et πεφύκασι).

Les parfaits δέδι α, ἄνωγ α, κέκραγ α, suppriment α à la 1re pers. pluriel *Indic.* : δέδι μεν, ἄνωγ μεν, κέκραγ μεν.

De même à la 3e personne singulier de l'*impératif* : δείδι θι, ἄνωχ θι, κέκραχ θι (d'après l'impératif des verbes en μι).

Οἶδα retranche aussi l'α à diverses personnes (empruntant quelques-unes de celle-ci au présent d'ἴσημι), comme suit :

Indic.	Οἶδα je sais (b),	οἶσθα,	οἶδε,	(ἴσμεν,	ἴστε,	ἴσασι).
Subj.	εἰδῶ,	εἰδῇς,	etc.			
Impér.	«	(ἴσθι,	ἴστω,	«	ἴστε,	ἴστωσαν).
Opt.	εἰδείην,	εἰδείης,	etc. (V. τίθημι).			
Infin.	εἰδέναι.					

Partic. f. εἰδυῖα, m. εἰδώς, n. εἰδός, g. ότος.

Indic.	ᾔδειν, je savais.	ᾔδεις,	ᾔδει,	ᾔδειμεν,	ᾔδειτε,	ᾔδεισαν.
Attiq.	ᾔδη,	ᾔδης,	ᾔδη,	ᾔδημεν,	ᾔδητε,	ᾔδησαν.

Le présent εἶμι je vais, forme un parfait et un plusque-parfait qui n'ont que l'indicatif.

Indic.	ἦïα,	ἦïας,	ἦïε,	ἦμεν,	ἦτε,	ἦïσαν.
	ᾔειν,	ᾔεις,	ᾔει,	ᾔειμεν,	ᾔειτε,	ᾔεισαν et ᾔεσαν.

(*a*) Voyez les dialectes du parfait premier actif en α.

(*b*) *Indic.* de οἶδα. « « Ion. ἴδμεν. « «
Infin. Poët. ἴδμεν, ἴδμεναι.
Indic. de ᾔδειν. « « Poët. ᾔσμεν, ᾔστε, ᾔσαν.

Parfait second. — Exemple :

Indic.	λέλοιπ α	j'ai laissé.
Subj.	λελοίπ ω	que j'aie laissé.
Impér.	λέλοιπ ε	aie laissé.
Opt.	λελοίπ οιμι	j'aurai laissé.
Infin.	λελοιπ έναι	avoir laissé.
Partic.	λελοιπ υῖα, ώς, ός	ayant laissé.

Plusque-parfait second.

Indic.	ἐλελοίπ ειν	j'avais laissé.

Conjuguez ainsi : δέδορκα j'ai vu, πέποιθα je me fie, ὄλωλα je suis perdu.

CHAPITRE VI. — DU PARTICIPE.

L'on a pu remarquer dans le chapitre précédent que les participes sont :

1° *Actifs* en ουσα, ων, ον, etc., ᾶσα, άς, άν, etc., υῖα, ώς, ός, appartenant aux adjectifs des 1re et 3e déclinaisons, de même que les aoristes *passifs* en εῖσα, είς, έν.

2° *Passifs* ou *moyens* en μένη, μενος, μενον des 1re et 2e déclinaisons ; excepté les aor. passifs,

Il faut ajouter aux participes passifs le suivant en τέα, τέος, τέον.

Il se forme sur le participe de l'aoriste 1er passif, en changeant les figuratives aspirées en dentales fortes, Exemples :

τυ φθείς	—	τυ πτέα	devant être frappée.	λυ θείς — λυ τέα	devant être déliée.
λε χθείς	—	λε κτέα	devant être dite.	φιλη θεὶς — φιλή τεα	devant être aimée.
ἐρει σθείς	—	ἐρει στέα	devant être appuyée.	τα θείς — τα τέα	devant être tendue.

On trouve aussi en τά, τός, τόν............Ex. ῥητά, ός, όν.

CHAPITRE VII. — DES PARTICULES INDÉCLINABLES.

Prépositions.

1° Prépositions dont le sens varie (V. leur emploi p. 81, etc.), marquant en général,

ἀντί,	*gén.*	Opposition.
ἀπό,	*gén.*	Eloignement.
ἐκ,	*gén.*	Origine ; ἐξ *devant une voyelle.*
πρό,	*gén.*	Antériorité.
ἐν (*a*),	*dat.*	Situation intérieure.
σύν (*b*),	*dat.*	Coopération puissante.
ἀνά,	*acc.*	Traversée en haut, bornée.
εἰς ou ἐς (*c*),	*acc.*	Mouvement d'un lieu à un autre.
διά,	*gén.*	Traversée avec repos, non bornée.
	acc.	Traversée avec mouvem. rapide, aisé.
κατά,	*gén.*	Contact inférieur.
	acc.	Contact et but continuels.
μετά,	*gén.*	Coopération faible.
	acc.	Postériorité.
ὑπέρ (*d*),	*gén.*	But supérieur (surtout au figuré).
	acc.	But supérieur (au positif).
ἀμφί,	*gén.*	Embrassement continuel.
	dat.	Emphase, défense.
	acc.	Embrassement complet.
ἐπί,	*gén.*	Instance sur un point.
	dat.	Dépendance. *acc.* But direct.
παρά,	*gén.*	Point de départ.
	dat.	Séjour exclusif. *acc.* Transgression.
περί,	*gén.*	Circuit (surtout au figuré).
	dat.	Crainte.
	acc.	Circuit vague, proximité.
πρός (*e*),	*gén.*	Conformité.
	dat.	Application, addition.
	acc.	Tendance.
ὑπό (*f*),	*gén.*	Soumission, supposition.
	dat.	Soumission durable.
	acc.	Passage à la soumission.

Les prépositions terminées par ά le suppriment *devant une voyelle*, ἀμφί et ἐπί perdent de même leur ι, ἀπό et ὑπό élident leur ό. Les consonnes deviennent aspirées devant une voyelle aspirée. Ex. ἀφ' ὑμῶν (pour ἀπὸ ὑμῶν).

2° Prépositions à sens déterminé, ne gouvernant que le *génitif*:

ἄνευ (*g*) ἄτερ (composés d'α privatif) et χώρις, sans.

ἕνεκα (*h*) χάριν à cause de (*i*): δίκην, de même que. (*Ces trois prép. se mettent d'ordinaire après leur régime.*)

3° Adverbes de lieu formés de prépositions, construits quelquefois avec le *génitif.*

ἀντικρύ, ἐναντίον.................... En face de.
ἄψ.................................. En arrière de.
ἐκτός, ἔξω, παρέξ, παρεκτός.......... En dehors de.
πόρρω................................ En avant de.
ἔνδον, ἐντός, (V. p. 67. ἔνθα).......... En dedans de.
μεταξύ............................... Entre, pendant.
ἄνω, ἐπάνω........................... En haut de.
εἴσω (marque mouvement).............. En avant de.
δίχα.................................. Séparément de.
κάτω.................................. En bas de.
ὕπερθε, ὕπερθεν....................... D'en haut.
ἀμφίς................................. Des deux côté de.
ὀπίσω................................. Derrière.
πέριξ (gouverne aussi le *dat.*).... A l'entour de.
πρόσω, προπάροιθε, (πρότερον avant). En avant de.
ὕπαιθα................................ Devant

Et en général les adverbes de lieu, de temps et de quantité qui veulent le *génitif* (V. p. 66). Ex.:

ἄγχι, πέλας, ἔγγυς (qui gouv. aussi le *dat.* et l'*acc.*). Près.
πέρα, πέραν........................ Au-delà de.
ἑκάς, τῆλε, (πόρρω)............. Loin de.
(ἅμα ne gouverne que le *dat.* et l'*acc.* Ensemble, avec).

Quelques adverbes de manière veulent le *génitif.* Ex. κρύφα, λάθρα.................. A l'insu de.

4° Conjonctions se construisant avec divers cas.

ἄχρι, μέχρι, ἕως, *gén.* ἄχρις et μέχρις *devant une voyelle.* Jusqu'à.

πλὴν *nom.* et *gén.*.................. Excepté.
ὁπότε *gén.*............. Quand? à quelle époque de?

Les poëtes font gouverner le *datif* par ἀνά, κατά, μετά dat. (V. p. 82).
(*a*) Poët. ἐνί. — (*b*) Att. ξύν. — (*c*) Poët. εἴσω, acc. — (*d*) Poët. ὑπείρ. — (*e*) Dor. ποτί, ποτίν. — (*f*) Poët. ὑπαί.
(*g*) Poët. ἄνευθε, ἄνευθεν. — (*h*) Poët. εἵνεκα, ἕνεκα. — (*i*) Dor. ἕκατι à cause de, poët. ἕκητι.

Prépositions dans les mots composés.

Les prépositions à sens variables sont les seules qui se joignent aux mots, (aux verbes surtout).
Quelquefois ces prépositions jouent le rôle d'adverbe. Le plus ordinairement elles conservent leur force d'action sur le nom suivant, qui devient alors leur *régime*, comme suit :

ἀντιτιθέναι,	*dat.*	opposer à.
Au figuré,	*id.*	comparer à, substituer à.
ἀποβαίνειν,	*gén.*	venir de.
ἀπάγειν,	——	éloigner.
ἐκβαίνειν,	*gén.*	sortir de.
προτιθέναι,	*gén.*	mettre avant.
Au figuré,	*id.*	préférer.
ἐμβαίνειν,	*dat.*	marcher dans.
Au figuré,	*id.*	insulter.
συμβαίνειν,	*dat.*	aller ensemble.
Au figuré,	*id.*	s'accorder.
ἀνάγειν	——	enlever, élever.
Au figuré,	——	instruire.
ἀναβαίνειν, ἐπὶ,		monter sur.
ἀναριθμεῖν,	——	recompter.
εἰσβαίνειν,	*acc.*	s'avancer dans.
διαφέρειν,	*gén.*	être différent de.
διαλείπειν,	——	laisser un intervalle de.
διατιθέναι,	——	disposer.
διαλέγεσθαι,	——	s'entretenir.
διαβαίνειν,	*acc.*	traverser.
καταγινώσκειν,	*gén.*	condamner.
κατατιθέναι,	——	déposer.
Au figuré,	——	abdiquer.
καταριθμεῖν,	——	compter successivement.
μετανοεῖν,	*gén.*	changer d'avis sur.
Au figuré.	*id.*	se repentir.
μετέχειν,	*id.*	participer à.
μετέρχεσθαι,	*acc.*	poursuivre.
Au figuré.	*id.*	supplier.
ὑπερβαίνειν,	*gén.*	passer par-dessus.
Au figuré,	——	vaincre.
ὑπερβαίνειν,	*gén.*	omettre, taire.
ὑπερβαίνειν,	*id.*	être en sus de.
En mauvaise part.	—	prévariquer.
ὑπερβαίνειν,	*acc.*	franchir.
ἀμφιβαίνειν,	*acc.*	entourer.
Au figuré,	*id.*	défendre.
ἐπιβάλλειν,	*gén.*	se diriger contre.
ἐπιβάλλειν,	*dat.*	s'attacher à.
Au figuré,	*id.*	concerner.
ἐπάγειν,	*id.*	s'acharner après.
ἐπιβαίνειν,	*id.*	marcher sur.
ἐπιβαίνειν εἰς,		marcher contre.
παραλαμβάνειν,	*gén.*	recevoir de.
παραλλάσσειν,	*id.*	éviter.
Au figuré,	*id.*	être différent de.
παραβάλλειν,	*dat.*	approcher de.
(V. ἀντί.) *Au figuré*,	*id.*	comparer à, confier à.
παραλλάσσειν.	*acc.*	dépasser.
Au figuré,	*id.*	manquer.
παρακούειν,	*id.*	entendre de travers.
παράγειν,	——	étendre.
περιβάλλειν,	*dat.*	mettre autour de.
περιβάλλεσθαι,	*acc.*	embrasser (se mettre autour de).
Au figuré,	*id.*	amasser.
περιβλέπειν,	——	regarder autour.
Au figuré,	——	admirer.
περιβάλλειν,	——	surpasser.
περιγίνεσθαι,	——	être en sus de (*dat.*).
περιλαλεῖν,	——	parler à tort et à travers.
περιίστασθαι εἰς,		être réduit (tourner) à.
προσβάλλειν,	*dat.*	appliquer.
Au figuré,	*id.*	exciter contre.
προσάπτεσθαι,	——	toucher (auprès) légèrement.
προσλέγειν,	——	dire en outre.
προσπλεῖν εἰς,		naviguer vers.
ὑποδύνειν,	*gén.*	revêtir (se mettre sous).
ὑπογελᾶν,	——	(rire en dessous) sourire.
ὑποδέχεσθαι,	——	recevoir en cachette.
ὑπακούειν,	*dat.*	écouter avec soumission.
ὑποδύνειν,	*acc.*	subir (passer sous).

Plusieurs *prépositions* se trouvent quelquefois réunies. Ex. ἀντιπαρεξάγειν, *dat.* amener près et en face de.

Particules inséparables.

ἀ, (ἀν devant une voyelle) indique *négation*. . . . . . . Ex. ἄξιος digne — ἀνάξιος indigne.

νη indique *négation* comme α, et ne renferme qu'une vingtaine d'exemples.

δυς marque *difficulté, souffrance*. . . . . Ex. περατός praticable — δυσπέρατος difficile à traverser.

εὖ (adverbe opposé à δυς) marque *bonne disposition*. Ex. πράττειν faire — εὐπράττειν faire du bien.

ἐρι, ἀρι, ζα, βρι, δα, et même α, marquent *force*. . . . . Ex. ζωός vif — ἐρίζωος très vif.

Les trois dernières de ces particules n'offrent chacune qu'un ou deux exemples.

Ellipse de la 3e pers. ἐστί, *il est*, dans ἔνι, μέτα, πάρα, ὕπο, où l'accent est reculé (pour ἔνεστι, μέτεστι, etc.), ἄνα (ἀνάστηθι).

Transpositions poétiques . . . . Ex. κατὰ δάκρυ χεῖν (pour δακρύ καταχεῖν), περὶ τόνδε φυγεῖν (περιφυγεῖν).

Ionien. ποτὶ pour πρός . . . . Ex. ποτιβλέπειν (pour προσβλέπειν).

Adverbes.

Les adverbes de manière gouvernent le *cas des adjectifs* dont ils se forment. (V. p. 77.)
Les adverbes de lieu, surtout ceux en θεν, les adverbes de quantité, les interrogatifs, veulent le *génitif.*

Adverbes de manière, dérivés en général de noms ou d'adjectifs.

1° *Substantifs* aux cas de prépositions sous-entendues ....Ex. βίᾳ avec force,
νυκτός de nuit, κύκλῳ en cercle, χάριν par faveur, προῖκα gratuitement.

La préposition fait quelquefois partie du mot....................Ex. προύργου, παραπόδας, sur-le-champ.

D'où formation d'adverbes véritables avec terminaison de *datif*... εἰκῇ par hasard,
et ἡσυχῇ, etc. D'autres en ι: ἑλληνιστί, ἀμαχητί, ἶφι, etc., en ει......Ex. πανδημεί, etc.

D'autres sont terminés comme des *accus. sing.* en αν, ην, δην, δον..Ex. μάτην en vain,
et δώρεαν, λίγδην, τμήδην, etc, ἀγεληδόν, κυνηδόν, etc.

2° *Adjectifs* à divers cas par ellipse de noms. (V. p. 72.).......Ex. ἰδίᾳ, ὁμοῦ ensemble.

3° Tous les *adjectifs* à l'*accusatif sing.* ou *plur.* forment des adverbes.Ex. πολύ et πολλά beaucoup.

De même pour les superlatifs et comparatifs réguliers...........Ex. σοφώτατον et σοφώτατα le plus sagement

Mais la plupart des superl. irréguliers ne sont usités qu'au *pluriel.* Ex. τάχιστα le plus promptement.

Les compar. irréguliers ne sont au contraire usités qu'au *singulier*. Ex. τάχιον plus promptement que.

Les suivans sont formés d'adverbes: de ἄγχι près—ἄγχιστα—ἆσσον,
de μάλα beaucoup —μάλιστα le plus, surtout —μᾶλλον plus, plutôt,
ἦκα peu — ἥκιστα le moins — ἧσσον moins.

D'où beaucoup d'adverbes sont terminés en α comme des *plur. neutres*. Ex. πρόκα soudain.

4° Adverbes en ως provenant d'*adjectifs*. Ils expriment surtout la manière, et sont pris au positif.
Ils se forment en changeant en ως la terminaison ος du nominatif...Ex. σοφῶς sagement (de σοφός).

Sur le génitif en ος. Ex. βαρέως pesamment (de βαρύς, g. βαρέος)... σωφρόνως prudemment (de σώφρων).
οὕτως ainsi, ἐκείνως (*a*) de cette autre manière, font devant une consonne: οὕτω, ἐκείνω.

Les seuls superlatifs et comparatifs en τατος, τερος, forment des adv. en ως. Ex. σοφωτάτως le plus sagement;
et βαρυτάτως — βαρυτέρως; σωφρονεστάτως — σωφρονεστέρως. (V. p. 28).

Les adverbes superl. comp. en τάτω, τέρω, proviennent d'adverbe ...... Ex. ἀνωτάτω le plus haut (de ἄνω),
et ἐγγύς—près—ἐγγυτάτω, ἑκάς loin—ἑκαστάτω (*b*).

5° Terminaisons de *nominatif sing.* de la 3e déclinaison............Ex. λάξ, ὀδάξ, ἀπρίξ, νύκτωρ.

Adverbes de lieu. (V. les interrogatifs ci-contre.)

L'on forme des adverbes de lieu à terminaison différente, selon le lieu,

1° Où l'on est (*ubi*). Ex. πανταχοῦ partout, οἴκοι, οἴκοθι (ἐν οἴκῳ), Ἀθήνησι (ἐν Ἀθήναις).

2° Où l'on va (*quò*). Ex. πανταχόσε *id.* οἴκονδε (εἰς οἶκον), Ἀθήναζε (εἰς Ἀθήνας).

3° Où l'on passe (*quà*). Ex. πανταχῇ (*c*) *id.*

4° D'où l'on vient (*undè*). Ex. πανταχόθεν de partout, οἴκοθεν (ἐξ οἴκου), Ἀθήνηθεν (ἐξ Ἀθηνῶν).

N. B. La circonlocution avec la préposition et le nom (ἐν οἴκῳ) est plus expressive que l'adverbe.

Les adverbes en θεν (*d*) sont très nombreux: beaucoup proviennent de prépositions, savoir:
ἔνδοθεν, ἔσωθεν, du dedans; ἔξωθεν du dehors; ἄνωθεν, ὕπερθεν, d'en haut; κάτωθεν d'en bas;
ἄποθεν, ἄπωθεν, πόῤῥωθεν, πρόσωθεν, ἄνευθεν de loin.

(*a*) Att. οὑτωσί, ἐκεινωσί. (*b*) Comparatif poët. ἑκαστοτέρω (pour ἑκαστέρω). (*c*) Ion. πανταχῆ. (*d*) Att. θενί.

Adverbes de temps.

Temps présent :	νῦν (*a*) maintenant,	τότε alors,	αὐτίκα, εὐθύς, sur-le-champ.
Continuation : ἔτι encore,	οὔπω, οὐδέπω, pas encore,	εἶτα, ἔπειτα ensuite,	ἑξῆς, ἐφεξῆς, de suite,
ἀεὶ (*b*) toujours,	οὔποτε jamais,	θαμά souvent, fréquemment,	
ἀεί successivement,	πάντοτε toutes les fois, toujours,	ὅτε, ἐνίοτε, quelquefois	(V. ἔστιν ὅτε, p. 93.)
Temps passé : ἤδη déjà,	ποτέ (*après un mot*),	πάλαι autrefois (un jour),	ἄρτι dernièrement.
Id. composés de πρό :	πρότερον, πρίν, διαπρό, πρόσθεν, πρώην (*c*) auparavant.		

Les adverbes suivans marquent un temps défini :		ὀψέ soir, tard,	πρωΐ matin, tôt,
σήμερον aujourd'hui,	αὔριον demain,	χθές, ἐχθές hier,	πρόχθες, πρώην avant-hier.

Adverbes de quantité.

La terminaison άκις indique nombre de fois.........Ex. πολλάκις beaucoup de fois. τετράκις, πεντάκις, etc.

Mais les trois premiers nombres font.............. ἅπαξ une fois, δίς deux fois, τρίς trois fois.

Αὖ, αὖθις (*d*) de nouveau ; ἅλις, ἱκανῶς, assez ; μόλις, μόγις, à peine ; μάλιστα, που, à peu près ;

ἄγαν trop ; οὐχ ἱκανῶς trop peu ; ἅδην abondamment ; λίαν extrêmement ;

σχεδόν, σχεδήν, peu à peu ; σχεδὸν ὅσον, (*après un nom*) et ὅσον οὐ—ὁσονού, μόνον οὐ (*avec un verbe*), presque.

D'autres sont empruntés à des adjectifs neutres : πολύ, πλεῖον (*d*), πλεῖστον, ὀλίγον, μικρόν, etc.

Ces adjectifs neutres prennent diverses terminaisons.

1° *Génitif* pour indiquer le *prix* (V. p. 79).....Ex. πολλοῦ ἄγειν.......... estimer beaucoup.

2° *Datif* avec les comparatifs..................Ex. πολλῷ μείζων.......... beaucoup plus grand.

N. B. Au lieu de l'adverbe suivi du régime........Ex. ἱκανῶς ἀγαθῶν........ assez de biens,

on emploie souvent l'adjectif et le nom...........Ex. ἱκανὰ ἀγαθά........ des biens suffisans.

Interjections.

Marquant *interpellation :*	ὦ, ô !		
Douleur :	ἆ, ἒ, ἔα, αἴ, οἴ, οἴμοι, ἰώ, ἰού, ὀττοτοῖ	hélas !	avec tous les cas de substantifs, même l'*accusatif* par ellipse de verbe.
Désapprobation :	οὐαί malheur à. ἤ, ἰοῦ	ho ! fi !	
Approbation, joie :	ἔα, ἰού et ἰοῦ, βαβαί, παπαῖ	oh ! bon !	
Encouragement :	εἶα, εὖγε	bien ! courage.	

Les impératifs suivans tiennent lieu d'interjection : ἄγε, ἴθι, φέρε, courage ; ἄπαγε, παῦ, fi dc.. ! ἰδοῦ vois (ἰδού voici *est adverbe*). (V. syntaxe, p. 75, l'emploi de αὕτη.)

Adverbes interrogatifs et leurs correspondans.

ποῦ (*f*) ; οὗ ;	où (*ubì*) ?	ἔνθα — ἐνθάδε,	ἐκεῖ,	ἐκεῖθι ici,	ἄλλοθι là.	οὗ, ὅπου, ἵνα	où.
ποῖ (*g*) ;	où (*quò*) ?	ἐνταῦθα (*i*),	δεῦρο (*j*)	ἐκεῖσε ici ;	ἄλλοσε là.	οἷ, ὅποι	où.
πῇ ;	par où (*quà*) ?	τῇ — τῇδε, ταύτῃ	ἐκείνῃ	par ici ;	ἄλλῃ par là.	ᾗ, ὅπῃ	par où.
πόθεν (*h*) ;	d'où (*undè*) ?	ἔνθεν — ἐνθένδε, ἐντεῦθεν,	ἐκεῖθεν	d'ici ;	ἄλλοθεν delà.	ὅθεν, ὁπόθεν	d'où.
πῶς ;	comment ?	οὕτως — ὧδε	ἐκείνως	ainsi ;	ἄλλως ou ainsi.	ὡς, ὅπως	de sorte que.
πότε ;	quand ?	τότε alors (*dans un sens éventuel et conditionnel*).				ὅτε, ὁπότε	lorsque.
ἕως πότε ;	jusqu'à quand ?	τέως autant de temps.				ἕως	jusqu'à ce que.
πηνίκα ;	quand ?	τηνίκα alors, à cette époque.				ἡνίκα, ὁπηνίκα	lorsque.
πόσον ; πόσου ; πόσῳ ; ποσάκις ;		τοσοῦτον, τοσούτου, etc.				ὅσον, ὅσου, etc.	

Les *dérivés* de l'adjectif ὅπη prennent les mêmes particules (V. p. 33)..........Ex. ὁπουοῦν partout où.

(*a*) Att. νυνί. (*b*) Ion. αἰεί. Poët. αἰέν, αἰέ, αἰές, αἰ, αἰή. (*c*) Dor. πράν. (*d*) Poët. αὖθι, αὖθιν. Dor. αὖτις. (*e*) Att. πλέον et πλεῖν. Ion. πλεῦν. (*f*) Poët. πόθι. (*g*) Poët. πόσε. (*h*) Poët. πόθε. (*i*) Ion. ἐνθαῦτα, ἐνθεῦτεν (pour ἐντεῦθεν). (*j*) Att. δευρί.

Conjonctions à régime.

Les conjonctions composées de ἄν, poët. κε, κεν, veulent le *subjonctif* avec sens de futur (V. p. 91).

Conjonctions indiquant le but et la manière, avec le subjonctif et l'optatif.

ἵνα, ὅπως, ὡς ....(*indicatif des temps passés*), *subjonctif*, *optatif*. Afin que, pour.
ὥστε, ὡς .... *infinitif* .... *Id.* *id.*
ἵνα μὴ, ὅπως μὴ, ὡς μὴ, ὡς ἄν μὴ ou μὴ, ... *subjonctif*, *optatif* .... De peur que.

Conjonctions indiquant le temps.

ὅτε et ὅποτε (*a*), ὡς, ἡνίκα, ὁπηνίκα .... *indicatif*, *optatif* .... Lorsque, tandis que.
ὅταν et ὅποταν (*b*), ὡς ἄν .... *subjonctif* .... *Id.* *id.*
ὅτε οὖν—ὁτεοῦν, ὁποτεοῦν .... *indicatif*, *optatif*, *subjonctif* ...... Toutes les fois que.
ἐπεί, ἐπειδὴ (*c*), ἐπείθεν, ἀτεδὴ, εἰδὴ, αὐτάρ, ὡς .... *indic.*, *opt.*, *infin.* .... Après que, dès que.
ἐπειδὰν, poët. ἐπειάν, *subjonctif* .... ὡς τὸ ἐπεὶ, *infinitif*. .... *Id.* *id.*
πρότερον ἤ, πρὶν ἤ—πρινὴ .... *indicatif*, *optatif*, *subjonctif*, *infinitif*. Avant que, plutôt que.
πρότερον, πρὶν, *indicatif*, *optatif*, *infinitif* ..... πρὶν ἄν, *subjonctif* .... *Id.* *id.*
ἄχρι—ἄχρις οὗ, μέχρι—μέχρις οὗ, μέχρις ἕως—ἕως, *indicatif*, *optatif*, *infinitif* .... Jusqu'à ce que, tant que.
ἄχρις ἄν, μέχρις ἄν, μέχρις οὗ ἄν, ἕως ἄν .... *subjonctif* .... *Id.* *id.*

Conjonctions indiquant condition et opposition.

εἰ (*d*), *indicatif*, *optatif* .... ἐάν, att. ἤν ; *subjonctif* (*optatif* rare).. Si.
εἰ μὴ, ὅτε μὴ, ὅτι μὴ, ὅσον μὴ, παρ' ὅσον, ἢ ὅτι, πλὴν ἤ, χωρὶς ἤ et πλὴν ἀλλ'ἤ—ou ἀλλ' ἤ .... *indicatif*, *subjonctif*, *optatif*, *infinitif*. A moins que, sinon.
πλὴν ἀλλ' εἰ—ou ἀλλ' εἰ, *indicatif*, *subjonctif*, *optatif* ; ἐὰν μὴ, πλὴν ἄν μὴ, *subjonctif*. *Id.* *id.*
εἴγε, ἐφ'ᾧ ou ἐφ'ᾧτε .... *futur*, *indicatif*, *optatif* .... Pourvu que.
εἰκαί, καὶ εἰ, καίπερ, καίτοι, καίτοιγε *indicatif*, *optatif*, *participe*. (*Adjectif*, *nom.*).. Quoique, quand même.
ἢν καί, κἄν, *subjonctif* .... (V. p. 92, οὐδ'εἰ ; μηδ'εἰ ; *optatif*).... *Id.* *id.*
πλὴν ὅτι .... *indicatif*, *optatif* .... Si ce n'est que.
ὡς εἰ, ὡς ἄν εἰ—ὡσανεί—ὡσπερανεί, οἷον εἰ—οἱονεί, *indicatif*, *optatif* .... Comme si.
μήτι, μὴ ὅτι, μήτοιγε .... *tous les modes* .... Bien loin de
ἅτε, οἷάτε, *tous les modes*...Vu que. ὅπη, *subjonctif* (sens de futur)..... Selon que.
ὅσον, ὅσα .... *indicatif*, *optatif*, *infinitif* .... Autant que.
ἄντε, εἴτε, εὖτε, ᾧτε, ὡς, ὥσπερ .... *tous les modes* .... Soit que, de même (*).
ἐάντε, κ'ἄν—κἄν .... *subjonctif*, *participe* .... *Id.* *id.*

(*) Ces conjonctions, signifiant *soit que, de même*, pouvent se répéter dans la même phrase,
Exemple : κἄν βούληται, κἄν μὴ βούληται . . . . . . soit qu'il veuille, soit qu'il ne veuille pas.

Conjonctions opposées dans la phrase.

ὅ, τοῦτο celà. τί ; quoi? — ὅτι........ . *indicatif*, *optatif* .... Que.

Exemple : ὅ ἔνιοι ἐθαύμαζον, ὅτι πλέον νέμει. Ce que quelques-uns admiraient, c'est *qu'il* donne davantage.

Le plus souvent l'on exprime seulement ὅτι, et attiquement ὡς.

εἰς τοσοῦτον à un tel point, — ὥστε : *indicatif* et surtout *infinitif* . . . . Que.
τοιαύτη telle, οὕτως tellement, — ὥστε (ou ὅστις. V. p. 90, *futur indicatif*). *Infinitif* . . . Que.
ἥτις, ὁποία, ὁποτέρα — ἄν . . . . . *indicatif*, *optatif* et surtout *subjonctif*. . . Que.
πρότερον, (poët. πρίν) d'abord, — πρότερον (V. plus haut) . . . . Avant que.

(*a*) Poët. ὄττε, dor. ὅκκα ; ὁκότε. (*b*) Dor. ὁκόταν. (*c*) Poët. ἐπειή. (*d*) Dor. αἰ, d'où, αἰ μή (pour εἰ μή), αἴτε (pour εἴτε).

Conjonctions sans régime ou particules.

Particules interrogatives.

ἦ; ἧκε; ἆρα; ἤγαρ; .... Est-ce que? μὴ; μῶν; οὐ γάρ; οὐ δήπου; N'est-ce pas?
τί; τί ὅτι; ὅτι δὴ τί; ὁτιὴ; ὁτιητί; ἵνα τί; διοτί; (τί παθὼν; παρὰ τί; ἀντὶ ποίου); ...... Pourquoi?
πῶς; ποθέν; (V. adverbes de lieu)......... Comment?
εἶτα; ἔπειτα; ἀλλα τί μήν.; .... Quoi donc? ensuite? πότε; πηνίκα; .... Quand?
ὡς ἄρα (*poët.* ainsi); ὅσον; ὅσου; (devant un verbe exprimant le prix)........ Combien?
ἀλλ'ὅτι ἤ; .... Quelle autre chose que?

Particules négatives.

μὴ, οὐ (*a*) (Voy. l'emploi de μὴ et οὐ, p. 92)......... Non, ne pas.
(οὐ fait οὐκ devant une voyelle, et οὐχ devant une voyelle aspirée).
οὐ γάρ οὖν, οὐ μὲν οὖν, οὐ μὲν δή; οὔκουν, οὐ δήπου, οὐδῆτα, οὐδαμῶς, etc......... Point du tout.
οὐκ ἔτι—οὐκέτι......... Non plus. ἀλλ'οὐκ'ἄν, οὐ γάρ ἂν (V. p. 92). Autrement non.

Particules affirmatives.

ναί, νή, νὴ ἀλλά, οὕτως (adverbe), εἶεν (soit : 3ᵉ personne sing. optatif de εἰμί)..... Oui.
μάλιστα, ἄλλως, ἄλλωστε, καὶ ταῦτα......... Surtout.
ἀμέλει, δηλαδὴ, δῆθεν, οὐκοῦν, οἷον δὴ, οἱόνπερ, οἷα δή, etc......... Certainement, savoir.
ἴσως et τάχα (adverbes), που, ποτέ, δῆθεν, poët. νὺ, ἄν, poët. κε, κεν......... Peut-être.

καὶ, μὲν, γὰρ, τοὶ, δὴ, γὲ, γε οὖν—γοῦν, ἄρα (*b*), μὴν (*c*), καὶ μὴν, ἦμην, ἦκεν, ἀμέλει.
δήπου, ἦπου, etc. (ces particules sont dites *explétives* lorsque l'on ne peut les traduire) .... Même, en effet.
Ces dernières particules *explétives* se mettent à la fin des mots.

γὰρ (se met à la fin d'un mot). Car. ὅτι (*d*)......... Parce que.
καὶ γάρ, ἀλλὰ γάρ, οὐ γάρ ἀλλὰ, ὅτι ἀλλὰ, δὴ μέντοι, καίτοι, αὐτάρ, etc .... Or, cependant.
ὅτι, διότι, διὸ, διόπερ, παρ'ὃ—παρὸ, ὅθεν, καί τι δὴ, καὶ δὴ, ὡς δὴ, δήπη, τοίνυν οὖν, γοῦν,
οὔκουν, ταῦτα......... C'est pourquoi.

Particules opposées dans la phrase.

μὲν....τε (après un mot)..... D'un côté. καὶ....τε......... Et, aussi, d'un autre côté.
μὲν....τε......... A la vérité. ἀλλὰ...δὲ (après un mot). δαὶ.. Mais.
μὲν....τε......... Soit que. ἢ (*e*) ἤτοι, ἦκε, ἢ γάρ ἂν.... En outre, bien plus.

Et τεκαὶ, καὶ ταῦτα, καὶ μὴν καὶ, καὶ γάρ καὶ, πρὸς δὲ, προςέτι, ἀλλ'ὅμως, πλὴν, etc....... En outre, bien plus.

τὰ μὲν, ὡς μὲν, ὅτε μὲν, ποτὲ μὲν. Tantôt. τὰ δὲ, ὡς δὲ, ὅτε δὲ, ποτὲ δὲ.. Tantôt.
ὡς δὲ......... De même que. καὶ ὥς......... Ainsi.
τάτε, ἀλλὰ......... Outre cela. καὶ......... Encore.
...δὲ, γε, καὶ, etc. εἰ, ὅπου.. Si. ἦπου......... A plus forte raison.
μήτε, οὔτε, οὔτοι, μήτι......... Ni d'un côté. μηδέ, οὐδέ......... Ni de l'autre côté, pas même.
εἰ μὴ......... Si, ne pas. γε, ἀλλάγε, ἀλλὰ γοῦν, τἄλλα δὲ, δήπερ. Du moins.
μὴ ὅτι, οὐχ ὅτι, οὐχ ὅπως, οὐ,
οὐχ οἷον, οὐχ ὅσον, οὐ μόνον. Non seulement. καὶ, ἀλλὰ, ἀλλὰ καὶ......... Mais encore.
μὴ γὰρ ὅτι, οὐ γὰρ ὅτι, etc... Non seulement ne pas. ἀλλὰ, ἀλλ' οὐδὲ......... Mais encore ne pas.

οὕτως......... De même, autant. ὡς......... Ainsi, que.
τοσοῦτον......... D'autant plus. ὅσον......... Que.
τοσούτῳ (V. les comparatifs, p. 89) : D'autant plus. ὅσῳ......... Que.
τοσούτου......... D'un prix d'autant plus grand. ὅσου......... Que.

(*a*) Att. οὐχὶ, Ion. οὐκ (pour οὐχ) devant une voyelle aspirée.
(*b*) Poët. ἄρ ou ῥα. (*c*) Dor. μάν. (*d*) Poët. ὅττι, ὅ, ττικὲ. (*e*) Poët. ἠέ.

RÉCAPITULATION *de quelques terminaisons similaires.* — Exemples :

(ἡ) δίψ α	la soif.	(τῶν) μουσ ῶν	des muses.
(τὸ) ἅρμ α	le char.	(τῶν) τελ έων-ῶν	des honneurs.
(τὰ) δένδρ α	les arbres.	τελ έων-ῶν	finissant.
σιώπ α	tais-toi.	κριν ῶν.	devant juger.
ἐσιώπ α	il se taisait.	τιμ ῶσι	ils honorent, qu'ils honorent.
κρύφ α	secrètement.	τιμ ῶσι	à ceux qui honorent.
(αἱ) μοῦσ αι	les muses.	φιλ οῦσι	ils aiment.
λοῦσ αι	avoir lavé.	φιλ οῦσι	à ceux qui aiment.
λοῦσ αι	lave-toi.	(τῇ) ὁδ ῷ	à la route.
(ἂν) λούσ αι	il eût lavé.	(ἂν) τιμ ῷ	il eût honoré (de τιμάοι).
(τῇ) τυπ ῇ	au coup.	(οἱ) λόγ οι	les discours.
κρυϐ ῇ	qu'il se soit caché.	(ἂν) λέγ οι	il dirait.
(τῇ) φύσ ει	à la nature.	οἴκ οι	à la maison, *adverbe.*
φύσ ει	il engendrera.	λαθ οῦ	cache-toi, *aoriste.*
τέλ ει	finis, (τῇ) τέλει à la fin.	φιλ οῦ	sois aimé, *présent.*
τελ εῖν	finir, *présent.*	χρυσ οῦν	d'or, *adjectif.*
κριν εῖν	devoir juger, *futur.*	χρυσ οῦν	dorer.
παθ εῖν	avoir souffert, *aoriste 2e.*	ἴσθι	sois, sache.

Liste des principales particules homonymes.

ἆρα	savoir, peut-être, (ἡ ἀρὰ la prière).	ὅ, τι	ce que, quoique ce soit, *pronom.*
ἆρα	est-ce que?	ὅτι	que, parce que, *conjonction.*
ἄσσα	(*pour* τίνα).	οὐ	ne pas, non.
ἅσσα	(*pour* ἅτινα).	οὐ	n'est-ce pas?
ἡ	la, *article féminin.*	οὗ	de soi, duquel, où? *pron. génitif.*
ἧ	sa, laquelle, celle-ci, *pron. fém.*	οὗ (*pour* ἔσο),	tu fus envoyé, tu allas.
ἦ	hé! *interjection.*	πῇ	par où? Par quel moyen? *adverbe.*
ἤ	soit, ou, que, *après un comparatif.*	πη	quoiqu'il en soit, *conj. enclitique.*
ἦ, ἦκε, ἦκεν	quoi, *quid?* ou ἦ, etc. *selon H.-Etienne.*	πόθεν	d'où? Comment.
ἦ, ἦκε, ἦκεν	certes.	ποθέν	quoiqu'il en soit, *enclitique.*
ἦ ou ἦν	il était, il dit.	ποῖ	où? (*quò*)?
ἧ ou ἧν	il envoya.	ποι	dans quelque but que ce soit, *enclitique.*
ἥν	la, *article fém., accusatif.*	πότε	quand?
ἥν	sa, laquelle, *pron. fém. accusatif.*	ποτέ	un jour, peut-être, *enclitique.*
ἦν (*pour* ἐάν),	si.	ποῦ, πόθι	où? (*ubi*)? μέχρι ποῦ jusqu'où?
ἵνα	où (*ubi*), *adverbe.*	που, ποθί	presque, *enclit.* μέχρι που à peu près.
ἵνα	afin que, *conjonction.*	πῶς	de quelle manière?
ἴσως	pareillement, *adverbe.*	πως	de quelque manière que ce soit, *enclitique.*
ἴσως	peut-être, *conjonction.*	ταὐτά (*pour* τὰ αὐτά)	les mêmes choses.
μή	ne pas, non.	ταῦτα	ces choses ci, ceci, ταῦτα c'est pourquoi.
μή	de peur que, *conjonction à régime.*	τάχα	vite, *adverbe rarement employé.*
μή	n'est-ce pas?	τάχα	peut-être, *conjonction.*
νῦν	maintenant, *adverbe.*	ὥς	comme, ainsi, *adverbe.*
νύν	donc, alors, *conjonction enclitique.*	ὡς	pour, afin de, *conjonction.*

TROISIÈME PARTIE.

DE LA SYNTAXE.

Notions générales sur la construction de la phrase grecque.

Construction antérieure des mots.

L'on met au commencement de la phrase les mots qui servent à l'unir à une phrase *précédente*.	..Ὁ μῦθος δηλοῖ ὅτι. ..Πρὸς δὲ τούτοις ἀγῶνας τιθεῖσα.	..*Cette fable* (précédente) montre quc. ..*Outre cela* établissant des jeux.

Les conjonctions placées successivement observent l'ordre suivant, savoir :

1° La particule d'union des phrases.	Ἀλλ' ὅτι οὐκ ἐποίησεν,	*Mais* parce qu'il n'a pas agi.
2° L'interrogation ou la conjonction à régime.	Τί οὐκ ἐποίησεν; Ὅτι οὐκ ἐποίησεν.	*Pourquoi* n'a-t-il pas agi ? *Parce qu*'il n'a pas agi.
3° La négation.	Οὐκ ἐποίησεν.	Il n'a *pas* agi.
L'adverbe se met d'ordinaire devant le mot qu'il modifie, rarement après.	Οὐκ εὖ ἐποίησεν.	Il n'a pas *bien* agi.
Du reste l'on met en premier les mots les plus significatifs de la phrase, et ceux sur lesquels on veut insister.	Πολλὰ δὴ καὶ καλὰ ἔργα. Ἐναντία μὲν καὶ τάδε τοῖς ἄλλοις Ἕλλησι κατέστησεν ὁ Λυκοῦργος ἐν τῇ Σπάρτῃ νόμιμα.	*Beaucoup* de belles choses. (*M. à m.*) *Contraires* en effet à ceux des autres Grecs Licurgue établit à Sparte des règlemens.

Construction postérieure des mots.

L'on rejette à la fin de la phrase les mots qui l'unissent à la *suivante*.	Ἀρξαμένη λέγειν ἀπ' αὐτῶν τῶν τεθνεώτων, οὑτωσί.	Ayant commencé à parler par les morts eux-mêmes, *ainsi :*
De même les mots qui servent à suspendre et à fixer l'attention.	(V. plus haut : Ἐναντία, etc...νόμιμα.	Contraires, etc. *règlemens*).
L'on met aussi à la fin le membre de phrase qui exprime un résultat.	Ἐὰν σύγε ἐᾷς ἄρχειν, προθυμήσομαι· εἰ δὲ μή, οὔ.	Si tu me permets de commander, *je serai content;* sinon, *non.*

Du reste l'on met à la fin les mots qui expriment une idée vague comme les *enclitiques*, les *génitifs de pronoms*, les *temps indéterminés*, le *futur*, *les* modes *optatif*, *infinitif* et *participe*, les *mots successivement énumérés.*

Construction d'attraction.

Les dérivés tendent à se réunir, Ex. τύχης τυχεῖν, μάχην μάχεσθαι.	Καὶ διαπαντὸς πᾶσαν πάντως προθυμίαν πειρᾶσθε ἔχειν.	Et tachez d'avoir une confiance *absolument tout entière.*
De même les mots de semblable terminaison, ce qui donne lieu souvent à l'*amphibologie*, surtout avec les accusatifs (V. p. 80).	Παθόντες ὑπ' αὐτῆς κακῶς ἱκανῶς, οὐκ ἐνδεῶς ἠμύνοντο. Εὐχαῖς καὶ θυσίαις ἐν τοῖς τοιοῖσδε τοῖς κρατοῦσιν αὐτῶν εὐχόμενοι.	Ayant été *assez mal*traités par elle, ils ont porté un secours suffisant. Implorant les maîtres de ceux-ci par les prières et les sacrifices usités en semblables circonstances.

Les antithèses sont très communes dans les mots et dans les idées.

Construction de liaison des phrases.

L'on met souvent en tête de la phrase, comme précaution oratoire, des conjonctions qui ne se lient point à ce qui précède.	Ἀλλὰ γὰρ ὅτι μὲν ἐν Σπάρτῃ μάλιστα πείθονται τοῖς νόμοις, ἴσμεν ἅπαντες.	Nous savons dejà tous qu'en effet à Sparte surtout ils obéissent aux lois.
Des particules sont souvent opposées sans qu'il y ait une opposition réelle dans les idées.	Ἐκγόνοι μὲν καὶ ἀδελφοί. Πολλὰ δὴ καὶ καλὰ ἔργα.	Les descendants et les frères. De nombreuses et de belles choses.

Construction elliptique.

L'on ne répète presque jamais d'autres mots que les particules καί, δέ, ἤ, et les négations.	Οὐ γὰρ γῆ γυναῖκα μεμίμηται κυήσει καὶ γεννήσει, ἀλλὰ γυνὴ γῆν.	(*M. à m.*) La terre n'a pas imité la femme dans la gestation et la génération; mais la femme la terre.
L'on n'exprime presque jamais les mots que le sens de la phrase peut suppléer.	Ἐξ ἀγορᾶς, ἢ πόθεν Μενέξενος; — Ἐξ ἀγορᾶς, ὦ Σώκρατες. — Τί μάλιστα σὺ πρὸς ἀγοράν;	D'où *viens-tu*, M.? *est-ce* de la place publique? — De la place publique, S. — *Qu'allais-tu faire* à la place publique?

CHAPITRE I. — ACCORD DES MOTS DÉCLINABLES ENTRE EUX ET AVEC D'AUTRES MOTS.

Accord des adjectifs, pronoms et participes.

Les adjectifs, etc., prennent le *genre*, le *nombre* et le *cas* de leurs substantifs.	Τέρψις ἡδεῖα. Οἱ ἄνθρωποι ἀγαθοί.	Volupté douce. Les hommes bons.
L'adjectif ne s'accorde d'ordinaire qu'avec un seul des noms placés successivement, avec le *masculin* d'abord.	Ὁ πατὴρ ἀγαθὸς καὶ ὁ υἱός. Ὁ πατὴρ ἀγαθὸς καὶ ἡ μήτηρ. (Rarement: ὁ πατὴρ καὶ ἡ μήτηρ ἀγαθοί.	Le père bon ainsi que le fils. Le père bon ainsi que la mère. Le père et la mère bons).
L'accord de l'adjectif avec le substantif a lieu, lors même que ces mots sont séparés par des phrases incidentes. Ces phrases incidentes se mettent au *nominatif*.	Κατηγόμην δὲ παρὰ κωμῳδιῶν τινι ποιητῇ, Λυσίμαχος ἐκαλεῖτο, Βοιώτιος μὲν ὡς ἐφαίνετο, τὸ γένος ἀνέκαθεν, ἀπὸ μέσης δὲ ἀξιοῦντι λέγεσθαι τῆς Ἀττικῆς.	Je logeais chez un poëte comique : (il s'appelait Lysimaque, était Béotien, comme il paraissait en remontant à l'origine), *voulant* cependant passer pour né au milieu de l'Attique.
Cet accord a lieu entre les mots séparés par des verbes neutres.	Ἐδέοντο Κύρου εἶναι προθύμου. Ἐφ' ἡμῖν ἐστι τὸ φαύλοις γίνεσθαι.	Ils priaient Cyrus d'être confiant. Il dépend de nous d'être vils.
Les pronoms réfléchis ἐμαυτή, etc., et l'attribut se mettent au cas du premier verbe.	Ἀλέξανδρος ἔφασκεν ἑαυτὸν εἶναι Δίος υἱόν.	Alexandre disait que lui-même était fils de Jupiter.
Autrement l'adjectif ou l'attribut qui se rapporte au nominatif de la phrase se met aussi au nominatif.	Ἀλέξανδρος ἔφασκεν αὐτὸς εἶναι Δίος υἱός. Σεμνύνεται τῷ γραφεὶς ἀποφυγεῖν.	Alexandre disait lui-même qu'il était fils de Jupiter. Il se glorifie d'avoir été absous.
Le conjonctif simple (dont, à qui, etc.) s'accorde avec le substantif devant un verbe actif.	Διὰ τούτων ὧν λέγω πρῶτα. Αἷς ἔχω ταῖς βίβλοις χρῶμαι.	A cause de ceux dont je parle d'abord. Je me sers des livres que j'ai.
Mais s'il y a un développement de sens et un attribut, le conjonctif se met au cas du dernier verbe, et il s'accorde avec l'attribut.	Διὰ τῆς πράξεως ἣν διανοεῖται πράττειν. Ὁ οὐρανὸς οὓς δὴ πόλους καλοῦσι. Τούτους ζητητέον οἳ εἰσιν ἀγαθοί.	A cause de l'action qu'il compte exécuter. Ce ciel qu'ils appellent les pôles. Il faut chercher ceux qui sont bons.
De même, lorsqu'il y a ellipse.	Εἰσὶν ἐν ἡμῖν ἃς ἐλπίδας ὀνομάζουσι.	Il y a en nous ce qu'ils nomment des espérances.
Les conjonctifs composés, ἥτις, ὅση, etc., suivent toujours cette dernière règle.	Ὦ τῶν ῥυτίδων ὅσας ἔχει. Τοιοῦτος γίνου οἵους ἂν εὔξαιο γενέσθαι ἄλλους.	O les rides, combien il en a ! Sois tel que tu voudrais que les autres fussent.

Ellipses de substantifs représentées par les adjectifs.

Ἔργον, *chose*, est ordinairement supprimé.	Τέρψις ἡδύ. Τὰ καλά.	Volupté chose douce. Les belles choses.
Ἄνθρωπος est souvent sous entendu.	Οἱ ἀγαθοί.	Les hommes bons.
D'autres substantifs se rapportant à des personnes sont sous entendus.	Κόριον καλλίστη (S. παρθένος). Ταῦτα γὰρ ἄπιστα ἦν φύσει (S. αἰσθήματα).	Une jeune fille la plus belle fille. Car ils (leurs sentimens) sont naturellement perfides.
Γλῶσσα ou τέχνη, etc. avec adjectifs en ικη. Δικη, γραμμή, γωνία, ὁδός avec les adjectifs εὐθεία, ὀρθή, *droite*.	Ἡ ἑλληνική. Ἡ γραμματική. Εὐθεία ou ὀρθή.	La langue grecque. La grammaire. Cause juste : ligne droite : angle droit : chemin droit (selon le sens de la phrase).
Τίμιον, génitif, n'est jamais exprimé avec les adjectifs de quantité.	Ὅσου, τοσούτου. Πολλοῦ, ὀλίγου.	Combien (que), autant. De beaucoup de valeur, de peu.
De même Μέτρον au dat. acc.	Ὅσῳ, τοσούτῳ et εἰς τοσοῦτον.	Comment (que), à un tel point.
Mais τόπος, τρόπος, χρόνος, sont quelquefois exprimés au *gén.*, etc.	Οὗ γῆς ἐστί; Πολύν (et πολὺν χρόνον).	Dans quel lieu de la terre est-il? Long-temps.
Μερίς, μοῖρα, χείρ sont rarement exprimés pour indiquer la position.	Τῇ δεξιᾷ. Ἀμφοτέραις. Ἐξ ἴσης. Διὰ κενῆς.	A droite. Des deux mains. En propre. En vain.
Ἡμέρα, ὥρα, ἡλικία, sont souvent sous-entendus.	Τῇ προτεραίᾳ, τῇ ἐπιούσῃ. Ἡ αὔριον. (αὔριον abverbe).	La veille, le jour suivant. (Le jour de) demain.
Beaucoup de substantifs sont sous-entendus lorsque le sens de la phrase ne laisse aucun doute à leur égard, surtout après des verbes actifs.	Ποτήριον ψυχροῦ (S. ὕδατος) Μέτρειν τὴν ἴσην. Βαθὺν κοιμᾶν. Τὴν ἐμὴν συνίησι (S. γνώμην).	Boisson de liquide froid. Rendre la pareille. Dormir d'un bon somme. Il partage mon sentiment.

Emploi de quelques substantifs et adjectifs.

Ἀνὴρ nominatif *sans article* s'emploie souvent *devant* des substantifs qualificatifs de personnes.	Ἀνὴρ ποιμήν. Ἀνὴρ τύραννος. Ὦ ἄνδρες ἀθηναῖοι. Ὦ ἄνδρες δικασταί.	Un pâtre. Un tyran. O Athéniens! O juges!
L'adjectif se rapportant à des subst. de personnes s'emploie souvent à la place d'adverbes.	Ἐθελοντὴς ἀπῄει, σκοταῖος. Τριταῖοι ἀφίκοντο.	Il est parti volontairement dans les ténèbres. Ils arrivèrent au bout de trois jours.
Les adjectifs neutres δῆλον, *il est* clair; δίκαιον, *il est* juste, etc., les neutres en τέον, *on doit*, etc., peuvent se mettre au cas du substantif.	Δίκαιόν ἐστιν ἡμεῖς τοῦτο ποιήσειν, ou δίκαιοί ἐσμεν τοῦτο ποιήσειν. Ἀδύνατος, δῆλος, φανερὸς, δίκαιός ἐστιν ὁ φιλόσοφος μὴ κινδυνεύειν.	Il est juste que nous fassions cela. (*M. à m.*) il est impossible, clair, juste, le philosophe ne pas s'exposer.
Ils se mettent aux divers cas du sujet.	Ἀμηχάνῳ ὅσῳ πλεῖον νικήσει.	Il est impossible de dire de combien il l'emportera.
Les attiques emploient souvent ce *neutre* au pluriel pour le singulier, devant un substantif de chose ou un infinitif.	Τιμητέον ou τιμητέα ἐστὶ τὴν ἀρετήν. Ἀδύνατά ἐστι τὸν θάνατον ἀποφυγεῖν.	On doit honorer la vertu. Il est impossible de fuir la mort.
L'emploi de l'adjectif indique la nature intime des objets.	Ἀγγεῖον χρυσοῦν (V. p. 76, le gén.).	Un vase d'or.

Accord des verbes (en personnes et nombres) *avec les mots déclinables.*

Les verbes se mettent aux mêmes personnes et nombres que le sujet de la phrase, *excepté* ci-après.	Σὺ μὲν γελᾷς, ἐγὼ δὲ κλαίω. Ὁ πατὴρ φιλεῖ. Αἱ μήτρες φιλοῦσι, εἰσί.	Tu ris, et moi je pleure. Le père aime. Les mères aiment, elles sont.
Les verbes se mettent au *singulier* avec le *pluriel neutre*.	Τὰ ζῶα τρέχει. Τὰ ἀδύνατα φαίνεται.	Les animaux courent. Ces choses paraissent impossibles.
De plus les 3es *personnes sing.* du verbe εἰμί *je suis*, se mettent *avant tous les pluriels et duels*.	Ἔστι δέκα στάδιοι. Ἔστι μήτρες. Εἰ ἔστι τούτω διττὼ τὼ βίω.	Il y a dix stades. Il y a des mères. Si ces deux vies existent.
Ἐστί et εἰσί sont souvent *sous-entendus* lorsqu'ils sont suivis d'un attribut ou déterminatif.	Αἱ ἐλπίδες τούτων ὄνειροι (S. εἰσί). Πενίαν φέρειν ἀνδρὸς σόφου.	Leurs espérances *sont* des songes. Il est d'un homme sage de supporter la misère.
De même avec certains mots.	Ὁσία. Ὥρα.	Il est justice (juste). Il est heure.
Et aussi d'autres personnes d'εἰμί.	Ἕλλην ἐγώ. Ἕλλην σύ.	Je suis Grec. Tu es Grec.
Les verbes peuvent se mettre au *singul.* avec plusieurs singuliers.	Φιλεῖ ὁ πατὴρ καὶ ὁ υἱός.	Le père aime ainsi que le fils.
Avec *des plur.* formant un tout (*a*).	Κατεσκεύασται αὐτῷ πτέρυγες.	Des ailes lui ont été préparées.
Au contraire avec un singulier collectif, on met souvent le verbe au *pluriel*.	Τὸ στρατόπεδον ἀνεχώρουν (ou ἀνεχώρει).	L'armée se retirait.
Le verbe au *duel* ne se met guère que chez les *attiques*, d'ordinaire on met le plur.	Τὼ δὲ ἠλθέτην (et aussi τὼ δὲ ἦλθον).	Tous deux vinrent.
L'attribut peut se mettre au pluriel.	Τὼ δὲ ἠλθέτην περίλυποι.	Tous deux vinrent consternés.
L'accord en *personnes* n'a pas lieu quelquefois dans les réponses, comme ci-contre, en forme de dialogue.	Λέγεις ὅτι πλούσιός εἰμι. Ἀπεκρίνατο ὅτι οὐκ ἂν δεξαίμην.	Tu dis : je suis riche (*ou* que tu es riche). Il répondit : je ne recevrai pas (*ou* qu'il ne recevrait pas).

Ellipses du sujet de la phrase.

Quelques verbes se construisent comme de véritables impersonnels.	Σαλπίζει. Δοκεῖ (sous ent. τοῦτο).	La trompette sonne. Il paraît.
L'infinitif qui suit peut être considéré comme le sujet de la phrase.	Ἔξεστί μοι (S. τὸ) ἀπιέναι.	(*M. à m.*). Le partir m'est permis.
Mais s'il s'agit d'une action de la part de personnes, on peut employer avec divers degrés de force les locutions ci-contre.	Λέγεται. Λέγουσι (S. τινες). Φαίης ἄν.	Il est dit. Ils disent. Tu dirais.

(*a*) Poëtes : ils mettent le verbe au *sing.* avec toutes sortes de pluriel.	Μελιγάρυες ὕμνοι... τέλλεται.	Il se fait entendre des sons mélodieux.

Emploi de l'article.

L'article marque souvent le sujet.	Ὁ κάματος θησαυρὸς ἐστί.	Le travail est un trésor.
Il exprime une idée générale.	Τὸ καλόν.	Le beau.
Il a une grande force devant le substantif ou l'adjectif qualificatif.	Ὁ ποιητής. Ὁ ῥήτωρ.	Le poëte, l'orateur (par excellence).
Devant les noms propres.	Ὁ Ἀλέξανδρος. Τῇ Κεῶ.	Alexandre. A l'île de Céos.
Devant les adjectifs possessifs, démonstratifs et le participe.	Ἡ ἐμὴ δόξα.	Mon opinion.
	Ὁ τις. Ὁ δεῖνα.	Un tel. Un *quidam*.
	Ἡ γενομένη δόξα.	La gloire fondée.

On ne le met pas devant ὅδε, ni devant les conjonctifs ou interrogatifs.

Le neutre τὸ se met devant l'infinitif.	Τὸ λίαν φιλεῖν τοῦ μὴ φιλεῖν ἄιτιον.	L'amour extrême cause l'indifférence.
L'article se met devant les prépositions et leurs régimes, devant les adverbes, etc.	Τὸ διά τι. Μέχρι τοῦ δεῦρο.	Le pourquoi. Jusqu'ici.
	Ὁ πέλας. Ἡ μὴ ἐμπειρία.	Le proche. L'inexpérience.
L'article a la force du pronom en français dans les phrases où il se rapporte évidemment au sujet de la phrase. (L'article évite aussi la répétition du substantif dans la même phrase. V. p. 76 : ὁ τοῦ ναύτου βίος καὶ ὁ τοῦ γεωργοῦ.)	Ἐξάκουσον ὁ Θεός.	Ecoute-moi, *mon* dieu.
	Τὰ ἐμὰ διαρπάζουσι τοῦ ἀθλίου.	Ils pillent les biens de *moi* malheureux.
	Ἀποφεύγω τὴν πατρίδα.	Je fuis *ma* patrie.
	Ἀποφεύγεις τὴν πατρίδα, etc.	Tu fuis *ta* patrie, etc.
	Τὸν φίλον παρ'ἐμοῦ πρόσειπε.	Saluez *mon* ami de ma part.
	Ὁ μῦθος δηλοῖ.	*Cette* fable montre.
	Οἱ κολακεύοντες ἀπατῶσι.	*Ceux* qui flattent trompent.
On trouve même l'article sans substantif de personne (pour οὗτος).	Ὁ δὲ εἶπε. Εἰ τὸ καὶ τὸ ἐποίησε.	Or *il* dit. S'il avait fait *ça* ou *ça*.
	Τὸν οὕτως ἀποκρίνασθαι λέγεται.	On dit qu'*il* répondit ainsi.
Le neutre τὸ (S. ἔπος) s'emploie devant toutes sortes de mots pour indiquer une citation.	Τὸ λέγω.	Le mot *je dis*.
	Τὸ γνῶθι σεαυτόν.	Le précepte *connais-toi toi-même*.

Position relative de l'article.

On peut intercaler entre l'article et son subst. tout ce qui sert à déterminer ce *substantif*.	Ὁ τὰ τῆς πόλεως πράγματα πράττων.	Celui qui gère les affaires de l'état.
	Ἡ ἐν τῷ πολέμῳ τοῖς φίλοις βοήθεια.	L'assistance envers les amis dans la guerre.
Immédiatement après le subst. on peut redoubler l'article au même cas, genre et nombre, devant les génitifs, l'adjectif ou le participe.	Ὁ ποιμὴν ὁ καλός.	Le bon pasteur.
	Γύμναζε τὴν ψυχὴν τὴν σαυτοῦ.	Exerce ton esprit.
	Πείθου τοῖς νόμοις τοῖς κειμένοις.	Obéis aux lois instituées.
On peut le transposer simplement.	Ποιμὴν ὁ καλός, (ou ὁ καλὸς ποιμήν).	
Ce que l'on fait sans le redoubler avec les noms propres et les démonstratifs.	Ἀλέξανδρος ὁ τοῦ Φιλίππου.	Alexandre le (fils) de Philippe.
	Ἀνὴρ ὁ αὐτός.	Le même homme.

Ellipses de l'article.

L'ellipse de l'article donne un sens vague.	Πτέρυγες ὥσπερ ἀετοῦ.	*Des* ailes comme *celles* d'un aigle.
C'est pourquoi on l'omet pour indiquer quelque objet, un attribut, une idée.	Κάματος θησαυρὸς ἐστί.	*Tout* travail est *un* trésor.
	Καλόν.	*Une* belle chose.
On peut l'omettre devant des mots expressifs sans changer le sens (*a*).	Μέγας βασιλεύς (ou ὁ μέγας βασιλεύς).	Le grand Roi.
L'on n'exprime souvent qu'un seul article devant un des noms successifs qu'il est le plus important de spécifier.	Μάχης γενομένης περὶ τὴν θάλασσαν.	Le combat s'étant livré près de *la* mer.
	Δι' ἀρετὴν καὶ τὴν τελευτὴν ἀντὶ τῆς τῶν ζώντων σωτηρίας ἠλλάξαντο.	A cause de la vertu et de *la* mort qu'ils ont changée contre *le* salut *des* vivans.
On ne le répète pas d'ordinaire.	Τὸν ἅγιον καὶ δίκαιον ἠρνήσασθε.	Vous avez renié le saint et le juste.
Le *gén.* τοῦ devant l'infinitif régime de noms ou d'adjectifs n'est guère exprimé qu'avec ἐστί.	Ὁ χρόνος (ἐστὶ τοῦ) λέγειν.	(Il est) le temps de lire.
	Ἄξιός (ἐστι τοῦ) μεμνῆσθαι.	(Il est) digne d'être rappelé.
Mais le dat. τῷ n'est pas exprimé.	Ἡδύς ἐστι φιλεῖν. Θαῦμα ἰδέσθαι.	(*M. à m.*) il est doux à aimer. Miracle à voir.

(*a*) On omet l'article en poésie et dans le style élevé.

Emploi des pronoms et des adjectifs pronominaux.

On n'exprime les pronoms et les adjectifs pronominaux que lorsque la clarté, la force ou l'opposition des idées l'exige absolument.	Πρὶν ἐλθεῖν ἐμέ. Γνῶθι σεαυτόν. Φιλεῖτε ἀλλήλους. Ταῦτα σὺ λέγειν τολμᾷς. Σὺ μὲν γελᾷς, ἐγὼ δὲ κλαίω.	Avant *que* j'arrivasse. Connais-*toi toi-même*. Aimez-*vous les uns les autres*. *Tu* oses dire *ces choses*. *Tu* ris, et *moi je* pleure.
Αὐτή, *soi-même*, ἑαυτῆς—αὑτῆς (v. p. 31), se met avec des verbes à toutes les personnes, avec un sens très réfléchi.	Δεῖ ἡμᾶς ἀνερέσθαι ἑαυτούς. Αὐτὸς παρεγένου.	Il faut que *nous nous* interrogions *nous-mêmes*. *Tu te* présentas *toi-même* (ou *seul*).
L'adjectif possessif (*a*) sert à insister sur l'attribution personnelle.	Οὐκ ἂν φαίης μὴ οὐκ ἐμὸς υἱὸς εἶναι.	Tu ne diras pas que tu n'es pas *mon* fils.
L'on ne répète pas les substantifs dans les phrases successives, mais on les remplace par les adjectifs démonstratifs.	Τοὺς μὲν τετελευκότας ἱκανῶς ἐπαινέσεται, τοῖς δὲ ζῶσιν εὐμενῶς παραινέσεται· ἐκγόνοις μὲν καὶ ἀδελφοῖς μιμεῖσθαι τὴν τῶνδε ἀρετὴν παρακελευόμενος.	Il louera suffisamment les morts et en fera une leçon convenable aux vivans, recommandant aux enfans et aux frères d'imiter la vertu (*de ceux-là*) des morts.
Αὕτη, nominatif, équivaut souvent à un interjection et à un pronom personnel, dans les phrases vives.	Τοῦτο δὲ τὸ φῶς. Οὗτος, τί ποιεῖς; Ὦ οὗτος Αἴαν. Νόω οὗτος.	*Voilà* le jour. *Eh toi* que fais-tu? *Eh toi*, Ajax. (*Voilà que*) je comprends.
Ὅ, *qui*, nominatif, sert à insister.	Τουτοὺς ζητητέον οἵ εἰσιν ἀγαθοί.	Il faut chercher ceux *qui* sont bons.
De même entre καὶ ou δὲ et une virgule.	Καὶ ὃς, ἀκούσας ταῦτα.	Et *lui*, ayant entendu ces paroles.

Position relative des pronoms et des adjectifs pronominaux.

L'on ajoute à la fin de la phrase un pronom nominatif à un autre pour insister.	Ὃν ζητεῖτε οὗτός εἰμι ἐγώ. Ὅδε τὴν πορφυρίδα οὑτοσί.	Je suis, *moi*, celui que vous cherchez. Eh! *l'homme* à la robe de pourpre!
Les adjectifs possessifs se mettent *après* des mots exprimant un *sentiment pour les personnes*.	Τῆς φιλίας ἕνεκα τῆς σῆς. (Ἡ ἐμὴ δόξα). — Δόξα ἡ ἐμή.	Par amitié pour toi. (*Mon opinion*), — L'opinion à mon égard.
Αὐτή, ἄλλη, ἑτέρα, et même πολλή changent de sens lorsque l'article est *devant* eux (rarement on met l'article devant les adjectifs numéraux, devant ὅλη, πᾶσα *toute*).	Ὁ ἀνὴρ αὐτός. — Ὁ αὐτὸς ἀνήρ. Ἄλλη ἡ χώρα. — Ἡ ἄλλη χώρα. Ἕτεροι. Οἱ ἕτεροι. Πολλοὶ οἱ ἄνδρες. Οἱ πολλοὶ ἄνδρες.	L'homme *même*. — *Le même* homme. *Un autre* pays. — *Le reste* du pays. *D'autres*. Les autres, ou *ceux qui restent*. *Beaucoup* de ces hommes. *La plupart* des hommes.
Τὶς, *quelque*, n'est jamais au commencement de la phrase.	Ὀλίγον τι ὀργίζεται.	Il se fache *un* peu.
Τίς; interrogatif, est toujours *avant* tout verbe et tout substantif.	Τί βουλόμενος αὐτὸν λοιδορεῖς;	*Pourquoi* volontiers le railles-tu?
Ἥ, *qui*, et οἵα, ὅση, ὁποία, se mettent *toujours en avant* de leur verbe, et de la phrase, s'il y a opposition.	Ὧν τὴν δόξαν ζηλοῖς, μιμοῦ τὰς πράξεις. Ὁποίης δ' ἐπὶ νηὸς ἀφίκου;	Imite les actions *de ceux* dont tu ambitionnes la gloire. De quel vaisseau viens-tu?
Ὅση, *devant* son substantif, signifie *aussi grande que possible*.	Ὅσον σθένος (v. p. 88, ὅση devant un superlatif).	Force *aussi grande que possible*.
Ὅσαι, au pluriel, *après* son substantif indique un nombre indéterminé.	Πάντες ὅσαι. Καὶ ἄλλοι ὅσοι. Μύρια ὅσα.	Toutes *quel qu'en soit le nombre*. Et ainsi des autres. Des milliers, etc.

Ellipses de pronoms et d'adjectifs pronominaux.

Τοιαύτη est souvent sous-entendu devant οἵα lorsqu'ils ont le même cas.	Τοῖς οἷοίστε ἡμῖν (S. τοιούτοις). Πάρεσχε οἷον βούλει (S. τοιοῦτον).	A nous tels (à des hommes tels que nous.) Montre-toi tel que tu veux.
De même αὐτή devant ἥ.	Ταῖς βίβλοις χρῶμαι αἷς καὶ σύ (S. αὐταῖς).	Je me sers des mêmes livres que toi.
Ἥ, *que*, n'est pas exprimé d'ordinaire entre le régime d'une préposition et un verbe.	Τιμηθέντες ὑπὸ τῆς πόλεως πρῶτοι ἐτέθησαν.	Honorés par la ville *qu'ils* avaient affermie les premiers.

(*a*) Poëtes, ion. : ἑή ou σφετέρα (*propria*) s'emploie pour ἐμή, *ma*, et σή, *sa*.	Προλιπὼν σφέτερόν τε δόμον. Φρεσὶν ᾗσιν.	Quittant *sa* maison. Dans *mon* cœur (*in proprio corde*).

CHAPITRE II. — RÉGIME DES NOMS, ADJECTIFS, VERBES, PRÉPOSITIONS ET ADVERBES.

Noms suivis d'un génitif.

Le *génitif* rappelle une idée d'origine ou de partie.	Ἀγγεῖον χρυσοῦ. Οἰκόνομος τῆς ἀδικίας. Ὀφθαλμὸς ἤμην τυφλῶν (Bible).	Vase (fait) d'or. Économe par injustice. J'étais l'œil des aveugles.
L'on rejette à la fin, en général, les *génitifs* de pronoms.	Ἡ φωνὴ τοῦ δεήσεώς μου. Πατρὲς ἡμῶν.	L'expression de ma prière. Nos pères.
Le *génitif* du démonstratif s'applique à la personne dont on parle.	Πατὴρ αὐτοῦ, πατὴρ αὐτῶν. Ἀποδέδωκα τὴν βίβλον αὐτοῦ.	*Son* père (de lui), *leur* père (d'eux). J'ai rendu son livre.
L'on peut renforcer l'adjectif possessif du génitif de la personne.	Ἀρχή ἐστι σὴ Καίσαρος.	L'empire est à toi, César.
Mais après l'adjectif possessif, on ne met pas les génitifs de pronoms.	Τὰ ἐμὰ διαρπάζουσι τοῦ ἀθλίου. (Le possessif équivaut à un génitif de pronom.)	(*Mot à mot*) ils pillent mes biens de (moi) malheureux.
Les *génitifs* de personnes se trouvent *après* des noms exprimant une opinion ou une action sur ces personnes.	Ἔχθρα τῶν Ῥωμαίων. Πόθος υἱοῦ. Βίᾳ ἐμοῦ.	Haine contre les Romains. Regret (de la mort) d'un fils. Par violence envers moi (malgré moi).
L'infinitif se construit au génitif, comme un substantif.	Χρόνος ἐστὶ τοῦ λέγειν. Τὸ λίαν φιλεῖν τοῦ μὴ φιλεῖν αἴτιον.	Il est temps de parler. L'amour extrême cause l'indifférence.

Ellipses de noms devant des génitifs, représentées souvent par l'article.

L'emploi de l'article empêche la répétition du même mot.	Ὁ τοῦ ναύτου βίος καὶ ὁ τοῦ γεωργοῦ.	La vie du matelot et celle du laboureur.
Ellipses des noms qui indiquent la *parenté* : elles ont lieu entre deux noms de personnes.	Ἀλέξανδρος ὁ Φιλίππου (S. υἱός). Ἀριμένης τοῦ Ξέρξου (S. ἀδελφός). Μαρία ἡ τοῦ Ἰακώβου (S. μήτηρ).	Alexandre (fils) de Philippe. Arimènes (frère) de Xercès. Marie (mère) de Jacques.
Même sans être précédées du nom propre.	Ὁ δὲ Μαίας τῆς Ἄτλαντος.	Et moi, fils de Maïa la fille de l'Atlas.
Ellipses d'un nom de chose devant un nom de personne au génitif.	Τὰ τῶν φίλων ἐστί κοινά (S. χρήματα). Τὰ τοῦ Ἡροδότου (S. συγγράμματα). Τὸ τοῦ Σόλωνος. Τὸ τοῦ μύθου (S. ἔπος). Ἐν ταῖς Διονύσου (S. ἑορτασιμοῖς).	Les (biens) des amis sont communs. Les (écrits) d'Hérodote. Le (mot) de Solon. Suivant la fable. Dans les (fêtes) de Bacchus.
Ellipses du *lieu* après des prépositions.	Εἰς ᾅδου (S. δόμον). Ἐν διδασκάλου.	Vers la demeure des enfers. Chez le maître.
Ellipse de μοῖρα, *partie*, avec des verbes actifs.	Ἐσύλησε τῆς Κελτικῆς (S. μοῖραν). Πίνειν ὕδατος. — (Πίνειν ὕδωρ).	Il saccagea (partie) de la Gaule. Boire de l'eau. — (Boire l'eau).
Ellipse de εἷς, *un;* τινές, τινά, *quelques*.	Ὁ Πλάτων ἦν τῶν σοφῶν (S. εἷς). Ἐστὶ τῶν αἰσχρῶν (S. τινά).	Platon était (un) des sages. Il est des choses honteuses.
Les *Attiques*, dans les tournures ci-contre, rejettent comme *génitifs* le substantif que les autres grecs mettent au cas de l'adjectif.	Οἱ σπουδαῖοι τῶν γόνεων. Ἡ πλείστη τῆς στρατίας (ou ἡ πλείστη στρατία). Ὁ ἥμισυς τοῦ χρόνου (ou ὁ ἥμισυς χρόνος).	Les parens soigneux. La plus grande partie de l'armée. La moitié du temps.
Παῖδες, avec génit. pluriel, ne se traduit pas.	Οἱ παῖδες ἰατρῶν.	Les médecins (de père en fils).
En répétant on omet souvent le *génitif*.	Οἱ παῖδες (S. ἰατρῶν).	Les médecins.

Noms suivis d'un datif.

Le *datif* marque *destination;* il se met surtout après des noms venant de verbes qui gouvernent le datif.	Βοήθεια τοῖς φίλοις. Ἡ τοῦ Θεοῦ δόσις ὑμῖν. Γεφύρας ζευγνύει, διάβασιν τῷ στρατῷ.	L'assistance envers les amis. Le don de Dieu à vous. Il jette des ponts, passage pour l'armée.
Le *datif* se met aussi pour le génitif de personnes.	Αἰτία ἡμῖν τῆς πολιτείας ταύτης. Πατρὲς ἡμῖν.	La cause de ce gouvernement à nous. Nos pères.
L'infinitif se construit après un subtantif (par suite de l'ellipse de l'adjectif δεινόν).	Θαῦμα ἰδέσθαι (S. δεινόν). Ἔργον πειθῆναι (S. δεινόν)	Miracle (remarquable) à voir. Chose (difficile) à croire.

Noms suivis d'un accusatif.

Les *accusatifs* τὸ ὄνομα (de nom), τὸ γένος (de naissance), τὴν πατρίδα (de patrie), suivent les noms propres.	Σωκράτης τοὔνομα. Σύρος τὴν πατρίδα, τὸ γένος.	Socrate de nom (nommé Socrate). Syrien de nation, de naissance.

Régime des adjectifs.

Les adjectifs composés d'une prépos. gouvernent le cas de la prépos.	Μέτοχος τούτων (μετὰ *gén.*). Σύμφωνος τοῖς ἄλλοις (σὺν *dat.*).	Lié avec ceux-ci. S'accordant avec tous les autres.

Adjectifs construits avec le génitif.

La plupart des adjectifs qui en français sont suivis par *de*.	Ἄθλιος, ἄξιος, δεινός, διψαλέος, ἐνδεής, πλήρης.... τῆς δόξης.	Malheureux, digne, capable, altéré, manquant, plein.... *de* gloire.
Les adjectifs qui marquent participation (*faire partie de*).	Εἰδώς, ἐμπείρος, κοινωνὸς.... τούτων.	Connaisseur, habile, participant.... *dans* ces choses-ci.
Les composés de α privatif, les adj. en ικός (excepté les dérivés de verbes et de primitifs, qui veulent le datif).	Ἄγευστος τῆς εὐδαιμονίας. Τῶν ἀγαθῶν ἀνόνητον ποιῆσαί τινα. Ποριστικὸς τούτων.	Qui ne peut jouir du bonheur. Faire quelqu'un privé de ses biens. Qui pourvoit à ces choses-ci.
Tous ces adjectifs se construisent devant l'infinitif.	Ἄξιος μέμνησθαι.	Digne d'être rappelé.
On forme, sur des adjectifs régissant toutes sortes de cas, des adverbes de manière qui veulent aussi le *gén*.	Βουλεύεσθε ἀξίως τῆς πόλεως. Ὡς πρέπον ὑμῶν (ou ὑμῖν).	Délibérez dignement pour la ville. Aussi convenablement que possible pour vous.

Adjectifs construits avec le datif.

La plupart des adjectifs qui en français sont suivis par *à*.	Βαρύς, ἐναντίος, ἡδύς, ὅμοιος, ὁμοιότατός ... τινι.	Insupportable, contraire, agréable, semblable, très semblable... *à* quelqu'un.
Lors même qu'ils prennent α privatif.	Ἀνόμοιός τινι.	Non semblable *à* quelqu'un.
Les dérivés de verbes voulant *le datif*.	Ἀκολουθητικὸς ἐλευθερίᾳ (V. p. 83).	Porté à suivre la liberté.
ὁ αὐτὸς semblable *à*.	Οἱ αὐτοὶ ὄντες ἐκείνοις γένει.	Étant semblables à ceux-là par la naissance.
ὁ αὐτός, ἴσος, ὅμοιο, se rapportant à des choses, devant des noms de personnes, présentent une sorte d'ellipse.	Ὁ αὐτὸς χρόνος Ἡρακλεῖ. Τὰ αὐτὰ, ἴσον πάσχω σοι. Τὰ ἴσα καὶ ὅμοια τοῖς ἡμῖν (ou πρὸς τοὺς ἡμᾶς V. p. 84).	Le même temps que celui d'Hercule. Je souffre de même que toi. Les mêmes choses absolument, les mêmes que les nôtres.
Ἐχθρος, φίλος, ont aussi le *génitif*.	Ἐχθρος, φίλος τινί (ou τινός).	Ennemi, ami de quelqu'un.
Tous ces adj. se mettent devant l'infin. *actif ou passif* (avec même sens).	Ἡδὺς ἰδεῖν ou ἰδέσθαι.	Agréable à voir *ou* à être vu.
Ces infinitifs ont leur véritable sens avec des adj. pris activement.	Ῥᾷστοι θεραπεύειν τε καὶ θεραπεύεσθαι.	Très disposés à servir et aussi à être servis.
On met l'attribut suivant au *datif*.	Ῥᾴδιον γενέσθαι αἰτίῳ.	Il est facile d'être cause.

Adjectifs construits avec un accusatif.

Les adjectifs suivis d'un *attribut* quelconque se construisent avec cet attribut à l'accusatif.	Γυμνὸς τὸ σῶμα. Πρῶτος τὴν σοφίαν. Ἀγαθὸς τὸν πόλεμον. Τοσοῦτος τὴν ἡλικίαν.	Nu de corps. Le premier en sagesse. Brave à la guerre. Tel en jeunesse (si jeune).
Même lorsqu'ils ont déjà un autre cas.	Δεινὸς τὴν δόξην (ou τῆς δόξης).	Capable de gloire.

Adjectifs superlatifs et comparatifs construits avec le génitif.

Les superlatifs et comparatifs se construisent aussi avec des prépositions (V. p. 84) et avec des conjonctions (V. p. 88).	Ἐλλογιμώτατος ou σφόδρα ἐλλόγιμος τῶν ῥητόρων. Ἐλλογιμώτερος τῶν ῥητόρων. Εὐσέβει μᾶλλόν σου.	Le plus éloquent des orateurs. Plus éloquent que les orateurs. Il est plus pieux que vous.
Pour deux personnes on met le *comparatif*.	Ἐλλογιμώτερος τοῖν ῥητόροιν.	Le plus éloquent des deux orateurs.
Lorsque l'on compare un objet à lui-même on met également le superlatif et le comparatif.	Ἐλλογιμώτατος (ou ἐλλογιμώτερος) ἑαυτοῦ ἐγένετο. Ἑαυτοῦ τάχιστα ou θᾶσσον ἔδραν.	Il a été le plus éloquent possible, (ou il s'est surpassé en éloquence). Il s'est surpassé à la course.
Compar. entre objets différens.	Σοφία μείζων ἀνθρώπου.	Trop grande sagesse pour un homme.
Κρείττων *au dessus de*.	Κρείττων ὀργῆς, λόγου.	Au dessus de (n'écoutant point) la colère, le raisonnement.
Les adjectifs pronominaux ἄλλος et ἕτερος, les numéraux en ασιος, expriment une comparaison.	Ἕτερα τούτων. Ἡ γῆ ἀντιδίδωσι πολλαπλάσια ὧν ἔλαβε.	D'autres choses que celles-ci. La terre rend le multiple des choses qu'elle a reçues.

Régime des verbes.

Les verbes composés d'une préposition gouvernent le nom, si la préposition n'a qu'un sens d'adverbe.	Ἐγκαλέω σε. Συνάγειν τοὺς ἀδελφούς. Ἀποφεύγω τὴν πατρίδα.	Je t'appelle *en dedans*. Mettre *ensemble* (réconcilier) les frères. Je fuis ma patrie *au loin*.

Autrement c'est la préposition qui régit (V. pag. 65).

Verbes construits avec l'accusatif (régime direct).

Beaucoup de verbes n'ont qu'un régime direct à l'accusatif.	Φιλέω τινά.	J'aime quelqu'un.
Λανθάνω, *je suis inconnu à*, veut l'accusatif.	Λανθάνω τινά.	Je suis inconnu à quelqu'un.
D'après l'analogie des adjectifs construits avec l'accusatif, les verbes *neutres* et *passifs* mettent l'attribut qualificatif à l'accusatif.	Αἱ πηγαὶ ῥέουσι γάλα. Ἀπέχει δέκα σταδίους. Πλήττεσθαι τὴν κεφαλήν. Ὁ δῆμος ἀγγέλεται τὴν νίκην.	Les fontaines coulent du lait. Il est distant de dix stades. Etre frappé à la tête. Le peuple est instruit de la victoire.
Démonstratifs neut. avec les impersonnels.	Μέλει μοι τοῦτο.	Il m'importe quant à ceci.

Les verbes suivans, exprimant une *action directe sur les personnes*, veulent deux accusatifs, savoir, celui de la personne et celui de la chose. Ex. : Αἱρέω τινά τοῦτο. Je convaincs quelqu'un de ceci.

Verbes marquant — *enseignement :* Διδάσκω (veut aussi le *datif* de la personne), παιδεύω, νουτεθέω, *j'avertis...de.*
— *Action de vêtir* ou *de dépouiller :* Δύνω, ἐκδύνω, etc., — *action de cacher :* Κρύπτω (V. λανθάνω plus haut).
— *Action de nuire, d'accuser,* etc. : Αἰτέω, γράφω, ἀδικέω, ἀντιδικέω, — νικάω, *je vaincs... en.*
— *Acquittement de devoir, cession :* Ἀφοσιόω, *je m'acquitte envers.. de.,* χωρέω, *je cède... à.*
— *Action de faire faire :* Ἀναγκάζω, πείθω, δράω, ἐργάζομαι, ῥέζω, ποτίζω autres verbes en ίζω.

Ajoutez les verbes ποιέω, πράττω, *je traite*, ἀγορεύω, εἴρω, λέγω, *je dis de*, construits avec des adjectifs neutres ou des adverbes.	Οἷα ἐποίησά τινα. Εὖ πράττειν τινά. Τοιαῦτα, καλὰ λέγω τινά.	Tout ce que j'ai fait à quelqu'un. Traiter bien quelqu'un. Je dis ces choses-là, de belles choses de quelqu'un.

Verbes construits avec le datif de la personne (régime indirect).

Les verbes qui, avec l'accusatif de la chose, marquent *destination à des personnes*, veulent ce régime de personnes au *datif.*	Ἀπειλῶ κίνδυνόν τινι. Τῷ δήμῳ λέγειν. Πέμπειν τῇ πόλι. Αὐτοῖς τόνδε πλοῦν ἔστειλε.	(*Mot à mot*) je menace un danger à quelqu'un. Parler au peuple. Envoyer à la ville. Il a entrepris ce voyage pour eux.
Les impersonnels n'ont que ce cas.	Διαφέρει, ἔχει τινί.	Il importe, il convient à quelqu'un.

(Excepté μέλει μοι τοῦτο, voy. plus haut).

Il en est de même de certains verbes dont l'action ne peut guère s'adresser qu'à des personnes, *savoir :*

Verbes marquant — *aide :* Ἀρήγω* βοηθέω, τιμωρέω, ὠφελέω*, — ἀρεσκω*, *je plais.*
— *Action de servir, de suivre :* Διακονέω*, δουλεύω, ὑπηρητέω, — ἀκολουθέω, ἕπομαι.
— *Action de supplier, d'adorer :* Εὔχομαι, λατρεύω*, προσκυνέω, — εὐχαριστέω, *je remercie.*
— *Conversation, fréquentation ·* Λαλέω, ὁμιλέω, — *confiance :* Εἴκω, πείθομαι, πιστεύω.
— *Mécontentement, irritation contre :* Ἀγανακτέω, ὀργίζομαι, χαλεπαίνω, — *contestation :* Μάχομαι, πολεμέω.
— *Opposition :* Ἀντιάω, ἀντιβαίνω et autres composés de ἀντί: χωρέω.

Les verbes marqués d'une astérisque (*) gouvernent aussi l'accusatif.	Ἀρέσκω τινί (ou τινά).	Je plais à (*ou* je charme) quelqu'un.

Verbes avec régimes complémentaires (*de prépositions sous-entendues*).

L'on peut exprimer la préposition avec certains verbes.	Εἴργεσθαι τῆς ou ἐκ τῆς πόλεως. Χαίρειν ἀγαθοῖς ou ἐπ' ἀγαθοῖς.	Etre écarté de la ville. Se réjouir de ses biens.
Nullement avec d'autres verbes.	Μέμνησθαι τούτου.	Se souvenir de ceci.
Distinguez μοῖρα s.-ent. avec quelques verbes actifs.	Ἐσύλησε τῆς Κελτικῆς.	Il ravagea partie de la Gaule.
Quelques verbes ont un sens actif avec l'accusatif, et un sens neutre avec un génitif.	Ἁγνεύειν τινά.—Ἁγνεύειν τούτου. Κρίνειν τινά. —Κρίνειν τούτου.	Corriger quelqu'un. — Se corriger de ceci. Juger quelqu'un.—Connaître de ceci. T.d.B.

Mais un bien plus grand nombre de verbes, construits avec l'accusatif ou le génitif, ne changent pas de sens.

L'accusatif représente mieux l'action.	Ἀκούειν τινός ou τινά.	Entendre de quelqu'un ou quelqu'un.

Régime complémentaire au génitif.

Les verbes marqués d'une astérisque (*), veulent aussi l'accusatif, sans changer de sens.

Verbes marquant — *obtention :*	Κυρέω, * λαμβάνω, λαγχάνω, τυγχάνω et φθάνω.
— *Possession :*	* Ἔχω, εὖ ἥκω, γεμέω, ἐμφοροῦμαι, κοινωνέω, κληρονομέω, κρίνω.
— *Jouissance, soin :*	* Λαύω et mieux * ἀπολαύω, * ὄναμαι, κήδομαι et μελετάω.
— *Cessation, privation :*	Λήγω et παύω (ἐκ), δέομαι et χράομαι (παρά), χρήζω.
— *Mépris, pardon :*	Ἀμέλλω, ὀλιγωρέω, οὐφρονέω et καταφρονέω, φείδομαι.
— *Eloignement, séparation :*	Ἁγνεύω, ἁμαρτάνω, διαφέρω, χωρίζομαι. — *Dépendance :* Γίνομαι et εἰμί.
— *Tentative :*	Ἄρχομαι (ἀπὸ) et πειράω, ἔχομαι, στοχάζομαι.
— *Desir, action de l'esprit :*	Ἐπιθυμέω et ὀρέγομαι, * θαυμαζω, αἰσθάνομαι, μνάομαι, λανθάνομαι.
— *Action des sens :*	Ἅπτομαι et ψαύω, ὀσφραίνομαι, γεύομαι, ἀκούω et ἀκροάομαι, * εἴδομαι, ἐμπνέω.
— *Prééminence :*	Ἄρχω, κρατέω, ἡγεμονεύω, δυναστεύω, κυριεύω, δεσπόζω, βασιλεύω, ἀριστεύω.
— *Composés de comparatifs :*	Πλεονεκτέω et προτερέω, μειονεκτέω et ὑστερέω, ἐλαττόω, ἡττάομαι (S. ὑπὸ).

Dans les verbes suivans, le régime *génitif* s'applique surtout à des personnes (S. παρά, πρὸς, gén.).

Αἰτέω, δέομαι, *je demande à.*	Ἀκούω, μανθάνω, πυνθάνομαι.	*J'apprends de.*
*Ἐροτάω, *j'interroge sur.*	Λαμβάνω, *je reçois de.*	Ἐλπίζω, *j'espère de.*
Verbes composés de κατά, signifiant *accuser de, condamner à* (rég. de κατά).	Καταγινώσκω τινὸς τὴν κακίαν. Καταψηφίζεσθαί τινος θάνατον.	J'accuse quelqu'un de méchanceté. Condamner quelqu'un à mort.
* Ἀφαιρέω offre le rég. complémentaire à tous les cas.	Ἀφαιρέω τινός, τινὶ (ou τινά) τοῦτο.	J'enlève à quelqu'un cela.

Dans les verbes ci-après, le régime *génitif* s'applique à des noms de choses seulement :

Verbes marquant — *délivrance :*	Λύω (et ἀπολύω, ἀπαλλάσσω, etc., composés d'ἀπό).
— *Eloignement, privation :*	Εἴργω, κωλύω, νοσφιέω, στερέω.
— *Prix, évaluation :*	Ἄγω, ποιέω, etc. ; ἐπαινέω, εὐδαιμονίζω, μακαρίζω, θαυμάζω.
— *Accusation :*	Αἰτιάομαι, γραφοῦμαι.

* Κατηγορέω, * συγγινώσκω, συγχαίρω, se trouvent souvent avec le génitif de la chose.	Κατηγορέω τινὸς τούτων ou ταῦτα. Συγγινώσκω τινὶ τούτων ou ταῦτα. Συγχαίρω τινὶ τούτων (S. περί).	J'accuse quelqu'un de ces choses. Je pardonne à quelqu'un ces choses. Je félicite quelqu'un de ces choses.
Δεῖ, μέλει, μεταμέλει, et autres impersonnels, se construisent avec un régime complémentaire.	Δεῖ τινι (S. περὶ) τούτων. Μέλει τινὶ (S. περὶ) τούτων. Μεταμέλει τινὶ τούτων (S. περὶ).	Quelqu'un a besoin de ces choses. Quelqu'un s'inquiète de ces choses. Quelqu'un se repent de ces choses.
Les verbes *remplir de*, n'ont pas de prép.	Ἀναπίμπλημί τινα εὐεργεσιῶν.	Je comble quelqu'un de bienfaits.

Régime complémentaire au datif (S. ἐπὶ).

Quelques verbes réfléchis, construits avec *de* en français, prennent le *datif.*	Ἀρκέω et ἀρκέομαι, ἀγάλλομαι et βρενθύομαι, ἥδομαι et χαίρω, σεμνύνομαι, χράομαι.	Je me contente *de*, je m'enorgueillis *de*, je me réjouis *de*, je m'honore *de*, je me sers *de*.

Ἀγάζομαι, *j'admire ;* ἄχθομαι, *j'ai peine à ;* gouvernent le génitif, le datif, ou l'accusatif.

Régime complémentaire du verbe passif, au génitif.

L'on exprime *de qui*, *par qui* vient l'action, au moyen du *génitif* souvent précédé de ἀπό, ἐκ, παρά, πρός, ὑπό (V. le sens de ces prépositions, p. 81).	Ἐκ φύσεως δοθείς. Πρὸς ἑνὸς ἄρχεσθαι. Ὑπὸ φόβου εἰλόμενος.	Donné par (de) la nature. Etre gouverné par (d'après) un seul. Saisi par la crainte.

Régime complémentaire du verbe passif, au datif.

Par, exprimant un sens de durée, se rend par ὑπό et le datif.	Ὑπὸ σατράπαις διοίκονται.	Il sont administrés par des satrapes.
Par, exprimant aussi l'action faite *pour* les personnes, se rend par le *datif* sans préposition.	Τοῦτο ἐπράττετο αὐτοῖς. Φιλεῖσθαί τινι. Καλῶς λέλεκταί σοι.	Ceci était fait *par* (et *pour*) eux. Etre aimé par quelqu'un. Il est bien dit *par* (et *pour*) vous.
L'on met aussi le *datif* après les participes en τέα, τά.	Ταῦτα ποιητέον ἐμοί.	(*Mot à mot*) il faut à moi faire ces choses.

N. B. Ce régime complémentaire des participes en τέα se met à l'accusatif (voy. page suivante), s'il y a déjà un régime indirect au *datif*.

Accusatif de construction.

L'*infinitif* veut son sujet immédiat à l'accusatif (*excepté*, 1° si le sujet se rapporte au nominatif de la phrase (V. pag. 72, Ἀλέξανδρος ἔφασκεν αὐτὸς εἶναι, etc.); 2° s'il est régi par un 1er verbe : Ἐδέοντο Κύρου εἶναι, etc.).	Πρὶν Φίλιππον ἐλθεῖν. Ἐν τῷ αὐτὸν σπείρειν. Τὸ ἁμαρτάνειν τοὺς ἀνθρώπους οὐ θαυμαστόν. Τὸν βουλόμενον εὐδαιμονεῖν σωφροσύνην ἀσκητέον.	Avant que Philippe arrivât. Pendant qu'il semait. Que les hommes se trompent, cela n'est pas étonnant. (*Mot à mot*) à celui qui veut être heureux, il faut cultiver sagesse.
Les *participes* en τέα qui ont déjà un régime indirect au datif, mettent leur régime complémentaire à l'accusatif.	Βοηθητέον τοὺς ἐῤῥωμένους τοῖς ἀδίοις.	Il faut que les forts secourent les faibles.

Construction des verbes et de leurs régimes.

Les accusatifs appartenant à des verbes différens se construisent d'ordinaire près de leurs verbes respectifs, ce qui prémunit contre l'amphibologie (voy. plus haut τὸν βουλόμενον, etc.).	Τὸ τῷ σώματι πονοῦντα ὠφελεῖν τοὺς συνόντας εὐδοξότερον ἐποίησεν, ἢ τὸ δαπανῶντας.	(*Mot à mot*) il fit chose plus glorieuse d'aider, en travaillant de son corps, ses concitoyens, plutôt que *d'aider* les dépensans, *ou* il attacha plus de gloire, etc.
De même pour les régimes des prépositions et des verbes.	Οἰόμενοι τὴν μὲν κατὰ θαλάτταν ἀρχὴν γένεσιν εἶναι δημοκρατίας.	Pensant que l'empire de la mer était le moyen d'arriver à la démocratie.
De plusieurs verbes, celui d'où résulte l'action des autres, régit seul le substantif.	Ὧν χρὴ ἀεὶ μέμνησθαί τε καὶ ἐπαινεῖν (ἐπαινεῖν voudrait l'accusatif).	Dont il faut toujours se souvenir et *qu'*il faut louer.
Le conjonctif régime entre deux verbes se met au cas de celui des verbes qui ne veut pas l'accusatif.	Μέμνημαι ὧν ἔπραξα. Ἐλευθερώσαντες οἷς ἐβοήθουν.	Je me souviens des choses que j'ai faites. Délivrant ceux qu'ils secouraient.
Après un substantif on peut ajouter un adjectif démonstratif au cas du dernier verbe.	Ἔχει τὴν πόλιν καὶ κρατεῖ, ou καὶ κρατεῖ αὐτῆς.	Il s'est emparé de la ville et *la* gouverne.
Les adjectifs conjonctifs composés et leurs substantifs suivent les cas de leurs verbes respectifs (v. p. 93, ὅτι).	Γῆν ὁπόση ἐστὶ οὐκ οἶδε. Οἶδά σε ὅ, τι βούλει.	(*Mot à mot*) il ne sait pas la terre, combien elle est grande. (*Mot à mot*) je sais toi, ce que tu veux.
Avec des verbes impersonnels, le régime se met également au cas du verbe ou au génitif voulu par le comparatif neutre.	Ἔστι δὲ αὐτοῖς οὐχ ἧσσον ὑμῖν (ou οὐχ ἧσσον ὑμῶν). Κάλλιον εὖ ποιεῖν φίλους (ὀθνείων) ou ἢ ὀθνείους.	Il appartient à eux non moins qu'à vous. Il est plus beau d'obliger ses amis que des étrangers.

Ellipses de verbes.

Les Grecs ne répètent pas le verbe dans les phrases placées successivement.	Οὐδὲ τούτους ἀποφηνόμενος μετοικοῦντας ἐν τῇ χώρᾳ, ἄλλοθεν σφῶν ἡκόντων, ἀλλ' αὐτόχθονας, καὶ ζῶντας· καὶ τρεφομένους....	*Ayant fait voir* qu'ils n'avaient point émigré en ce pays, venant eux-mêmes d'autre part; mais qu'ils étaient autochthones, habitant réellement leur patrie où ils vivaient; que de plus, ils étaient nourris....
L'on ne répète pas même le verbe qui change de personne en français, comme dans les phrases ci-contre.	Τούτους φιλέω ὅσον καὶ σύ. Αὐταῖς βίβλοις χρῶμαι αἷς καὶ σύ.	Je les aime autant que *tu les aimes.* Je me sers des mêmes livres *dont tu te sers.*

Ellipses de régimes.

Lorsque le sens de la phrase indique suffisamment la nature du régime, on le sous-entend, surtout dans les récits rapides.	Ἄγειν, εἰσβάλλειν (S. στρατίαν). Πρὶν Φίλιππον λαβεῖν (S. τὴν πόλιν). Κατέβη μάλα σεμνῶς· ἀναστὰς δ' εὐθὺς ἐγώ.	Faire une expédition. Avant que Philippe prît *la ville.* Il descendit gravement *de la tribune;* moi ayant monté aussitôt.
L'on ne répète pas l'attribut, quoiqu'il change de cas réellement.	Τῶν μὲν λόγων ἔφη κύριος αὐτὸς εἶναι, τῶν δὲ πραξέων τὴν τύχην.	Il dit qu'il était bien le maître de ses paroles, mais que la fortune était *la maîtresse* des événemens.

Régime des prépositions.

Prépositions marquant la cause et la manière (par, avec, pendant).

1° Prépositions avec le génitif marquant en général *départ.*

Ἀπό, *de, par,* indique une *origine éloignée* et partant l'*éloignement.*	Ἀπὸ σπουδῆς, ἀπὸ νυκτός. Ἔκτος ἀπό σου.	Par suite de zèle, de la nuit. Le sixième après vous.
Il indique même *cessation.*	Ἀπὸ καιροῦ.	Hors (loin) de propos.
Ἐκ, *de, par,* marque une *origine directe et rapprochée.*	Ἐκ σπουδῆς, ἐκ νυκτός.	Par zèle, dès la nuit.
Aussi marque-t-il la *sortie.*	Ἐκ παίδων.	Au sortir de l'enfance.
Ἀπό, indiquant *éloignement, distance,* et ἐκ, marquant *sortie, départ,* sont presque toujours unis à des verbes.	Οὐκ ἀπεσχόμην τοῦ λέγειν. Ἐκ τούτου ἀπέβη. Ἐκστὰς τῶν πραγμάτων.	Je ne pouvais m'empêcher de parler. Il arriva de cela. Qui se tient hors des affaires.
Διά, *durant,* marque *action continue.*	Διὰ σπουδῆς, διὰ νυκτός.	Par un zèle soutenu, durant la nuit.
Κατά, *dès,* — *action immédiate.*	Κατὰ σπουδῆς, κατὰ νυκτός.	D'après un zèle subit, dès la nuit.
Μετά, *avec,* — *dépendance.*	Μετὰ σπουδῆς, μετὰ νυκτός.	Avec zèle, avec la nuit.
Παρά, *de,* — *origine exclusive.*	Παρ' αὐτῶν ἄρχων γίνεται.	Le chef est pris de chez eux seuls.
D'où il a un sens d'*exclusion.*	Παρὰ τοῦ μετρίου.	Hors mesure.
Πρός, *d'après,* marque *conformité.*	Πρὸς σπουδῆς, πρὸς νυκτός.	D'après le zèle, d'après la nuit.
Ὑπό, *par,* indique une *cause supérieure, très influente.*	Ὑπὸ τῶν δικαστῶν ἐκπεσεῖν. Ὑπὸ φοβοῦ ἀνάλωτος. Ὑπὸ σπουδῆς, ὑπὸ νυκτός.	Être exilé par les juges. Inaccessible à (par) la crainte. Par zèle, sous l'influence de la nuit.
Et même l'*éloignement de cette cause.*	Ὑπὸ τῶν τραυμάτων θεραπεύεσθαι.	Être guéri de ses blessures.

2° Prépositions avec le datif marquant *fixité.*

Ἐν, *dans,* marque *possession, action individuelle.*	Ἐν μαχαίρᾳ πατάσσειν. Ἐν σπουδῇ, ἐν νυκτί.	Frapper avec *son* épée. Par *son* zèle, dans la nuit.
Ἐπί, *dépendant de.*	Ἐπὶ τραύματι σπασμός.	Le spasme dépendant d'une blessure.
Σύν, *avec,* indique une *coopération puissante* (voy. plus haut μετά).	Σὺν Ἀθήνῃ ἐνίκησε. Σὺν σπουδῇ, σὺν νυκτί.	Il a vaincu avec Minerve. A l'aide de zèle, à l'aide de la nuit.
Ὑπό, *par,* marque, de plus que ὑπό, gén., le *séjour* et la *durée.*	Ὑπὸ κιθάρῃ ψάλλειν. Ὑπὸ νυκτί.	Chanter au son de la lyre. Durant l'influence de la nuit.

3° Prépositions avec l'accusatif indiquant surtout *activité.*

Ἀνά, *avec, pendant: action soutenue.*	Ἀνὰ σπουδὴν, ἀνὰ νυκτά.	En redoublant de zèle, durant la nuit.
Διά, *par le moyen de,* indique une *action plus rapide que* διά, gén.	Διὰ τοὺς Θεούς. Διὰ σπουδὴν, διὰ νυκτά.	Par le moyen des Dieux. Au moyen d'un zèle vif, de la nuit.
Κατά, *suivant,* marque une *action suivie.*	Κατὰ σπουδὴν, κατὰ νυκτά.	Suivant son zèle, suivant la nuit.
Παρά, *par le seul moyen de,* exprime une *idée exclusive, bornée.*	Παντὸς μᾶλλον παρὰ τοῦτο.	Par ce moyen plus que par tout autre.
Et même *exclusion, exception.*	Παρὰ νόμους.	Au-delà des lois (non compris les lois).
Πρός, *à l'instigation de,* marque plutôt *direction* que πρός, gén.	Πρὸς σπουδὴν, πρὸς νυκτά. Πρὸς ὀρθὴν. Πρὸς αὐλόν.	Dirigé par le zèle, par la nuit. Perpendiculairement. Au son de la flûte.

Constructions avec des adjectifs au singulier neutre.

Ἀπό, ἐκ, διά, περί et πρός gén.	Ἀπὸ, etc., τοῦ βελτιστοῦ, τοῦ φανεροῦ.	Mieux, ouvertement.
Ἀπό avec sens négatif (v. plus haut).	Ἀπὸ εἰκότος.	Hors du vraisemblable.
Κατά, acc. (V. p. 86, παρὰ τοσοῦτον).	Κατὰ τὸ βελτιστὸν, τὸ φανερὸν.	Mieux, ouvertement.
Παρά, acc., περί, gén., se mettent après les *verbes* qui marquent le *prix, l'estime.*	Παρὰ τοσοῦτον ou περὶ τοσούτου ἔχειν, ἄγειν, λαβεῖν, etc. τινα.	Estimer quelqu'un autant qu'il est possible.
Et même παρά ou περὶ παντός, παρά ou περὶ πάντων, *par dessus tout,* après les verbes *vouloir, aimer, honorer.*	Παρὰ ou περὶ παντὸς φιλεῖν. Παρὰ ou περὶ πάντων σε τίω.	Aimer par dessus tout. Je l'honore par dessus tout.

Prépositions marquant le motif (pour) *sans mouvement.*

1° Prépositions avec le génitif.

Ἀμφί et περί, *à l'égard de,* expriment un *intérêt constant.*	Φάναι ἀμφὶ ou περὶ Θεῶν καλά.	Parler toujours bien à l'égard des Dieux.
Κατά, — un *rapport direct.*	Κατ' ἀνθρώπου τὸ ζῶον λέγεται.	L'animal se dit *de* l'homme.
Ἀντί, — *en échange de.*	Ἀντὶ μικρῶν οἴδασι χάριν.	Ils sont reconnaissans pour bien peu.
Πρό, — *au devant de.*	Πρὸ τῶν ἰδίων μάχεται.	Il combat devant (pour les) siens.
Πρός, — *en faveur de.*	Πρὸς ἑαυτοῦ τὸ λόγιον ἐλάμβανε.	Il interprétait l'oracle en sa faveur.
Ὑπέρ, — un *intérêt majeur.*	Ὑπὲρ ὧν ἔπραξα ἐρῶ.	Je parlerai sur ce que j'ai fait.

2° Prépositions avec le datif.

Ἀμφί, *à l'égard de,* est emphatique.	Ἀμφὶ μάχῃ τοσαῦτα εἰρήσθω.	C'est assez parler de combat.
Περί, dat., ne se met qu'après les verbes *craindre,* etc.	Ἔδεισε ou ἐφοβήθην περὶ τῇ πόλει.	Il craignit à l'égard de la ville.
Ἐπί, — *moyennant une chose convenue.*	Ἐπ' ἀγαθῷ. Ἐπὶ θανάτῳ.	Pour un bien. Sous peine de mort.
Ὑπό, — *à l'occasion de.*	Ὑπὸ τῇ ποιήσει ἐπαινεῖσθαι.	Etre loué à l'occasion de vers.

3° Prépositions avec l'accusatif.

Διά marque un *intérêt prompt.*	Διά σε γράφω.	J'écris pour toi.
Ἐπί, — *dans un but direct, futur.*	Ἐπ' ἀγαθόν. Ἐπὶ πόσον;	Pour un bien futur. Pour combien?
Κατά, — *entièrement en rapport avec.*	Τὴν κατὰ σαυτὸν ἑλοῦ.	Prends une femme d'après toi.
Πρός, *suivant,* indique *direction.*	Τὴν πρὸς σαυτὸν ἑλοῦ.	Prends une femme suivant toi.
Εἰς, *en considération de.*	Εἰς δικαιοσύνην ἐπαίνεται.	Il est loué pour sa vertu.

Prépositions marquant la situation (dans, etc.).

1° Prépositions avec le génitif (*a*). Les cinq suivantes ont un sens parfaitement déterminé :

Ἀμφί (περί rare), *aux environs de.*	Πρό, *devant, avant.*	Ἀντί, *à l'opposé de, à la place de.*
Ὑπέρ, *au dessus de* (à la place de).	Ὑπό, *au dessous de.*	

Διά, *parmi, entre,* marque *étendue.*	Διὰ χειρὸς ἔχειν τὴν πόλιν.	Avoir l'état entre les mains.
Ἐπί, *sur,* — *isolément sur un point.*	Ἐπὶ ξένης εἶναι, ἐφ' ἑαυτοῦ.	Etre en pays étranger, seul.
Κατά, *touchant,* — *contact immédiat* en bas surtout.	Κατὰ γῆς, κατὰ στήλης κάθημαι. Καθ' ὅλης τῆς Ἰουδαίας.	Je suis assis à terre, près de la colonne. Sur tous les points de la Judée.

2° Prépositions avec le datif (*b*).

Ἐν, *dans,* marque *fixité, espace limité,* et est très énergique.	Ἐν χερσὶ ἔχειν τὴν πόλιν. Εἶναι ἐν ἑαυτῷ. Τίς ἐν ὑμῖν;	Avoir la ville en sa puissance. Etre en soi (en son bon sens). Qui d'entre vous?
Ἐπί marque *dépendance.*	Εἶναι ἐφ' ἑαυτῷ.	Dépendre de soi-même.
Παρά, *dans, chez,* — *position exclusive.*	Εἶναι παρ' ἑαυτῷ. Οὐ τοίνυν παρὰ τούτοις μόνοις.	Etre à (pour) soi *seul.* Ce n'est pas chez eux seuls.
Περί, *application autour de.*	Περὶ τοῖς στέρνοις.	Autour de la poitrine.
Πρός, *près,* — *application.*	Εἶναι πρὸς ἑαυτῷ. Πρὸς τῇ πόλει.	Réfléchir en soi-même. Tenant à la ville.
Ὑπό, dat. et acc., *sous, près.*	Ὑπὸ τῇ πόλει ou τὴν πόλιν.	Sous les murs de la ville.

3° prépositions avec l'accusatif (*c*).

Κατά, *dans,* marque *action continue.*	Κατὰ χώραν ἔμενον. Καθ' ὁδόν.	Ils s'arrêtèrent dans la campagne. Le long du chemin.
Μετά, *après.*	Μετ' ὀλίγον. Μετὰ χεῖρας.	Peu après. Après (dans) les mains.
Περί, *près,* exprime une *idée vague.*	Μάχης γενομένης περὶ τὴν θάλασσαν.	Le combat s'étant livré près de la mer.

(*a*) Poët. 1° Prépositions avec le *génitif :* Κατά, *au dessous de.* Διά, parmi.

(*b*) *Id.* 2° Prépositions avec le *datif :* Ἀμφί, autour. Κατά, dans. Περί *au dessus de* (au figuré). Ἀνά, ἐν, ἐπί, sur.

(*c*) *Id.* 3° Prépositions avec l'*accus. :* Μετά, parmi, durant. Ὑπό, au dessous de.

Prépositions marquant le mouvement.

1° Prépositions avec le génitif.

Ἐπί, *vers*, *sur*, indique une *direction sur un point éloigné*.	Ἀποπλέουσι ἐπὶ τῆς Ἀττικῆς.	Ils mettent à la voile pour l'Attique.
Et même *mouvement à la surface*.	Ἐπὶ τῆς Ἀττικῆς ἐπορεύετο.	Il voyageait dans l'Attique.
Κατά, *en bas*.	Κατὰ γῆς, κατὰ τείχος ῥίπτειν.	Jetter à terre, en bas du mur.
Ὑπέρ, *par dessus*.	Πηδᾶν ὑπὲρ τάφρων.	Sauter par dessus les fossés.

2° Prépositions avec le datif (*a*).

Ἐν, *dans*, et παρά, *chez*, se mettent pour exprimer *le séjour*.	Ἦλθεν ἐν τῇ Ἑλλάδι. Ἰέναι παρὰ βασιλεῖ ἐκέλευσε.	Il vint (et s'arrêta) en Grèce. Il ordonna de se rendre chez le roi.
Ἐπί, *contre*, se redouble souvent après ses composés.	Ἐπιμάχομαι ἐπὶ πολεμίοις.	Je combats avec acharnement contre les ennemis.

3° Prépositions avec l'accusatif (*b*).

Ἀνά, *en haut*.	Ἀνὰ τὸν ποταμὸν πλέειν.	Naviguer contre le courant.
Ἐπί, *vers*, *sur*, marquant *direction sur un point*, est plus vif que ἐπί, gén.	Ἐπὶ τὴν Ἀττικὴν ἐπορεύετο.	Il se dirigeait sur l'Attique.
Εἰς, *à*, *dans*, indique le *passage d'un lieu dans un autre*, même au figuré (d'où πιστεύειν εἰς, ὀμνύναι εἰς, constructions de basse grécité).	Ἦλθεν εἰς τὴν Ἑλλάδα. Φανῆναι εἰς τὸ φῶς, εἰς δικαστάς. Καθεστάναι εἰς ἀπόνοιαν, εἰς φυγήν, ἐς ἀσφαλές, εἰς Θεούς. Εἰς οὖς λέγειν.	Il vint en Grèce. Paraître au jour, devant ses juges. Mettre au désespoir, en fuite, en sûreté, au rang des Dieux. Dire à l'oreille.
Même lorsque le verbe n'exprime pas lui-même le mouvement indiqué par le sens de la phrase.	Ἦλθεν καὶ ἔστη εἰς μέσον. Εἰς τὴν Ἑλλάδα ὑπέκκειται.	Il vint, et se tint au milieu. Il est (arrivé) en sureté en Grèce.
Εἰς et surtout πρός, *vers*, marquent la *direction*, l'*impulsion*, le *penchant*.	Καταστῆναι ἐς ou πρὸς οὖρον. Ταῦτα ἄγει εἰς ou πρὸς ἀρετήν.	Etre dans la direction du vent. Ceci conduit à la vertu.
On les mets souvent après les verbes et leurs dérivés gouvernant un régime indirect seulement (v. p. 78).	Μάχομαι εἰς ou πρὸς πολεμίους. Ἀκολουθητικὸς εἰς ou πρὸς ἐλευθερίαν (voy. p. 77, ἀκολουθητικὸς ἐλευθερίᾳ).	Je combats contre les ennemis.
Εἰς et πρός, après des verbes de mouvement sont souvent précédés ou même remplacés par ὡς, *comme*.	Πλεῖς ὡς εἰς ou ὡς πρὸς οἶκον, ou bien πλεῖς ὡς οἶκον.	Tu navigues comme si tu allais vers ta patrie.
Παρά, *près*, *chez*. Il se construit comme εἰς avec des mots qui n'expriment plus le mouvement par eux-mêmes.	Παρά σε ἔρχομαι. Παρὰ τὰ τείχη ἑστῶτες. Παρὰ τὸ ἀδικεῖν ἡ τιμωρία.	Je viens auprès de toi. Se tenant près des remparts. La punition suit de près l'injustice.
Ὑπέρ, *par dessus*, plus vif que ὑπέρ, g.	Πηδᾶν ὑπὲρ τάφρα.	Franchir les fossés.
Ἀμφί et περί, *autour*, διά, *à travers*, παρά, *au-delà*, ὑπό, *au dessous de*, font toujours partie d'un verbe (ὑπό, gén., a moins de vivacité qu'à l'acc.).	Διέρχομαι τὴν Ἑλλάδα. Περιέρχεσθαι κύκλον. Παραβαίνειν τοὺς νόμους. Ὑποδύνειν τὸν κίνδυνον.	Je vais à travers la Grèce. Parcourir son orbite. Transgresser les lois. Subir le danger.
On met ordinairement εἰς ou πρός, acc., après les verbes de mouvement composés de διά, etc. (excepté ceux composés d'ἐπί).	Ἀντιβαίνω εἰς ou πρός τινα. Διέρχομαι εἰς τὴν Ἑλλάδα. Παραβάλλειν εἰς τὰς ἡδονάς. Εἰς τὸ ὁμολογεῖν περιαχθήσῃ. Εἰσιέναι εἰς τὰς ἀρχάς.	Je résiste à quelqu'un. Je vais à travers la Grèce. Se perdre dans les plaisirs. Tu seras amené à avouer. Entrer dans les dignités.
Et même après les composés de ἐν, σύν, etc.	Ἐμβαίνειν, συνάγειν εἰς τὰς χεῖρας.	En venir aux mains.
Après les composés de ἀνά, *en haut*, de ἐπί, *vers*, l'on met εἰς ou ἐπί, accusatif.	Ἀναβαίνουσι ἐπὶ τὴν ναῦν. Τὸ ἐπιβάλλον ἐφ' ἡμᾶς μέρος.	Ils montent sur le vaisseau. La part qui nous revient.

(*a*) Poët. Prépositions avec le *datif*. — Ἐπί, κατά, vers.

(*b*) *Id.* Prépositions avec l'*accusatif*. — Μετά, vers.

Prépositions après l'article ἡ, ὁ, τό.

1° Prépositions devant des noms de personnes.

Ἀμφί, περί, *acc.*, après le pluriel οἱ.	Οἱ ἀμφὶ ou περὶ αὐτόν. Τῶν ἀμφὶ ou περὶ Πλατῶνα.	Ceux qui l'entouraient, ses amis, etc. Des disciples de Platon (*ou* de l'école de Platon, *ou* de Platon).
L'article *gén.* est s.-ent. ci-contre.	Οἱ (S. τῶν) περὶ Λυσίαν λόγοι.	Les discours de Lysias.
Παρά, πρός, *gén.*, après ἡ, ὁ, *de la part de.*	Ἡ πρὸς ou παρ' ἐμοῦ. Οἱ πρὸς ou παρ' αὐτῶν.	Celle qui vient de ma part. Leurs parens, leurs amis, etc.
D'où, par extension, l'on trouve d'autres phrases avec sens analogue.	Αἱ πρὸς ou παρ' ἐκείνων δεήσεις. Παρά ou πρός σου δοῦναι. Παρά ou πρός τινος ἔρχεσθαι.	Leurs prières. Payer de ta part. Venir de chez quelqu'un.
Παρά, πρός, *par*, interjection.	Πρὸς Θεῶν (S. ὀμνύναι).	*En présence* des Dieux, par les Dieux !
Κατά, *acc.* après ἡ, ὁ.	Ὁ καθ' ἡμᾶς.	Notre contemporain.
De même ἐπί, *gén.* κατά, *acc.*, devant des noms de personnes, marquent présence.	Ἐπ' ἐμοῦ. Κατὰ τὸν Ἡρακλέα γενόμενος. Ἐπὶ τοσούτων μαρτύρων. Πίστεις δοὺς ἐπὶ Θεῶν.	De notre âge. Né du temps d'Hercule. En présence de tant de témoins. Donnant sa parole devant les Dieux.
Ἐπί est le signe du génitif absolu devant les personnes.	Ἐπὶ ἄρχοντος Πυθοδώρου.	Pythodore étant gouverneur.
Ἐπί, *dat.* après ἡ, ὁ — *après.*	Ὁ ἐπὶ πᾶσι. (Ἄλλοι ἐπ' ἄλλοις.)	Le dernier de tous. (Les uns après les autres.)
Ἐκ, μετά, *acc.*, après ἡ, ὁ, marquent un *temps éloigné.*	Οἱ ἐξ αὐτῶν ou οἱ μετ'αὐτούς.	Leurs descendans.
Πρό après ἡ, ὁ — *avant.*	Οἱ πρὸ ὑμῶν.	Vos ancêtres.
Ἀμφί, εἰς, κατά, μετά, παρά, περί et πρός, *acc.* après l'article et les adjectifs pronominaux neutres.	Τὸ ἀμφὶ ἡμᾶς. Ὅσα πρὸς πόλιν. Τοῦτο τί πρὸς αὐτόν ;	Ce qui nous regarde. Ce qui regarde la ville. Ceci le regarde-t-il ?
Ὑπέρ, *acc.*, est opposé aux précédens.	Τὰ ὑπὲρ ἡμᾶς.	Ce qui ne nous regarde pas.

2° Prépositions devant des noms de choses.

Ἀπό, ἐκ, ἐπί, *gén.*, ἐν, πρός, *dat.*, ἀμφί, κατά, περί, *acc.*, après ἡ, ὁ.	Ὁ ἀπὸ τῶν ἀποῤῥήτων. Οἱ ἐν μαθήμασι. Οἱ κατὰ τὰ ἱερά.	Le secrétaire ou le confident. Les savans. Les prêtres.
Πρός, *gén.*, κατά et πρός, *acc.*, après le relatif et les adjectifs pronominaux neutres.	Τὸ πρὸς λόγου ou λόγον. Ὃ πρός τι. Τὰ κατ'ἔμφασιν.	Ce qui est raisonnable. Ce qui est d'accord. Les apparences.
D'où d'autres constructions de l'article avec des expressions adverbiales et même des adverbes. Remarquez l'article immédiatement devant la préposition ou l'adverbe.	Οἱ ὑπὸ χεῖρα. Ὁ οἴκοι. Τὸ παρ' ποδός. Ὁ σφόδρα. Οἱ πάλαι ἄνθρωποι ou οἱ πάλαι. Ἡ παραυτίκα πληγή. Ἡ ἄχρι ῥημάτων φιλοσοφία.	Les sujets. Le domestique. Le (temps) présent. Homme véhément. Les anciens. Le coup subit. La philosophie qui se borne aux mots.

Prépositions après des substantifs.

Κατά et περί, *acc.* forment entre deux substantifs un sens de génitif.	Τὰ κατὰ ou περὶ τὸ σῶμα γυμνάσια. Ἡ κατὰ ou περὶ τοὺς ἀριθμοὺς διατριβή.	Les exercices du corps. L'étude de l'arithmétique.
Μετά, *gén.*, placé *entre deux substantifs*, forme un *sens d'adjectif.*	Λόγος μετὰ θράσους. Βίος μετὰ δόξης.	Langage présomptueux. Vie glorieuse.
Ἐκ exprime l'*origine*, et est souvent sous-entendu.	Ἐκ Λακεδαίμονος Παυσανίας. Ἐγγύτατα αὐτῷ εἰμι γένους (S. ἐκ).	Pausanias de Lacédémone. Je suis très proche de lui de famille.

Prépositions après des comparatifs et superlatifs.

Παρά, *au-delà de*, ὑπέρ, *au dessus de*, πρός, *en comparaison de*, suivis de l'*accusatif.*	Φρονιμώτατος παρὰ τοὺς ἄλλους. Φρόνιμος σφόδρα παρὰ τοὺς ἄλλους. Φρονιμώτερος πρὸς τοὺς ἄλλους.	Le plus sage de tous. *Id.* Plus sage que les autres.
Πρός après ἴσος, ὅμοιος.	Τὰ ἴσα καὶ ὅμοια πρὸς τοὺς ἡμᾶς.	Les mêmes choses, absolument les mêmes que les nôtres.
Ἄλλος παρά, *acc.*, ἀντί, *gén.* Οὐκ ἄλλος, οὐχ ἕτερος πλήν, *gén.*	Ἄλλος παρ' ἐμέ ou ἀντ' ἐμοῦ. Οὐκ ἄλλος πλὴν ἐμοῦ.	Un autre que moi. Pas d'autre que (excepté) moi.

Prépositions après divers mots.

Κατά, **gén.**, *contre*, marque le mépris (pris au figuré).	Ῥέειν πολὺς κατά τινος. Ἡ κατὰ τῶν βαρβάρων νίκη.	Deverser l'injure *contre* quelqu'un. La victoire *contre* les barbares.
Il fait alors souvent partie du verbe.	Καταγινώσκω σου τόδε.	Je reconnais cela *contre* vous.
Ἐπί, dat., *contre*, marque *acharnement.*	Ἀργύριον κηρύττειν ἐπί τινι.	Promettre de l'argent *contre* quelqu'un.
Il fait souvent partie du verbe.	Ἀργύριον ἐπικηρύττειν τινί.	Mettre à prix la tête de quelqu'un.
Ἐν πρός, acc., *à*, après les mots qui expriment l'action de *parler.*	Ἐν τῷ δήμῳ λέγειν. Πρὸς τὸν δῆμον λέγειν.	Parler *au* (au milieu du) peuple. Parler *au* (devant le) peuple.
Πρός, acc., *entre,* après des mots marquant *un rapport entre personnes.*	Πρὸς ἡμᾶς φιλία. Πρὸς βασιλέα συνθῆκαι.	L'amitié (qui est) *entre* nous. Les traités avec le roi.
(V. p. 82 περί, *dat.*, après les verbes *craindre.*)		
Παρά, περί, πρός, acc., *en comparaison de,* après les verbes *mettre,* etc.	Παρά, περὶ ou πρὸς ἕτερον σκοπεῖν, ποιεῖν τινα.	Comparer l'un à l'autre.
Διά, πρός, **gén.**, ἐν, après les verbes εἶναι, γίνεσθαι, *être.*	Διά, πρὸς αἰτίας ou ἐν αἰτίᾳ εἶναι.	Etre en cause (ou accusé).
Ἐν après εἶναι et γίνεσθαι (avec un *datif de personne*).	Ἐν λύπῃ γίνεσθαί τινι. Ἐν καλῷ, καλλίστῳ εἶναί τινι.	Devenir fâcheux à quelqu'un. Etre bon, très bon à quelqu'un.
Διά, πρός, **gén.**, ἐν après ἄγειν, ἔχειν, κρίνειν, λαβεῖν, ποιεῖσθαι, τίθεσθαι, etc., *penser* (avec *acc. de la personne*).	Διά, πρὸς ὀργῆς ou ἐν ὀργῇ ἄγειν, ἔχειν, etc., τινά.	Penser avec colère de quelqu'un (*ou* se mettre en colère contre quelqu'un.
Ἐν, πρός, datif, ἀμφί, περί, πρός, acc., après εἶναι, γίνεσθαι, ἔχειν, *être.*	Εἶναι, etc., ἐν, πρὸς τούτῳ, ou ἀμφὶ, περὶ, πρὸς τοῦτο.	Etre dans (occupé à) ceci.
Πρός, dat., est souvent uni au verbe.	Πρόσειναι τούτῳ.	Être appliqué à ceci.
Γίνεσθαι ἀπό, cesser.	Γίνεσθαι ἐπί, *gén.*, se régler sur.	Γίνεσθαι ἐπί, *dat.*, dépendre de.
Ἥκειν πόρρω, *gén.*, être avancé en.	Ποιῆσαι ἐπί, *acc.*, faire dépendre de.	Τελεῖν εἰς, être compté parmi.
D'autres prépositions se rencontrent dans des phrases triviales en général, après les verbes ci-dessus ; telles sont : πρὸ ποδός ou πρὸ ποδῶν, ἐνποσί, *en avant ;* ἐκ ποδός ou ἐκ ποδῶν, ἐκ χειρός, *de près ;* ἐν ποσί, ἐν χερσί, κατὰ et παρὰ ποδός ou ποδά, *présentement;* περὶ ποδά, *convenablement; ἀνά,* ἐπὶ ποδά, ὑπὸ ποδάς, *à reculons ;* κατὰ ποδά, *pas à pas; ἀνά,* κατὰ χεῖρα, *sous la main.*	Γίνεσθαι ἀπὸ τῆς ὄψεως ou ἐκποδῶν. Ἐκ ποδῶν εἶναι, ἵστασθαι. Ἐκ ποδῶν ποιεῖν. Ὑπὸ λόγου, ὑπὸ πόδας ἔχειν, ἄγειν, etc. Ἐν λόγῳ, ἐν μέρει ἄγειν, ἔχειν. Πρὸ ὁδοῦ εἶναι ou γίνεσθαι. Ἔχειν φθόνον παρὰ πᾶσι. Ἄγειν ἐπὶ κέρως.	Être exilé. Être mis à mort. Mettre à mort. Faire peu de cas. Faire grand cas. Être avantageux. Être en haine auprès de tous. Appuyer sur (faire avancer) l'aile de l'armée.

Prépositions devant des mots exprimant la quantité et le temps.

Ἀμφί, εἰς, περί, ὑπό, acc., *environ*, devant des *noms de temps et de nombre.*	Ναῦς ἀμφὶ ou ἐς τετρακοσίας. Ὑπὸ τούτους τοὺς χρόνους. Ὄντι ἀμφὶ τὴν ἀναγωγήν.	*Environ* quatre cents vaisseaux. *Vers* ces temps-là. Étant *vers* le temps de son départ.
Διά, ἐπί, **gén.**, ἐν, dat., ἀνά, κατά, παρά, acc., expriment *alternative.*	Διά, ἐπὶ χρόνου ou ἐν χρόνῳ, etc. Ἀνὰ μέρος. Κατὰ πλῆθος. Παρὰ δώδεκα.	*De* temps *en* temps. *Par* partic. *En* nombre. Par douzaine.
Κατά devant divers noms.	Κατὰ πόλεις. Κατ'ἔπος.	*De* ville *en* ville. Mot à mot.
Ἀνά pris adverbialement : *séparément.*	Ἀνὰ δηνάριον ἔλαβον.	Ils prirent *séparément* (chacun) un denier.
Διά, **gén.**, παρά, acc., marquent un *intervalle de temps* d'une durée déterminée.	Δι' ἡμέρας ou παρ' ἡμέραν. Διὰ τρίτου ἔτεος.	*De* deux jours l'un. *De* trois ans *en* trois ans.
Εἰς peut se construire devant des *adverbes* de temps.	Ἐς ἀεί. Εἰς ἔπειτα. Εἰς ἅπαξ. Ἐς τρίς.	*Pour* toujours. Par la suite. *Pour* une fois. Par trois fois.
Ἄχρι, μέχρι, ἕως devant πότε, ποῦ.	Μέχρι ποῦ. Ἕως πότε;	Jusqu'où. Jusques quand?
Ἔκ τε et πρὸς δέ non suivis de régime.	Ἔκτε καὶ ὀψέ. Πρὸς δέ.	*Tôt* ou tard. *En outre.*
L'on trouve même des prépositions (εἰς, πρός, πρό) réunies à d'autres.	Ἕως εἰς ou ἕως πρὸς τὴν πόλιν. Πρὶν ἢ πρὸ ἐτῶν μυρίων.	*Jusque vers* la ville. *Bien avant* dix mille ans.
Πρό se trouve aussi sans régime.	Διὰ πρό ou περὶ πρό.	*Avant* tout.

Prépositions devant des adjectifs démonstratifs et conjonctifs marquant le temps.

Ἀπό indique le *temps écoulé*.	Ἀπὸ τούτου. Ἀφ'οὗ ἦλθεν.	*Depuis* ce temps. Depuis qu'il est venu.
Ἐν — le temps *présent*, et se construit souvent devant des pluriels.	Ἐν τούτῳ ou ἐν τούτοις. Ἐν ᾧ ou ἐν οἷς ἦλθεν.	*Dans* ce temps. *Pendant* ou *dans* le temps qu'il est venu.
Ἐπί, datif, indique *conséquence*.	Ἐπὶ τούτῳ, ἐφ'ᾧ, etc.	A ces conditions (*conséquemment*).
Πρός, datif, *en outre*, devant le démonstratif.	Πρὸς τούτῳ ou πρὸς τούτοις.	*En outre de* cela.
Ἄχρι, μέχρι, ἐπί, génitif, εἰς, *jusque*, devant le conjonctif.	Ἄχρις οὗ, ἐφ'οὗ ἦλθεν ou ἐς ὃ ἦλθεν. Εἰς τόδε τοῦ χρόνου.	*Jusqu'à* ce qu'il soit venu. *Jusqu'à* cette époque.

Πρὸς ταῦτα, *vers* ce temps-ci. Ἐπὶ τίνος ; *jusques à* quand ? (V. page précédente ἕως πότε).

Prépositions devant des adjectifs marquant la quantité.

Παρ'ὃ ou παρ' ὅσον après un verbe renferme une ellipse de δεῖ *il faut*.	Χρήσασθαι παρ'ὃ ou παρ'ὅσον.	Avoir usé *au-delà de ce qu'il faut*.
Παρὰ τοσοῦτον, παρὰ μικρόν, παρ' οὐδέν, etc., *il s'en faut peu*.	Παρ'ὀλίγον ἐνέπεσε. Παρὰ τοσοῦτον οὐκ ἐνέπεσε.	*Il s'en fallut peu* qu'il tombât. *Il s'en fallut peu* qu'il ne tombât pas.
Παρὰ πολύ, οὐ παρὰ μικρόν, etc., *il s'en faut beaucoup*.	Παρὰ πολὺ ἐνέπεσε ou οὐ παρὰ μικρὸν etc. ἐνέπεσε.	*Il s'en fallut beaucoup* qu'il tombât.
Ces adjectifs τοσοῦτον, etc., peuvent s'accorder avec leurs substantifs.	Παρ'ὀλίγας ψήφους ἠτιμώθη.	*Il s'en fallut de peu* de voix qu'il ne fût condamné.
Παρ'ὅσος est opposé à παρὰ τοσοῦτον.	Παρὰ τοσοῦτον οὐ πάσας ναῦς λαμβάνουσι παρ'ὅσας διέφθειραν.	*Peu s'en faut* qu'il ne prennent tous les vaisseaux outre ceux qu'ils ont détruits.
Παρὰ τοσοῦτον, etc., ἐλθεῖν, être *près de* ; παρὰ πολὺ ἐλθεῖν, *être loin de*, sont suivis d'un infinitif ou d'un génitif.	Παρὰ μικρὸν ἦλθεν πίπτειν. Παρὰ πολὺ ἦλθεν νίκης.	*Il fut près* de tomber. *Il fut loin* de remporter la victoire.
On trouve aussi δεῆσαι avec un infinitif, et ὀλίγου, etc., avec ou sans δέον, δεῖν.	Παρὰ μικρὸν ἐδέησε πίπτειν. Ὀλίγου ἐνέπεσε.	Il manqua (*peu s'en fallut*) de tomber. Il s'en fallut peu qu'il ne tombât.

Prépositions devant l'infinitif précédé de l'article.

L'on emploie également les substantifs et les infinitifs, mais les attiques recherchent surtout l'infinitif.	Πρὸς παραμυθίαν τοῦ πλοῦ et πρὸς τὸ παραμυθεῖσθαι τὸν πλοῦν.	Pour charmer l'ennui du voyage.
Ἕνεκα, ὑπέρ, gén., ἐπί, dat., διά, εἰς, πρός, acc., *afin que, pour*, avec des nuances différentes.	Ὑπὲρ τοῦ λαθεῖν. Οὐ γὰρ ἐπὶ τῷ δοῦλοι, ἀλλ'ἐπὶ τῷ ὅμοιοι τοῖς ἄλλοις εἶναι. Πρὸς φέρειν ἔδωκε (τό sous-ent.).	Afin de pouvoir être caché. Non pour être esclaves, mais pour être semblables aux autres. Il donna pour porter.
Ἐκ, μετά, gén., se rendent en français par *en* et le participe.	Ἐκ τοῦ ὁρᾶν γίγνεται τὸ ἐρᾶν. Μετὰ τοῦ γυμνάζεσθαι.	En voyant, il arrive que l'on aime. En s'exerçant.
Ἐν, *dans*, *pendant*.	Τὸ πλουτεῖν ἐστιν ἐν τῷ χρῆσθαι. Ἐν τῷ σπείρειν αὐτόν.	Être riche consiste à jouir. Pendant qu'il semait.
Κατά, acc., *selon que*.	Κατὰ τὸ δύνασθαι καὶ εἰδέναι.	Selon qu'ils le peuvent et le savent.
Παρά, acc., *loin de*.	Παρὰ τὸ αἰσχρόν τι ὑπομεῖναι.	Loin d'endurer la honte.
Ἀντί, gén., πρό, *au lieu de*.	Ἀντὶ τοῦ ἑτέροις πολεμεῖν.	Au lieu de combattre les étrangers.
Πρό, *plutôt que*.	Βούλομαί σε ἀπιέναι πρὸ τοῦ παρόντος ῥαθυμεῖν.	J'aime mieux le voir partir que rester oisif.
Πρός, dat., *outre que*.	Πρὸς τῷ μηδὲν ὠφελεῖν.	Outre qu'il n'est nullement utile.
Ἄνευ, *outre que*, indique restriction, lorsque le sens est suspendu.	Ὁ γὰρ πόλεμος, ἄνευ τοῦ δόξαν καλὴν ἐνεγκεῖν.	Cette guerre, outre qu'elle procurait une grande gloire.
Ἄνευ et ἔξω *sans*.	Οὐκ ἔστιν ἡδέως ζῆν ἄνευ τοῦ φρονίμως.	L'on ne peut vivre agréablement sans vivre sagement.

Ellipses de prépositions.

Cas absolus ou incidens (des participes surtout).

Le *génitif* est le cas absolu le plus usité, il indique surtout l'époque.	Ἑλόντων τῶν πολεμίων τὴν πόλιν. Συνιὴς τοῦτο, καὶ μὴ λέγοντος ἐμοῦ.	Les ennemis prenant la ville. Tu comprends cela, quoique je ne te le dise pas.
Le *datif* se rencontre rarement.	Οἷς γενομένοις.	Ces choses étant faites.
L'*accusatif singulier actif* est très usité au neutre et tout seul.	Ἐξόν, ἐνόν, παρόν, ἧκον, παρασχόν, ὕπαρχον, ἐγχοροῦν, δόξαν.	Cela étant permis, etc.
L'accus. plur. actif s'unit à ταῦτα, etc.	Δόξαντα δὴ ταῦτα.	Ces mesures étant arrêtées.
L'accusatif de tous genres précédé de ὡς forme aussi un cas absolu.	Ὡς πάντας εἰδότας. Ὥσπερ οὐ γινουμένην φιλίαν.	Tout le monde regardant. Nulle amitié n'existant.
D'où les constructions d'infinitifs avec des adverbes.	Ὀλίγου δεῖν. Ἁπλῶς εἰπεῖν. Ὅσα κἀμὲ εἰδέναι, δύνασθαι.	Peu s'en faut. Pour tout dire. Autant que je sais, que je puis.
De même des substantifs accusatifs précédés de ὡς, ὅτι, ὅσον, τῇ, etc.	Ὡς, ὅσον ou τῇ σθένος. Ὡς, ὅσον, ὅτι δυνατόν. Ἅμα ἔπος, ἅμα ἔργον. Ὁδοῦ πάρεργον.	Avec autant de force que possible. Autant que possible. Aussitôt dit, aussitôt fait. Chemin faisant.
Des génitifs et accusatifs *de temps* sont régis par διά sous-entendu, pour exprimer la *durée*.	Ὅλην τὴν νυκτά ou ὅλης τῆς νυκτός. Ἀρχὴν ou τὴν ἀρχήν. Τέλος. Πολὺν χρόνον ou πολλοῦ χρόνου ou πολλοῦ.	Pendant toute la nuit. Au commencement. A la fin. Pendant long-temps.

Génitif exprimant la partie, l'origine et le prix.

Ellipses de ἐκ, indiquant la *partie*, *l'origine*.	Αὐτὴν χειρὸς δέδεγμαι. Ἐγγύτατα αὐτῷ εἰμι γένους. Ἀγγεῖον χρυσοῦ πεποιημένον.	Je l'ai prise *par* la main. Je suis très proche à lui *de* famille. Vase fait en or.
Ellipses de ἐκ ou περί pour exprimer le *prix* (V. p. 79).	Φιλεῖ αὐτὸν τῆς ἀρετῆς. Δόξα χρημάτων οὐκ ὠνητή. Πόσου τοῦτο ἐπρίασο ;—ὅσου.	Il l'aime *pour* sa vertu. La gloire ne s'achète pas avec des richesses. Combien as-tu payé cela?—Tant.

Datif exprimant la manière, l'époque et le lieu précis.

Ellipses de ἐν très fréquentes devant des datifs exprimant la *manière*, l'*époque précise* et le *lieu*.	Μαχαίρᾳ πατάσσω. Κωλύειν ταῦτα τῷ φυλακὴν εἰπεῖν οὐχὶ τῷ τοῦ συμφέροντος ἀφεστᾶναι. Παρῆν τῇ τριτῇ ἡμέρᾳ Δωδῶνι. Ἀντιλαμβάνεσθαι τῷ νῷ.	Je frappe *avec* une épée. Il faut s'y opposer *par* des décrets en faveur du trésor et non *en* se retirant de l'administration de l'impôt. Il se présenta *le* troisième jour *à* Dodone. Ressentir *dans* son esprit.
Ellipse de ἅμα, dat., *ensemble*, pour indiquer *simultanéité d'action*.	Αὐλισάμενός τῷ στρατῷ. Πόλιν αὐτῇ ἀκροπόλει καὶ τείχεσι μετέθηκεν εἰς Μεσοποταμίαν.	Ayant campé *avec* l'armée. Il a transporté la ville, citadelle même et murs *compris*, dans la Mésopotamie.

Adverbes suivis du génitif.

Les adverbes de *temps*, *de lieu et de quantité*, peuvent se construire comme des substantif avec le génitif; quelques adjectifs neutres, comme μικρόν, ὀλίγον, etc., sont en effet à la fois substantifs et adverbes.	Παρὰ πολὺ τῆς ἀξίας. Ἐπὶ τὸ πολὺ τῆς πόλεως. Πανταχόσε γῆς διέδραμε. Ἐφεξῆς τοῦ ἑνός. Ἅπαξ, δίς, etc., ἔτους. Ὁπότε τοῦ ἔτους. Ὦ τοῦ ἀδικήματος.	De beaucoup au *dessus de* sa dignité. Bien *avant dans* la ville. Il a parcouru *toute la* terre. De suite après un autre. Une fois, deux fois, etc., *dans* l'an. A quelle époque *de* l'année. O quelle injustice!
Quelquefois il y a ellipse de *l'interjection*.	Τῆς τύχης. Τῆς ἀναιδείας.	Quel bonheur! Quelle impudence!
Dans les apostrophes vives, on met l'*accusatif* du pronom de la seconde personne.	Σὲ δή, σὲ τὴν νεύουσαν ἐς πέδον κάρα φὴς δεδρακέναι τάδε.	(*M. à m.*). Et toi, toi à la tête inclinée vers le sol, conviens-tu d'avoir fait cela.
Μά, νή, conjonctions, se construisent avec l'accusatif, comme interjections.	Ναὶ μὰ τὸ δὲ σκῆπτρον.	J'en jure par ce sceptre!

CHAPITRE III. — CONSTRUCTIONS DE CONJONCTIONS ET ADVERBES.

Constructions de particules comparatives et superlatives.

Ὅμοιος, ἄλλος, etc., suivis de καί.

Καί renferme une idée de comparaison d'objets qui se succèdent, après ἄλλος, ἴσος, etc.	Ὁμοίως καὶ πρόσθεν. Ἦ μῦθος ἄλλος καὶ ταῦτα;	De même *qu'*auparavant. Est-ce qu'il n'y a pas d'autre récit *que* cela?
	Ἐναντία γε μὲν καὶ τάδε τοῖς ἄλλοις νομίμα. Αὐταῖς βίβλοις χρῶμαι αἷς καὶ σύ.	Lois différentes de celles des autres. Je me sers des mêmes livres que toi.

Positifs suivis de ὡς et d'un substantif.

Ὡς οὐδεὶς ἄλλος, *comme nul autre*, après un positif ou un verbe.	Φρονιμός ἐστιν ὡς οὐδεὶς ἄλλος. Ποιῶ αὐτὸν περὶ ὅσου ἄλλον οὐδένα.	Il ausi prudent qu'aucun autre. Je l'estime autant que tout autre.
D'où ὡς ἄλλοθι οὐδαμοῦ.	Τιμώμενος ἐκεῖ ὡς ἄλλοθι οὐδαμοῦ.	Estimé ici plus que partout ailleurs.
Ὡς devant un *datif* par ellipse.	Μάκρα ὁδὸς ὡς γέροντι.	Chemin trop long pour un vieillard.
Souvent ὡς est sous entendu.	Οἱ βάρβαροι ὀλίγοις πολλοί.	Les barbares nombreux pour ceux qui sont en petit nombre.
Ὡς πρός, *accusatif*.	Τυφλός ἐστιν ὡς πρὸς ἐμέ.	Il est aveugle comparé à moi.
Ὡς devant un nom de nombre.	Ναῦς ὡς τεσσαράκοντα.	Comme (environ) quarante vaisseaux.

Positifs construits avec πολύ, σφόδρα, etc.

Au lieu du superlatif, on peut construire le positif avec πάνυ πολύ, σφόδρα, etc., *beaucoup*.	Πολύ ἐλλόγιμος τῶν ῥητόρων.	Le plus éloquent des orateurs.
L'on trouve ces adverbes, ainsi que μᾶλλον *plus*, avec le comparatif.	Πάνυ μεῖζον. Μᾶλλον ἑτοιμότερος.	Bien plus grand. Bien plus disposé.

Superlatifs précédés de ὡς, ὅτι, etc.

Ὡς, ὅτι, *le plus possible* (Voyez ὡς ὅτι réunis, p. 93).	Ἐγένετο ὡς ἐπιεικέστατος. Ὅτι ἐν βραχυτάτῳ.	Il est le plus indulgent possible. Dans le temps le plus court possible.
Ὅσος adjectif se met anssi avant les superlatifs *plus grand*, *plus petit*.	Ἐποίησατο ὅσην ἐλαχίστην σπουδὴν—ὅσας πλείστας διαφορὰς.	Il a mis le moins de zèle possible—les plus grands délais possibles.
Ἐν τοῖς μάλιστα suivi d'un positif, ou ἐν τοῖς avec un superlatif.	Ἐν τοῖς μάλιστα ἀγαθή, ou ἐν τοῖς βελτίστη.	(*M. à m.*). La meilleure parmi les choses qui sont les meilleures.
Ὡς, ὅπως, ὅτι, ᾗ, ὅσον, ὁμοίως, ὡς ἔνι, *devant* un adverbe superlatif.	Ὡς τάχιστα ou ὅπως, ὅτι τάχιστα. Ὡς, ὅτι πλεῖστον, ὡς ἔνι πλεῖστον.	Le plus vite possible. Le plus possible.
Ὁμοίως se met aussi *après* l'adverbe.	Πλεῖστον ὁμοίως.	*Id.*
Ὡς, *devant* un adverbe positif.	Ὡς ἑτέρως.	Tout autrement, bien autrement.
Ὅσον, devant les adverbes de temps suivans (V. p. 75, ὅσον σθένος, etc.).	Ὅσον αὐτίκα, ὅσον οὔπω, ὅσον οὐδέπω et même ὅσον οὐκ ἤδη.	Aussi vite que possible, *ou* aussi vite que jamais.

Comparatifs suivis de ἢ *et d'un substantif.*

Ἤ, *que*, est suivi d'un *nominatif* ou des prépositions παρά, etc. (V. p. 84).	Φρονιμώτερος ἢ οἱ ἄλλοι ou ἢ παρὰ τοὺς ἄλλους.	Plus prudent que les autres.
On trouve le *génitif* par ellipse d'un nominatif précédent.	Τινὲς καὶ ἐκ δεινοτέρων ἢ τοιῶνδε (V. p. 77).	(*M. à m.*) Quelques-uns et de plus capables *que les plus capables de* tels gens.
Ἢ κατά, ἢ πρός, *acc.*, *trop pour* devant un mot qui n'offre qu'un *sens de rapport*.	Σοφία μείζων ἢ κατ' ἄνθρωπον. Ἡ δόξα ἐστὶν ἐλάττων ἢ πρὸς τὸ κατόρθωμα.	*Trop* grande sagesse pour un homme. La gloire est *trop* petite *pour* le service.
L'on oppose deux comparatifs dans la locution ci-contre.	Νομίζω αὐτὸν φρονιμώτερον ἢ ἐλλογιμώτερον.	Je le crois plus prudent *qu'*éloquent.
Ἄλλος ἤ, ἕτερος ἤ, suivis d'un *nominatif*.	Ἄλλος ἢ ἐγώ.	Un autre que moi.
Τίς ἤ (S. ἄλλος).	Τίς οὖν ἐπιτήδειος ἢ σύ;	Qui donc est prêt, si ce n'est vous?

Τοσούτῳ, d'autant plus, ὅσῳ, que, etc., *suivis de comparatifs.*

Il y a presque toujours inversion.	Ὅσῳ μείζων, τοσούτῳ καλλίων ἐστί.	(*M. à m.*) qu'il est plus grand, il est d'autant plus beau.
Ὅσον se met, s'il n'est pas accompagné de comparatif.	Ὅσον ἂν ἐπαρθῇ τοσούτῳ μείζονα τὴν πτῶσιν ἐργάζεται.	(*M. à m.*) qu'il a le plus brillé, il fait une chute d'autant plus grande.
Ὅσον-τοσοῦτον se trouvent quelquefois devant des comparatifs avec lesquels ils semblent s'accorder.	Ὅσον πρὸς μείζονα ὄγκον τῆς ἀρχῆς ἀναβέβηκε οὗτος τοσοῦτον πλείονα αἰτηθήσεται λόγον.	(*M. à m.*) qu'il a occupé un rang plus élevé, il lui sera demandé un compte d'autant plus grand.
Si τοσούτῳ et son comparatif sont sous-ent., ὅσῳ se construit avec le positif.	Ὅσῳ μέγας εἶ, ταπεινοῦ σεαυτόν.	(*M. à m.*) que tu es grand, humilie-toi d'autant plus.
L'on supprime τοσούτῳ, avec le génitif de prix.	Τοῦτον περὶ ἐλάσσονος ποιοῦμαι ὅσῳπερ μεῖζον φρονεῖ.	Je l'estime d'autant moins qu'il est plus fier.
Παρὰ τοῦτο, *avec d'autant plus de motifs,* sans compar., παρ' ὅσον, *que.*	Παρὰ τοῦτο δὲ ἀπολόμενοι, παρ' ὅσον πλήθει ἐλάττονες εὑρέθησαν.	Ils succombèrent d'autant plus facilement, qu'ils se trouvèrent inférieurs en nombre.
Ταύτῃ-ᾗ, *d'un côté, de l'autre.*	Ταύτῃ πλείω ζητεῖν ἐφόδια ᾗ ἐλάσσον ὁδὸς καταλείπεται.	Préparer d'autant plus de provisions qu'il reste moins de chemin à faire.
Ἧ se met seul devant le comp. ou le positif, s'il n'y a pas un second comparatif.	Ἧ λογικὸς ou λογικώτερός ἐστι, ἐρίεται τῆς ἀρετῆς.	Plus il est raisonnable, plus il s'applique à la vertu.

Comparatifs suivis de ἢ et d'un verbe.

Le comparatif neutre *régime*, veut le dernier verbe à l'indicatif.	Πλέον ὀφείλει ἢ κέκτηται.	Il doit plus qu'il ne possède.
Ἄλλο, *autre chose,* ἐναντίον, *le contraire,* suivent la règle précédente.	Ἄλλο τί ἢ ἐρωτᾷς; Τοὐναντίον δρᾷν ἢ προσήκει.	Quelle autre chose demandes-tu? Faire le contraire de ce qu'il faut.
Ἄλλο suit aussi la règle ci-après qui veut l'infinitif.	Οὐδὲν ἄλλο μοι δοκοῦσιν ἢ ἁμαρτάνειν.	Ils ne me paraissent rien autre chose, si ce n'est qu'ils se trompent.
Le comparatif neutre *sujet*, veut les verbes suivans à l'infinitif.	Μακαριώτερόν ἐστι διδόναι ἢ λαμβάνειν.	L'on est plus heureux de donner que de recevoir.
Μᾶλλον est quelquefois ajouté au positif pour rendre le comparatif.	Μακάριόν ἐστι διδόναι μᾶλλον ἢ λαμβάνειν.	(*M. à m.*) l'on heureux de donner plutôt que de recevoir.
Μᾶλλον est même souvent retranché avec les positifs qui marquent excellence.	Ἀγαθόν, καλόν ou δίκαιόν ἐστι τὸ μὴ ζῆν ἢ ζῆν ἀθλίως.	Il est préférable de ne pas vivre, à vivre misérablement.
De même après les verbes qui expriment préférence.	Βούλομαί σε ἀπιέναι ἢ παρόντα ῥαθυμεῖν (voy. p. 86, βούλομαι.... πρό).	J'aime plutôt le voir partir que rester oisif.
Μᾶλλον est souvent sous-entendu entre deux infinitifs qui suivent un positif.	Ἕτοιμοι ἀποθνήσκειν ἐσμὲν ἢ παραβαίνειν τοὺς νόμους.	Nous sommes prêts à mourir *plutôt* que de transgresser les lois.

Comparatifs suivis de ἢ ὥστε, ἢ ὡς, etc., et d'un verbe.

Ἢ ὥστε, *trop pour*, devant un infinitif (avec un sens passif).	Δεινότερος ἢ ὥστε φέρειν.	Trop terrible pour être supporté.
De même après un positif.	Δεινὸς ἢ ὥστε φέρειν.	*Idem.*
On peut retrancher ὥστε ou ἤ.	Δεινότερος, δεινὸς ὥστε φέρειν ou ἢ φέρειν.	*Idem.*
Ἢ ὡς ἂν se met devant l'optatif.	Δεινότερος ἢ ὡς τις ἂν φέροι.	*Idem.*
Ὥστε se met après τοσοῦτον, οὕτως, devant un infinitif ou un indicatif.	Εἰς τοσοῦτον νόσου ἦλθε, ὥστε ἀποθανεῖν (rarement ἀπεθάνε).	Il vint à un tel point de maladie qu'il mourut.
Si τίς se rencontre avec εἰς τοσοῦτον, οὕτως, ou on peut remplacer ὥστε par l'adjectif ὅστις et l'indicatif.	Τίς οὕτω ῥάθυμός ἐστιν ὥστε οὐ βούλεσθαι ou ὅστις οὐ βουλήσεται;	Qui est assez lâche pour ne pas vouloir...?
Ὥστε se met aussi après le démonstratif τοιοῦτος, au lieu de οἷος.	Τοιοῦτός ἐστιν ὥστε εἰπεῖν (ou οἷος εἰπεῖν).	(*M. à m.*) il est tel qu'il dit *ou* il est capable de dire.
Οἷος est souvent seul exprimé.	Ἔστιν οἷος εἰπεῖν. Οἷον εἰκός.	Il est capable de dire. Telle est la coutume.
D'où les conjonctions οἷον, οἷόντε, οἷατε, *il est possible.*	Οἷον ἐλπίζειν τούτους.	Il leur est permis d'espérer.

Constructions de conjonctions à régime à la fin des phrases.

Les temps et les modes des verbes acquièrent à la fin des phrases une grande fixité de sens.	Ἔλεγε, λέξει ὅτι ἄγει.	Il disait, il dira qu'il agit (au moment même où l'on parle).
	Ἔλεγε, λέξει ὅτι ἦγε.	Il disait, il dira qu'il agissait (dans un temps plus ou moins éloigné).
Aussi l'on n'emploie plus à la fin des phrases certains temps les uns pour les autres, comme on le fait au commencement de la proposition.	Ἐχρῆν σε βαίνειν ὅπως ἐφαίνου. (*N. B.* ἐφαίνου imparf.)	Il eût fallu marcher pour que tu parusses ensuite.
	Τί με ἐδέχου, ὡς ἔδειξα μήποτε; (*N. B.* ἔδειξα aor.)	Pourquoi me recevais-tu? sans cela je ne me serais jamais montré.

Emploi de l'indicatif présent.

L'indicatif *présent* marque une action *actuelle*, au moment où l'on parle.	Εἰπὲ ὅπου τοῦτο ἄτιμόν ἐστι.	Dis où cela ne soit pas honoré.
	Θαυμαστὸν ποιεῖς ὃς οὐδὲν δίδως.	Tu es étrange de ne rien donner.
Cette construction est surtout particulière à ὅτι, *que*, aux conjonctions εἰ et πότερον mises pour ὅτι, ainsi qu'aux adjectifs conjonctifs.	Ὅστις εἶ, διδασκάλους ζήτει οἵ εἰσιν ἀνεπίληπτοι.	Qui que tu sois, cherche des maîtres qui soient irréprochables.
	Ἔλεγε, λέξει ἥντινα ἐλπίδα ἔχει.	Il disait, il dira quel espoir il a.
	Οὐκ ᾔδειν, οὐκ εἴσομαι εἰ ἄγει.	Je ne savais, je ne saurai pas s'il agit.

Emploi de l'indicatif parfait.

L'indicatif *parfait* affirme ou nie fortement une action *antérieure* au moment où l'on parle.	Ὁρᾶτε δὲ κἀκεῖνο, ὅτι πολλοὺς ὑμεῖς πεπολεμήκατε πολέμους.	Considérez de plus, que vous avez entrepris beaucoup de guerres.

Emploi de l'indicatif de temps indéterminés.

L'indicatif des *temps indéterminés* exprime simplement une action antérieure à l'époque où l'on parle.	Ἐβουλόμην λέγειν τὰ βέλτιστα ἵνα ἐκαθήμην ἥσυχος.	J'aurais voulu dire de meilleures choses, pour rester tranquille après.

On ne peut souvent traduire cet indicatif que par le conditionnel en français.

D'ordinaire, on construit la phrase avec des temps correspondans.	Εἴ τι εἶχεν, ἐδίδου ἄν (deux imparf.).	S'il avait quelque chose il le donnerait.
	Οὐδὲν ἐποίησα ἐφ' ᾧ ᾐσχύνθη (deux aor.).	Je n'ai rien fait dont il ait rougi.
Mais pour indiquer un résultat qui se continue après l'action, on met l'*imparfait*.	Ἐχρῆν σε βαίνειν ὅπως ἐφαίνου.	Il eût fallu marcher pour que tu parusses ensuite.

Emploi de l'indicatif futur (a).

L'indicatif *futur* indique une action qui n'est pas encore faite, un but plus ou moins éloigné.	Ἔρχομαι, ἦλθον ὅπως εἴσομαι.	Je viens, je suis venu pour savoir.
	Δέδοικα, ἐδεδοίκειν μὴ εἴσομαι.	J'ai craint, j'avais craint de savoir.
	Οὐ παύομαι πρὶν ἢ εἴσομαι.	Je ne cesse pas avant de savoir.
	Οὗτος μὲν σοφὸς ὃς πάντα νοήσει.	Celui-là est sage qui songera à tout.

Cet indicatif *futur* se met après toutes les conj. (excepté ἵνα, ἄν et ses composés) et après toutes sortes de temps.

Emploi du subjonctif (des temps passés surtout).

Le subjonctif indique un but direct.	Ἔρχομαι ὅπως εἰδῶ.	Je viens afin de savoir.

Le subjonctif ne se construit d'ordinaire qu'après des temps déterminés (ἔρχομαι ὅπως εἰδῶ).

Il se rend par le futur après les composés de ἄν (excepté après les adjectifs conjonctifs).	Ἐπειδὰν, ὅταν εἰδῶ.	Lorsque je verrai.
	Ὡς ἄν, ὁσάκις ἂν δυνῶμαι.	Comme, toutes les fois que je pourrai.
Et aussi après les *interrogatifs*, leurs correspondans *conjonctifs* et la *négation* μή.	Τί πρῶτον εἴπω σοι;	Que te dirai-je d'abord?
	Οὐκ οἶδα ὅποι τράπωμαι.	Je ne sais où je tournerai.
	Μὴ τύπτῃς.	Tu ne frapperas pas.
	Μήποτε ἄγαν εὔηθες ᾖ.	Peut-être sera-ce trop simple.

(*a*) Homère emploie souvent le futur, surtout dans les comparaisons.	Ἀργεῖοι δὲ μέγ' ἴαχον... ὡς ὅτε κινήσει Νότος ἐλθών.	Les Grecs poussèrent un grand cri, comme lorsque Notus en furie agitera....

Emploi de l'optatif (de temps passés en général).

L'optatif marque un but incertain.	Ἦλθον ὅπως εἰδείην.	Je suis venu afin que je susse.
	Ἐδεδοίκειν μὴ εἰδείην.	Je craignis de savoir.

L'optatif ne se met d'ordinaire qu'après des temps indéterminés (ἦλθον ὅπως εἰδείην).

L'optatif se met (au lieu de l'indicatif) après ὅτι, εἰ, pour rendre l'opinion d'autrui.	Ἔλεγέ μοι ὅτι ἄγοι, — ὅτι ἄξοι, — ὅτι ἤχοι. (*ici l'optatif indique les temps.*)	Il me dit qu'il agissait, qu'il agirait, qu'il avait agi.
Il exprime un souhait après εἰ, εἴθε, etc., dans des phrases incidentes.	Εἴ μοι ξυνείη μοῖρα.	Si j'avais (puissé-je avoir) le bonheur.
	Μὴ γένοιτο.	Puisse-t-il ne pas arriver.
L'optatif ne peut se traduire souvent que par l'imparfait.	Οὓς μὲν ἴδοι οἵτινες εἶεν ἠρώτα.	Ceux qu'il voyait, il demandait qui ils étaient.
Et par le futur avec ἄν.	Οὐκ ἂν φεύγοις.	Tu n'échapperas pas.

Emploi de l'infinitif.

L'infinitif exprime une idée vague, et se rattache incidemment à l'action principale (v. p. 87, ὀλίγου δεῖν).	Πρὶν ἐλθεῖν ἐμέ.	Avant que je fusse arrivé.
	Ὡς ἁπλῶς εἰπεῖν.	Pour tout dire.

Constructions elliptiques de ὅτι, εἰ.

Ὅτι se construit même après le régime des verbes.	Ἄδουσα μηνύει τὴν συμφορὰν ὅτι βοῦς ζητεῖ.	En chantant, elle découvre sa disgrâce *et dit* qu'elle cherche ses vaches.
On trouve l'ellipse du verbe après ὅτι.	Οἶδα ὅτι.	Je sais que *cela est ainsi*.
Et après ὃ devant l'impératif.	Οἶσθ' οὖν ὃ δρᾶσον (v. plus bas Εἶδ' ἄγε).	Tu sais que cela est ainsi, alors fais-le.
Εἰ n'est pas exprimé devant μή, dans les phrases interrogatives ci-contre.	Ἠρώτησε μὴ βάρεις εἰσί.	Il demanda s'ils ne sont pas incommodes.

Constructions elliptiques de ὅπως, afin que.

Ὅπως devant le futur renferme seul l'ellipse du verbe *faire en sorte*.	Ὅπως οὖν ἔσεσθε ἄξιοι.	*Faites en sorte* d'être dignes.
Ὅπως est souvent sous-entendu devant le subjonctif après les verbes *commander, exciter*.	Βούλει εἴπω σοι.	Tu veux que je te dise.
	Ἐμὲ πείθει λυμήνωμαι.	Il me persuade de nuire.
On met ὡς ou ὅπως pour ὅπως μή, s'il y a déjà la négation μή.	Ὡς ὄψεται μὴ δείσης.	Ne crains pas qu'il voie.

Constructions elliptiques de conjonctions servant d'interjections.

Εἰ, εἰγάρ, εἴθε, sont souvents sous-entendus.	Πᾶν ἀπόλοιτο γένος. Οὕτως ὄναιο.	Que toute cette race périsse! Ainsi soit-il!
Μη γάρ sans verbe.	Μὴ γὰρ δή, μὴ γάρ γε.	A Dieu ne plaise!
On trouve εἰ devant l'impératif.	Εἶδ' ἄγε.	Allons courage!

Constructions particulières de ἄν (qu'il faut bien distinguer de ἄν, *si*).

Toute proposition conditionnelle admet ἄν comme conclusion.	Εἴ τι εἶχεν ἐδίδου ἄν (ἄν rejeté ainsi à la fin, présente une réticence).	S'il avait quelque chose il le donnerait (mais il n'a rien).
Si ἄν est en premier, c'est par suite d'ellipse ou d'inversion (v. p. 92).	Οὐκ ἂν φεύγοις.	Tu n'échapperas pas.
	Τί γὰρ ἂν ἄλλο (S. εἴεν);	En effet, quelle autre chose?
Alors ἄν a souvent le sens d'une interrogation dubitative.	Ἠκούσαμεν ἄν τι κακῶς ὑμᾶς βουλευσαμένους.	Nous vous aurions entendu comploter quelque mauvais dessein (sans)!
Quelquefois ἄν est sous-ent. après γάρ, etc.	Ἦλθον γάρ (S. ἄν).	Je serais venu en effet.
Elle ne s'unit qu'aux conjonctions à régime suivantes : après les *adjectifs conjonctifs* et quelques *conjontions* au *subjonctif*.	Ὁπόσους ἂν εἰδῶ.	Quelque nombreux que je les sache.
	Ὁσάκις ἂν εἰδῶ.	Toutes les fois que je saurai.
	(Exc. ὡς ἄν qui se construit avec l'opt.).	
	Πρὶν ἂν εἰδῶ.	Avant que je sache.
Et après les *interrogatifs*, à *l'optatif*, et à *l'indic.* des temps indéterminés.	Πῶς ἂν εἰδείην;	Comment saurais-je?
	Πῶς ἂν ἐποίησας;	Comment as-tu agi?

Partout où ἄν fait exception à la règle précédente, il faut le considérer comme signifiant *peut-être* (sens qu'il a *après* l'infinitif et le participe).

	Πρὶν ἂν θάνοι.	Avant qu'il soit peut-être mort.
Ἄν donne au participe le sens du futur.	Ἐπεὶ ἔγνω οὐκ ἂν δυνάμενος (voy. l'optatif).	Lorsqu'il connut qu'il ne pourrait...

Ἄν ne se construit pas avec l'indicatif des temps déterminés, si ce n'est par inversion (v. p. suivante).

Constructions analogues de ἄν et de οὐ et μή, négations.

Ἄν et la négation οὐ se reportent souvent, surtout chez les Attiques, devant les verbes qui signifient *croire*, *dire*.	Ἀλλὰ δ' ἂν οἴομαι κίνδυνον εἶναι (ou ἀλλὰ δὲ οἴομαι κίνδυνον εἶναι ἄν).	Mais je pense qu'il y aurait peut-être danger.
	Ἆγις οὐκ ἔφη τοὺς Λακεδεμονίους ἐρωτᾶν πόσοι ἐστὶν οἱ πολέμιοι (ou Ἆγις ἔφη τοὺς Λακεδεμονίους μὴ ἐρωτᾶν....).	Agis niait que les Lacédémoniens demandassent le nombre des ennemis (*ou* Agis disait que les Lacédémoniens ne demandaient pas....).
Après d'autres temps que l'indicatif on met la négation μή.	Πιστοὺς ἡγοῦ μὴ τοὺς πᾶν ὅ, τι ἂν λέγῃς ἐπαινοῦντας (pour πιστοὺς ἡγοῦ τοὺς.... μὴ ἐπαινοῦντας).	Crois dignes de foi ceux qui ne louent pas tout ce que tu diras.
Ἄν, après γάρ, δέ, et une interrogation, présente l'ellipse de l'opt. εἶεν.	Οὐ γὰρ ἂν που.	Peut-être qu'il n'en est rien!
	Διὰ τί δ' οὐκ ἄν;	Pourquoi n'en serait-il rien?
Οὐ opposé à lui-même, renferme l'ellipse de φημί, *je dis*.	Καὶ οὐ (S. φημὶ ὅτι) ταῦτα μὲν γράφει ὁ Φίλιππος, τοῖς δ' ἔργοις οὐ ποιεῖ.	Je ne dis pas que Philippe écrit cela; mais je dis qu'il ne le fait pas.

Μὴ ὅτι, οὐχ ὅτι, etc., *non seulement* (voy. pag. 66), sont considérés comme renfermant l'ellipse des verbes λέγω, θαυμάζω, etc.

Ἄν et la négation οὐ (souvent accompagnés d'autres conjonctions) évitent la répétition d'une proposition antécédente; ἄν se met alors devant l'infinitif et après les autres temps (εἰ δὲ μή, *sinon*, ἐπεὶ δέ, *alors*, évitent aussi la répétition).	Ἐς Σάρδεις γὰρ οὐκ ἐλήλυθας ἔγνως γὰρ ἄν (S. εἰ ἐλήλυθας).	C'est que tu n'es pas venu à Sardes, car tu l'aurais connu (si tu étais venu).
	Ἐνθυμήθητε εἰ δοκῶ διαφθείρειν τοὺς νεωτέρους, ἀλλὰ μὴ προτρέπειν ἐπ' ἀρετήν, ἢ δικαίως ἂν δοῦναι δίκην. Ἀλλ' οὐκ ἂν χάριν κομίσασθαι, ὃς οὕτως ἐγκεκωμίακα τὴν πόλιν, etc.	(*M. à m.*) Réfléchissez, si je parais corrompre les jeunes gens et non les tourner à la vertu, à certainement justement punir; mais *autrement* (réfléchissez, si je ne parais pas....) à me rendre grâce pour avoir loué la ville, etc.
On met aussi κἂν εἰ, *en effet si*, pour éviter la répétition du verbe qui précède.	Πῶς δ' οὐκ ἀκουσόμεθα; κἄν, εἰ μηδενὸς ἄλλου χάριν ἀλλὰ τοῦ θαυμαστοῦ.	Comment n'écouterons-nous pas? En effet, *écoutons* si ce n'est pour autre chose, que ce soit pour ce qu'il y a d'étonnant.
Οὐ se redouble en οὐδ' εἰ, οὐδ' ἄν, et μή en μηδ' εἰ, μηδ' ἄν, pour rendre *quand même* après une négation.	Οὐκ ἔστι δυνατὸν, οὐδ' εἰ θέλοιμι ἐγώ.	(*M. à m.*) il n'est pas possible, *non* quand je le voudrais.
	Μὴ πρᾶξον τοῦτο μηδ' ἂν αὐτὸς κελεύσῃ.	Ne le fais pas, quand même il l'ordonnerait.

De même ἄν se redouble après ὥσπερ ἂν εἰ, ἆρ' ἂν εἰ.

Constructions particulières des négations.

Οὐ s'emploie pour nier fortement.	Οὐκ ἔστιν ἀγαθόν.	Il n'est pas bien.
Οὐκ s'emploie cependant devant ἄν.	Οὐκ ἂν φεύγοις.	Tu n'échapperas pas.
De même après μή, *de peur que*, et ὅτι.	Δέδοικα μὴ οὐκ ἴδω.	Je crains de ne pas voir.
Μή se met hors ces circonstances.	Ἐὰν δὲ μὴ γένηται. Μὴ τύπτε.	Si cela n'arrive pas. Ne frappe pas.
Au lieu de μή on emploie plus énergiquement οὐ μή *devant* tous les verbes, et μὴ οὐ *après* les verbes *croire*, *dire*, *savoir*.	Οὐ μὴ πάθητε μηδὲν δεινόν.	Ne souffrez rien de fâcheux.
	Οὐκ ἂν ἔξαρνος γένοιο μὴ οὐκ ἐμὸς υἱὸς εἶναι.	Tu ne nieras pas que tu n'es pas mon fils.
Οὐ et μή ne se construisent chacun qu'avec leurs propres composés dont ils sont séparés par divers mots.	Ἀπιστῶ μὴ δυνήσεσθαι μηδέν.	Je soupçonne que je ne pourrai rien.
	Οὐ δυνατὸν οὐδεπώποτε οὐδὲν τούτων πράττειν.	On ne pourra jamais rien faire d'aucune de ces choses-ci.
Les négations se détruisent, si elles se rapportent à différens verbes.	Οὐ δυνάμεθα μὴ λαλεῖν.	Nous ne pouvons nous empêcher de parler (nous parlons).
	Οὐδεὶς (S. ἐστι) ὅστις οὐ γελάσεται.	Chacun rira.
Mais dans les phrases ci-contre *à inversions*, οὐ et μή se répètent pour insister (voy. aussi plus haut οὐδ' εἰ, etc.).	Οὐ γὰρ δήπου ψεύδεται, οὐ γὰρ θέμις αὐτῷ.	Non il ne ment pas, *non* cela ne lui est pas possible.
	Μὴ καθαρῷ γὰρ καθαροῦ ἐφάπτεσθαι μὴ οὐ θεμιτὸν ἐστί.	Pour un esprit non pur, s'élever à ce qui est pur, *non* cela n'est pas possible.
Μή, qui suit d'ordinaire les verbes *contredire*, *empêcher*, est supprimé, s'il y a déjà une négation.	Ἠναντιώθην αὐτῷ μηδὲν ποιεῖν.	Je lui défendis de faire quelque chose.
	Κωλύει γὰρ οὐδέν σε δειπνεῖν.	Rien ne t'empêche de dîner.
Οὐ; οὐ γάρ; οὐ καί; οὐκ οὖν; *n'est-ce pas?* On rejete le verbe à la fin.	Οὐκ ἐγὼ ἔλεγον;	Ne disais-je pas?
	Οὐ γὰρ πάνυ σοι κατάδηλον;	Est-ce qu'il n'est pas clair pour toi?
Μή; est plus dubitatif que οὐ;	Μὴ οἴει;	Ne penses-tu pas, *ou* penses-tu?
Οὐ, suivi de γάρ, μήν, et de ἀλλά, *mais*, semble être mis pour οὐκ ἄλλα, *non d'autres choses*, et a un sens *affirmatif*.	Οὐ γὰρ ἀλλ' ἔχω κακῶς.	En effet j'éprouve ces maux.
	Οὐ μὴν ἀλλὰ καὶ ἔγω οἶμαι.	(*M. à m.*) non autrement certes je pense.

Ellipses avec des particules affirmatives ou interrogatives.

Dans les phrases très vives, il y a quelquefois ellipses de particules.	Ἦ καὶ μνημονεύσαις ἄν; Εἰ μὴ ἀδικῶ γε.	Te rappelles-tu? R. *Oui* si je ne me trompe.
	Εἴπωμεν ἢ σιγῶμεν;	Parlons-nous ou nous taisons-nous?
Γε répond à des interrogations.	Ὁρᾷς δὲ ταῦτα; Ἐγώ γε.	Vois-tu cela? Oui *je le vois*.

Position de conjonctions entre les verbes.

Ὅτι, *que*, se met surtout après les verbes qui marquent l'action de *dire*, *penser*, *savoir* et *faire savoir*.	Ὁ μῦθος δηλοῖ ὅτι ὁ κάματός ἐστι θησαυρός.	Cette fable montre que le travail est un trésor.
	Δῆλόν ἐστιν ὅτι αὐτοὶ ἁμαρτάνουσι.	Il est évident qu'ils se trompent.
ὡς ὅτι, *que…*, *le plus possible* (v. pag. 94, ὡς devant des participes).	Ἐπιγνοὺς ὡς ὅτι ἐν ἐσχάτοις εἰσίν.	Ayant su qu'ils étaient en très grand danger.
Ὅτι, *parce que*, εἰ, *si*, après les verbes indiquant une action *réfléchie*.	Αἰσχύνομαι ὅτι ταῦτα ἔπραξε.	Je suis honteux de ce qu'il a fait cela.
	Ἀγαπάω εἰ δυναίμην.	Je suis content, si je puis.
Ὅτι, *que*, εἰ et πότερον, *si*, après les verbes interrogatifs et ceux exprimant *doute*, *ignorance*, *mépris*.	Οὐκ οἶδα ὅτι, εἰ ou πότερον εὖ ἔχει (voy. pag. 91, ἠρώτησε μὴ βάρεις εἰσί).	Je ne sais pas s'il se porte bien.
Ὡς, ὅπως, ὅσον, ὁπόσον, *combien*.	Ὑπερφυῶς ὡς βούλομαι.	Il est singulier combien je desire.
Ὅσου, *combien*, devant un verbe *de prix*.	Οὐκ οἶδα ὅσου αὐτὸν ποιοῦμαι.	Je ne sais pas combien je l'estime.
Ὅσῳ πλεῖον…, *de combien*.	Ἀμηχάνῳ δὴ ὅσῳ πλεῖον νικήσει.	On ne peut dire de combien il l'emportera.
Ἕως, *jusqu'à ce que*, après les verbes *attendre*, *s'avancer*.	Περιέμενον ἕως ἀφίκοιτο.	J'attendais jusqu'à ce qu'il vînt.
Ὅπως, *afin que*, *de manière que*, se met surtout après les verbes *vouloir*, *commander*, *exciter*, *avoir soin*.	Βούλει ὅπως εἴπω σοι.	Tu veux que je te dise.
	Μελέτω ὅπως φεύγηται.	Que l'on ait soin d'éviter.
Il forme un sens remarquable avec les verbes εἶναι et ἔχειν (v. plus bas ἔστιν ὅτι).	Οὐκ ἔχοντες ὅπως θάψωσι.	N'ayant pas ce qu'il faut pour ensevelir.
	Οὐκ ἔσθ' ὅπως οὐκ ἐξελῶ.	L'embarras n'est pas de ne pas le chasser.
Ὅπως μή, μή, *de peur que*, se trouve après les verbes *craindre*, *prendre garde*, *éviter*, *empêcher*, *défendre*.	Δέδοικα μὴ οὐκ ἔχω.	Je crains de ne pas avoir.
	Ὅρα μὴ ἐκπέσῃς.	Prends garde de tomber.
	Τοῦτο ἐκώλυσε μὴ ἀπέλθοιεν.	Ceci les empêcha de s'en aller.

Ellipses des conjonctions ὅτι *et* πότερον *remplacées par les adjectifs conjonctifs.*

Ὅς renferme l'ellipse de ὅτι οὗτος.	Ὅς ἐστι ἐδήλουν.	(*M. à m.*) Il montrait qui il est.
	Ἴσμεν γὰρ οἳ κατεσκεύασαν τοῦτο.	Car nous savons qu'ils avaient préparé cela.
Οἷος équivaut à ὅτι τοιοῦτος, etc.	Οἷός ἐστι ἐδήλουν.	Il montrait qu'il est capable.
	Ἐμακάριζον αὐτήν, οἵων τέκνων ἐκύρησε.	Ils la félicitaient d'avoir de tels enfans.
Τίς et autres interrogatifs ou leurs conjonctifs sont pour πότερον et un autre mot.	Οὐκ οἶδα τί πράττομεν.	(*M. à m.*) je ne sais, que faisons-nous?
	Οὐκ οἶδα ὅποι τράπωμαι.	Je ne sais ou nous tournerons.
	Ἐρωτῶσι πόσοι ἐστί.	Ils demandent combien ils sont.
Au lieu d'un infinitif après ἄξιος, on peut ajouter ὅς avec l'*opt.* ou le *futur*.	Ἀξία ἐστὶν ᾗ χαρισαίμην ou ᾗ χαρίσομαι.	Elle est digne que je l'oblige.

Constructions de ὡς, οὕτως, ὅτε, *etc., après les impersonnels* ἐστί *et* ἔχει.

Des adverbes composés du conjonctif ὅς se mettent *après* la 3ᵉ personne ἐστί, ἔχει.	Ἔχει οὕτως, ἔστιν οὕτως, ἔστι δέ.	Il en est ainsi.
	Ἔστιν ὡς, ἔστιν ὅπως, ἔχει ὅπως, ἔστιν ὅτι.	Il peut se faire.

On trouve encore avec ἐστί : ἔστιν ὅτε (ἐνίοτε), quelquefois; ἔστιν ὅπῃ, de temps en temps; ἔστιν ὅπου; quand enfin?
Et l'adjectif conjonctif lui-même : ἔστιν ὅς, quelqu'un; ἔστιν ou εἰσὶν οἳ et οἵτινες, quelques uns; l'*infinitif* τὸ νῦν εἶναι, maintenant.

Adverbes devant quelques verbes.

Εὖ, *bien*, est souvent devant εἰδέναι, ἥκειν.	Εὖ ἴσθι. Εὖ ἥκω τῶν χρημάτων.	Sache bien. Je possède des richesses.
Εὖ, καλῶς, *bien*, κακῶς, *mal*, après les verbes πράττειν, etc., *faire*, λέγειν, etc., *dire du bien*, etc. (v. ces verbes, p. 78).	Εὖ πράττειν τινά.	Faire du bien à quelqu'un.
	Κακῶς λέγειν τινά.	Parler mal de quelqu'un.
	Καλῶς πράττειν (sans régime).	Réussir.
Ces mêmes adverbes devant des verbes à sens neutre, comme ἔχειν, γίνεσθαι, φέρεσθαι etc., *être…. disposé*.	Εὖ ἔχειν, γίνεσθαι, etc.	Être bien disposé (de corps et d'esprit).
	Κακῶς φέρεσθαι.	(*M. à m.*) se mal porter.
	Καθὼς εὖ ἢ κακῶς διάκειται.	Selon qu'il est bien ou mal disposé.

Adverbes de manière entre ἔχειν *et* πρός.

Ἔχειν et πάσχειν, πρός se rapportant à un sujet de personne, signifie, être…, porté pour.	Ἔχω εὐνοϊκῶς πρός σε.	(*M. à m.*) je suis avec bienveillance porté pour toi.
	Ἔχω ἀκρατῶς πρὸς τὰς ἡδονάς.	Je suis porté irrésistiblement aux plaisirs.
De même χρῆσθαι avec un *datif*.	Αὐτῷ κέχρημαι ἐπιεικῶς.	J'ai été indulgent pour lui.
Ἔχειν… πρός se rapportant à un sujet de choses, signifie *concerner*.	Ὅδε ὁ λόγος ἔχει μάλιστα πρὸς σέ.	Ce discours vous concerne surtout.

CHAPITRE IV. — CONSTRUCTIONS DES VERBES ENTRE EUX.

Le futur, même antérieur, succède naturellement au présent.	Φράζε καὶ πεπράξεται.	Parle, et l'on aura déjà exécuté ou l'on exécutera à l'instant.
L'aoriste dont le sens est achevé (parfait) par une gradation naturelle, se met après l'imparfait et même le plusque-parfait.	Πορευόμενοι ἐπλανῶντο, καὶ ἀφίκοντο εἰς τὸ στράτευμα.	En voyageant ils *erraient* et *parvinrent* au camp.
	Εἰ γὰρ ἡ εἰρήνη ἐγεγόνει τίνα ἐλύπησεν ἄν;	Si la paix eût été faite, qui aurait-elle affligé?
Les divers modes de chaque temps présentent aussi ces nuances de gradation de temps.	Ἐπειδὰν ἅπαντα ἀκούσητε κρίνατε (aoriste), καὶ μὴ πρότερον προλαμβάνετε (présent).	Dès que vous aurez entendu toutes ces choses, jugez aussitôt, mais d'abord ne préjugez rien.
Du reste l'on met aux mêmes modes et temps les verbes qui rentrent dans les mêmes constructions.	Οὓς μὲν ἴδοι, οἵτινες εἶεν ἠρώτα καὶ ἐπεὶ πύθοιτο, ἐπῄνει (*N. B.* ἴδοι et πύθοιτο, aor.; ἠρώτα et ἐπῄνει, imparf.).	Ceux qu'il voyait, il demandait qui ils étaient, et, lorsqu'il le savait, il les louait.

Verbes suivis d'un autre verbe à l'infinitif.

L'infinitif se met après les impersonnels, après ἐλπίζω, *j'espère*; μέλλω, ὀφείλω, *je dois*; et tout verbe présentant une idée générale, vague.	Δεῖ ἐμοὶ λέγειν.	(*M. à m.*) il faut à moi dire.
	Ἐλπίζω λέγειν.	J'espère dire.
	Φαίνεται ἀφικέσθαι (voy. pag. 95 φαίνεται ἀφικόμενος).	Il paraît être parti.
Δεῖ est souvent sous-entendu devant l'infinitif dans les phrases générales.	Πίστιν ἐν πᾶσι φυλάσσειν.	*Il faut* garder la foi en tout.
De même λέγω, *je dis*, dans les narrations.	Ἐγὼ δὲ ταῦτα παρακελεύομαι ὑμῖν· αὐτὸς γὰρ εἰδέναι τὰ βελτίω.	(*M. à m.*) Je vous recommande ces choses, car moi savoir ce qui est le meilleur.
L'infinitif χαίρειν, *bonjour*, renferme une ellipse.	Τὸν Ἴωνα, χαίρειν (S. βούλομαι).	Bonjour, Ion.
Après μέλλω, ὀφείλω, *je dois*, on ne répète pas à l'infinitif le verbe déjà exprimé.	Τὰς μὲν ἐπόρθουν, τὰς δὲ ἔμελλον πόλεις (S. πορθήσειν).	Ils pillaient ces villes, et ils devaient *piller* les autres.
L'infinitif du futur se met souvent après les verbes *espérer, devoir*, etc., ce qui est encore plus vague.	Ἐλπίζω δυνήσεσθαι.	J'espère que je pourrai.
	Οἴονται ἀναμαχήσεσθαι ἄν.	Ils pensent qu'ils combattront de nouveau peut-être.
A la place de la conjonction ὅτι, *que*, on peut mettre l'infinitif.	Ὁ μῦθος δηλοῖ τὸν κάματον εἶναι θησαυρόν.	Cette fable montre que le travail est un trésor.
Au lieu de ἕως, ἵνα, ὅπως, μή, on met l'infinitif des *temps passés*.	Ἦλθον ἰδεῖν.	Je suis venu voir.
	Ἐμὲ πείθει λυμήνασθαι.	Il me persuade de nuire.

(Exceptez après les verbes faire en sorte, avoir soin, prendre garde, qui ne prennent guère l'infinitif).

Verbes suivis d'un participe régime.

Participe accusatif après les verbes qui marquent l'action de *faire faire*, *faire souvenir*, etc., souvent après les verbes *entendre*, *comprendre*.	Παύσατε τὸν ἄνδρα ὑβρίζοντα.	Faites cesser cet homme d'être insolent.
	Διαμνημονεύουσι τὸν Κῦρον ἔχοντα....	Ils rappellent que Cyrus a...
	Ποιῶ τὸν ἥρωα λέγοντα.	Je fais parler ce héros.
Mais s'il y a un autre participe, on met l'infinitif.	Ἀλγεῖν ποιοῦσι τοὺς ἀκούοντας.	Ils font souffrir leurs auditeurs.
On met toujours le participe après les verbes *voir*, etc., et leurs composés.	Ὁράω αὐτοὺς ἐπιβαίνοντας.	Je les vois s'avancer.
	Ἐμαυτῷ σύνοιδα λυπήσαντί τινα.	J'ai senti que j'offensais quelqu'un.
On le met après les impersonnels à sens très réfléchi.	Οὐκ αὐτῷ μεταμέλει σιγήσαντι.	Il ne se repent pas de s'être tu.
	Εἰ αὐτοῖς ἡδομένοις καὶ βουλομένοις ἐστί.	S'il leur est loisible de se plaire et de vouloir.
Avec les pron. réfléchis, le participe se met quelquefois au nominatif.	Οὐ σύνοιδα ἐμαυτῷ σόφος ὤν.	Je ne me regarde pas comme sage.

Verbes avec un participe à cas absolu précédé de ὡς.

Γινώσκω, ἐλπίζω, etc., se trouvent construits avec ὡς et un cas absolu *génitif* ou *accusatif* (voy. p. 87) dans un sens futur.	Οὕτω γινώσκετε ὡς οὐδὲ παυσομένου ἐμοῦ.	Sachez bien ceci, savoir que je ne cesserai pas.
	Ἤλπιζον ὡς καὶ συνελθοῦσαν ἂν ταχέως δύναμιν.	Ils espéraient ceci, savoir, que ces forces se réuniraient promptement.
Le participe reste au *nominatif*, s'il se rapporte au nominatif de la phrase.	Εἰ διηγοίμην ὡς τινος αὐτὰ εἰπόντος ἀκηκοώς.	Si j'expliquais comme quoi j'ai entendu cela même de quelqu'un.

Emploi du participe en général.

Le participe indique une *action inséparable de celle du verbe auquel il est joint*, comme le prouvent les constructions de εἰμί.	Οὐ σιωπήσας ἔσῃ ;	Tu ne te tairas donc pas?
	Χάρις χάριν ἐστὶν ἡ τίκτουσα ἀεί.	Un bienfait amène toujours un bienfait.
	Καὶ ὁ λύσων αὐτὸν οὐκ ἦν.	Et il n'y avait personne pour le délier.
	Ἀμείβεται εὖ δρῶν.	Il rend la pareille en obligeant.
Le participe se met surtout pour rendre des indicatifs offrant un sens analogue.	Εἶπέ που λέγων, ὁ τὴν Ἀλεξάνδρου ξενίαν ὀνειδίζων.	(*M. à m.*) il dit à peu près, discourant, lui qui me reproche l'hospitalité d'Alexandre.
Il se rattache vivement à l'action.	Τοσοῦτον ὑπειπών.	Si je dis un mot.
Avec les interrogations à la 2e pers.	Τίς ὤν (d'où τί παθών; τί μαθών; qu'as-tu?).	Qui es-tu?

Verbes suivis d'un participe nominatif, sujet de la phrase.

On rend aussi par le participe le verbe qui suit, cette façon de parler : *il est évident que*, δῆλον, φανερόν, etc.	Δῆλοί εἰσι αὐτοὶ ἁμαρτάνοντες (ou τὸ αὐτοὺς ἁμαρτάνειν δῆλον, v. p. 80; ou δῆλόν ἐστι ὅτι αὐτοὶ ἁμαρτάνουσι, v. p. 93).	(*M. à m.*) ils sont évidens se trompant.
On met le participe après les verbes indiquant *évidence*, *rencontre*, *action simultanée*; après ἥκω, πέμπω, ἀγγέλλομαι, φαίνομαι, εὑρίσκω, τυγχάνω, φθάνω.	Ἥκω φέρων δῶρον.	Je viens apporter un don.
	Ἔπεμψε δεόμενος αὐτοῦ.	Il envoya pour le supplier.
	Φαίνεται ἀφικόμενος.	Il est clair qu'il est parti.
	Εὗρισκον εὖ πραξάμενος.	Je me suis trouvé avoir réussi.
	Ἔτυχον ἀποστέλλοντες.	Ils se trouvèrent (par hasard) envoyer.
Φθάνω, *je préviens*, après un participe présent et plus souvent aoriste.	Οὐκ ἂν φθάνοις ἐμπεσών.	Tu ne préviendras pas ta chute.
	Ἔφθην γράψας (rarement γράψαι).	J'ai écrit d'avance.
	Οὐκ ἔφθη ἐλθὼν καὶ εἴπατο.	Il ne faisait que d'arriver, qu'il se reposa.
Après les indic. prés. διώκω, *je me hâte de*; ἔρχομαι et εἶμι, *je vais* (parler), part. *futur*.	Διώκω βοηθήσων.	Je me hâte de secourir.
	Ἔρχομαι φράσων.	Je vais dire.
Après les temps passés, part. *prés*.	Ἤϊε ταύτην αἰνέων διὰ παντός.	Il allait la louant sans cesse.
Εὖ, ὀρθῶς, etc., ποιέω, *je fais bien*, *à propos*, etc., est suivi d'un participe.	Ὀρθῶς ποιεῖς διδούς.	Tu fais bien de donner.
Il peut se mettre au participe après les verbes neutres précédens.	Ἥκεις κακῶς ποιῶν ou κακῶς ποιεῖς ἥκων.	Tu fais mal de venir.
Ἔχω se construit avec des participes passés, et marque *continuation d'intention*.	Ἔχεις ταράξας.	Tu as troublé.
	Οἷά μοι βεβουλευκὼς ἔχει.	Tout ce qu'il a comploté contre moi.
Le participe présent se met aussi avec les verbes qui expriment la *durée*, comme διατελέω, παύω, etc.	Ἀγαπῶν με διατέλει.	Continue à m'aimer.
	Οὐ παύει ἄφθαρτος ὤν.	Il ne cesse pas d'être incorruptible.
	Μὴ κάμῃς φίλον εὐεργέτων.	Ne te lasse pas d'obliger un ami.
	Οὐ στήσεται ἀδικῶν.	Il ne s'abstiendra pas d'être injuste.
Après les verbes qui expriment une *action de l'esprit* (rarement après ceux qui signifient *croire*).	Αἰσθάνονται διαμαρτόντες.	Ils sentent qu'ils se sont trompés.
	Γινώσκει ἥττον ὤν.	Il sait qu'il est très bas.
	Μέμνησο νέος ὤν.	Souviens-toi que tu es jeune.
	Ἀγαπάω ἀποθνήσκων.	Je suis content de mourir.
Après λανθάνω, qui exprime *ignorance* de la part des autres personnes.	Ἔλαθεν ὑπεκφυγών.	Il se sauva sans qu'on le sût.
A moins que l'on ne mette le pron. réfléchi.	Ἑαυτὸν λανθάνει ἄγων τι.	Il agit sans s'en douter.
Χαίρω devant un participe *passif*.	Χαίρειν ἐπαινούμενος.	Se réjouir d'être loué.
Il exprime souvent *bonne volonté*, seulement devant un participe *actif*.	Χαίρω διδούς.	Je suis libéral (volontiers).

Participes actifs ὤν, ἔχων, etc., présentant un sens remarquable.

Ὤν, ἔχων, marquent l'état actuel réel.	Ἐχθρὸς ὑπῆρχεν ὤν.	Il était alors ennemi.
Ὤν se construit avec des substantifs.	Ἔφασκεν εἶναι ἕνα ὄντα κύριον.	Il disait qu'il n'y avait réellement qu'un souverain.
	Οἱ γὰρ ὀφθαλμοὶ κάλλιστον ὄν....	Car les yeux, le plus grand bien réellement.
Ἔχων ne se met qu'après la 2e personne.	Παίζεις ἔχων.	Vous plaisantez réellement.
Ἀπιών marque un départ subit.	Ὤχετο ἀπιών.	Il s'en alla brusquement.
Παρών indique empressement.	Ὠφελεῖν παρών.	Aider par sa présence.
Φέρων exprime facilité.	Ὑπέβαλεν ἑαυτὸν φέρων Θηβαίοις.	Il se soumit facilement aux Thébains.
Λαβών est pour son indicatif.	Λέγε τὴν γραφὴν λαβών.	Prends et lis cet écrit.
Ἀνύσας, τελευτῶν, *à la fin* (v. plus haut ποιῶν).	Ἀνύσας συνεχώρησε.	Il accorda enfin (il finit par accorder).

CONSTRUCTIONS PARTICULIÈRES *à quelques verbes avec extension de sens.*

Verbes construits avec l'infinitif présent.

Ἔχω, φθάνω, *je puis.*	Ἔχω, φθάνω λέγειν.	Je puis dire.
Ἐθέλω marque une *bonne intention.*	Δωρεῖσθαι ἐθέλω.	Je donne volontiers (v. p. 95 χαίρω).
Κινδυνεύω (je m'expose à) *je parais.*	Κινδυνεύω μανθάνειν.	Je semble apprendre.
Νικάω (à l'aor. et au parf. surtout).	Ἐνίκησε εἶναι.	Il a obtenu d'être.

Verbes construits avec leurs régimes.

Λανθάνω avec un pronom réfléchi.	Λανθάνειν ἑαυτόν.	S'oublier, oublier son devoir.
Ὄφλω, ὀφλίσκω, ὀφλισκάνω accusatif, *je paye les frais de.*	Ὄφλειν γέλωτα. Ὀφλισκάνειν ἀνοίαν.	Faire rire à ses dépens. Etre taxé de sottise.
Χράομαι datif, *j'agis avec.*	Χρῆσθαι δυσχωρίᾳ. — ἀμαθίᾳ. — ἑαυτῷ.	Agir avec (rencontrer) des obstacles. Agir avec ignorance (être ignorant). Agir à part soi (prendre son parti).
Ὑπάρχω datif, *j'agis et j'existe pour.*	Ὑπάρχω τῇ πόλι.	J'agis pour la ville.
Φθάνω, acc., *agir avant.*	Φθάνω τὴν ἐπιστολήν.	J'arriverai avant la lettre.

Verbes unis à certains mots.

Οὐκ ἔχω ὅτι, *je ne sais que.*	Οὐκ ἔχω ὅτι λέγω.	Je ne sais que dire.
Οὐ φθάνω, *devant un participe.*	Οὐ φθάνω ἐλθών. Οὐκ ἂν φθάνοιμι.	Je ne fais que d'arriver. Je n'y manquerai pas, j'agirai de suite.
Τί δ' οὐ μέλλει (S. εἶναι), *pourquoi non?*	Τί ἔπαθον; aor., *que ferai-je?*	Πάσχω signifie *ressentir.*
Ἄγω καὶ φέρω, *je fatigue et harcèle.*	Φέρε εἰπεῖν.	(Permets que je dise) si l'on peut dire.
Ἐάω χαίρειν, *j'abandonne.*	Ἑκὼν ἂν εἶναι.	D'aussi bon gré que (il sera) possible.

(Voy. pag. 93, les constructions avec les adverbes, et avec les prépositions, p. 85).

Ἁλίσκω, βαίνω, ἵστημι, φύω, n'ont le parfait actif qu'avec le *sens passif.*	Βέβηκα, ἕστηκα. Πέφυκα.	Je suis stable, je suis situé. Je suis né, je suis naturellement disposé.
Εἴκω, *je ressemble, je cède;* φιλέω, *j'aime;* forment des impersonnels qui n'ont plus le mêms sens.	Εἶκε, ἔοικε. Φιλεῖ.	C'est la coutume, il est convenable d'attribuer, il est vraisemblable. C'est la coutume.

Il en est de même des impersonnels : δεῖ, *il faut;* ἔστι, *il est possible;* ἔξεστι, *il est permis;* πάρεστι, *il est facile.*

Ὠφείλω, *je dois*, ne s'emploie guère à ses *aoristes* que comme *interjection;* ils sont alors suivis de l'infinitif.	Ὤφελον θανεῖν. Ἐπειδὴ δὲ ἃ μήποτε ὤφελε συνέβη.	Plût à Dieu que je fusse mort! Après qu'il fut arrivé ce qui (plût à Dieu) n'aurait pas dû arriver!
Mais on sous-entend l'infinitif pour éviter la répétition.	Μηδὲ γινώσκων, ὡς μηδὲ νῦν ὤφελον.	Ne connaissant pas, et plût à Dieu que je n'eusse jamais connu!
On trouve ὄφελον comme adverbe.	Ἢ ὄφελον ἦν ἀξία.	Plût à Dieu qu'elle fût digne!

FIN.

www.ingramcontent.com/pod-product-compliance
Ingram Content Group UK Ltd.
Pitfield, Milton Keynes, MK11 3LW, UK
UKHW020200200726
13856UKWH00003B/1102

9 782013 084994